2026年度版

埼玉県・さいたま市の

英語科

参 考 書

協同教育研究会 編

協同出版

はじめに～「参考書」シリーズ利用に際して～

　教育を取り巻く環境は変化しつつあり，日本の公教育そのものも，教員免許更新制の廃止やGIGAスクール構想の実現などの改革が進められています。また，現行の学習指導要領では「主体的・対話的で深い学び」を実現するため，指導方法や指導体制の工夫改善により，「個に応じた指導」の充実を図るとともに，コンピュータや情報通信ネットワーク等の情報手段を活用するために必要な環境を整えることが示されています。

　一方で，いじめや体罰，不登校，暴力行為など，教育現場の問題もあいかわらず取り沙汰されており，教員に求められるスキルは，今後さらに高いものになっていくことが予想されます。

　本書は，教員採用試験を受験する人が，より効率よく学習できるように構成されています。本書の基本構成としては，各自治体の過去問を徹底分析した上で，巻頭に，各自治体の出題傾向と学習法，出題例，類題等を作成・掲載しております。第1章以降では，各自治体の出題傾向に基づいて，頻出の項目を精選して掲載しております。ページ数やその他編集上の都合により，掲載しきれず，割愛している内容もありますので，あらかじめご了承ください。なお本書は，2024年度（2023年夏実施）の試験を基に編集しています。最新の情報につきましては，各自治体が公表している募集要項やWebサイト等をよくご確認ください。

　最後に，この「参考書」シリーズは，「過去問」シリーズとの併用を前提に編集されております。参考書で要点整理を行い，過去問で実力試しを行う，セットでの活用をおすすめいたします。

　みなさまが，この書籍を徹底的に活用し，難関試験である教員採用試験の合格を勝ち取って，教壇に立っていただければ，それはわたくしたちにとって最上の喜びです。

協同教育研究会

埼玉県・さいたま市の英語科 参考書

CONTENTS

埼玉県・さいたま市の英語科
出題傾向と学習法

効率よく試験対策を進めるために

1 ポイントを確実に理解して例題を解く

　教員採用試験の専門教養の筆記試験対策として最重要なのは，受験する自治体の出題形式や傾向に合った学習法を知ることである。本書は過去問を分析し頻出分野を中心に構成されている。各節の冒頭で学習のポイントを示し，例題を解きながら知識を身につけるようになっている。したがって，まず，各節のポイントを確実に理解するようにしよう。

　専門教養とはいえ，学習指導要領の内容から大きく離れた「難問」が出題されることはほとんどない。志望する学校種の問題レベルを把握し，十分に対応できるまでの知識を身につけることが求められる。試験対策としては，苦手な分野や触れたことのない内容を残さないようにすることも大切だが，まずは本書の例題や過去問などに積極的に取り組んで，頻出分野の知識を身につけてほしい。

2 出題傾向から効率よい学習法を導き出す

　過去問を見ると，頻出分野だけでなく，解答形式にも埼玉県の特徴がうかがえる。

　例えば埼玉県では中学・高校ともに「文法・語法(空所補充)」や「文章読解(空所補充，内容一致文，内容一致語句)」，「学習指導要領」が例年必ず出題される。これらに加え，中学校では「会話文(短文会話)」が頻出で，過去には「英作文(整序)」も出題されている。また，中学校では，高等学校に比べ「文法・語法」問題の占める割合がやや多く，同義語選択問題等も出題される。いわば，これらの分野・内容が，埼玉県の特徴といえる。こうした分野については本書で学習し，過去問等から類題を解き，確実に得点できるようにしよう。なお，埼玉県では2020年度以降，記述式問題がなくなり，すべて選択式の問題となっている。

　ここでは，実際に出題された問題を，いくつか示す(出題例参照)。

　時間をかけて対策すべきは長文の「文章読解」である。問題の英文

6

量が多いことに加え，特に高等学校では設問数も選択肢の英文量も多く，読むのにかなりの時間を要すると考えられる。日頃から長文を読み慣れておく必要がある。できれば，タイムプレッシャーをかけながら取り組むようにしたい。なお，英文中の表やグラフを活用しながら読む問題が出題されることもあるので，同形式の問題をこなしておきたい。

「文法・語法」問題は難易度的にはさほど高くないので，頻出項目についてきちんと理解しておくことが重要である。例えば，「時制」では過去→現在→未来の基本時制を踏まえて，「過去と現在を結ぶ現在完了，過去とそれよりも前の出来事を結ぶ過去完了」はしっかり理解しておきたい。また，過去完了形は「仮定法」の理解にも必須であるので，関連付けながら確認しておくこと。その他，「不定詞」に関しては，名詞的用法，形容詞的用法，副詞的用法といった基本的用法に加え，in order to doや動詞＋目的語＋to Vのような熟語や構文も覚えておきたい。「前置詞」はそれぞれ複数の意味があるので，典型的な意味を覚えておこう。また動詞や形容詞，名詞とセットで覚えると問題に対処しやすい。

「学習指導要領」については，基本的な空所補充問題だけでなく，実際の文言を正確に記憶していないと解答できない問題も出題される。特に，教科別・科目別の目標については，各校種で記述にどのような違いがあるか，比較しながら学んでおくことが必要である。

3 過去問題集との併用等で実践力をつける

以上のように，本書の使い方としては，効率的に試験対策を進めるために頻出分野のポイントを押さえ，例題を通して解法を理解していくことになるが，本試験でその学習成果が発揮できるかどうかは，実践的な問題をどれだけ解いているかにかかっている。その対策として，一通り基礎の確認ができたら時間を計って各年度の過去問を解くこと，模試を活用するといったことが考えられる。そこで不正解だった問題については，本書の該当箇所を参照して，繰り返し学んでほしい。そうすることで，出題傾向に合わせた実践的な力が必ずつくはずである。

まずは出題例を見ていこう！

本自治体の出題例：始めにチャレンジ！① (2024年度実施問題改)

次のそれぞれの英文について( )に入る最も適切な語及び語句を，以下の1〜4の中から1つずつ選びなさい。

① We ( ) each other since we entered high school.

　1 are knowing 　2 know 　3 have known 　4 would know

② A : I didn't go to class yesterday because my motorcycle broke down.

　　B : You ( ) mine. I wasn't using it.

　1 could borrow 　　2 could have borrowed 　3 may borrow

　4 may have borrowed

解答：① 3 　② 2

本自治体の出題例：始めにチャレンジ！② (2023年度実施問題改)

次のAとBの対話が自然な流れとなるようにア〜エの文を並べ替えるとき，1〜4の中から最も適切な順番となるものを1つ選びなさい。

A : Hi, I'm calling to ask about the sale you advertised in the newspaper last Sunday.

B : (　　　　　　　　　　　)

A : (　　　　　　　　　　　)

B : (　　　　　　　　　　　)

A : (　　　　　　　　　　　)

B : Sorry.

ア　Everything in the store, but it's actually just 30％ now. 50％ was only for the first two days.

イ　I see. That's too bad. Guess I should've gone yesterday.

ウ　Yes, our Super Summer Sale.

エ　Right. Is everything in the store 50％ off, or just special items?

1　ウ　→　エ　→　ア　→　イ

2　ア　→　イ　→　ウ　→　エ

```
3  ウ  →  イ  →  ア  →  エ
4  ア  →  エ  →  ウ  →  イ
```

解答：1

本自治体の出題例：始めにチャレンジ！③ (2024年度実施問題改)

次の英文について，下線部とほぼ同じ意味を表す語として最も適切なものを，以下の1 〜 4の中からそれぞれ1つずつ選びなさい。

① It is <u>next to</u> impossible for me to help Charlotte out at the moment.

  1 absolutely   2 almost   3 partly   4 perhaps

② Leo's team will <u>get the better of</u> its rivals in the coming tournament.

  1 defeat   2 brake   3 negotiate   4 yield

解答：① 2   ② 1

本自治体の出題例：始めにチャレンジ！④ (2024年度実施問題改)

本文中の ┃ A ┃ 〜 ┃ D ┃ のうち，次の ┃　　┃ の文はどこに入れるのが最も適切ですか。下の1 〜 4の中から1つ選びなさい。

> They will find it very useful to see some 'live demonstration', that is, examples of students successfully performing the expected learning activity.

Whether or not a student will expect success in a given task is a subjective matter, often not very closely related to objective external estimates. On the analogy of the saying, 'Beauty is in the eyes of the beholder' we can state that 'Expectancy is in the mind of the learner'. Therefore, a potentially fruitful area of motivating learners is to increase their expectancies by consciously arranging the conditions in a way that they put the learner in a more positive or optimistic mood. Besides the obvious prerequisite that we should not give learners tasks that are too difficult for them, there are several other methods for achieving heightened success expectations:

· *Provide sufficient preparation.* The perceived likelihood of success does not depend only on how difficult the task is but also on how well the learners are prepared for the task. 　A　 Pre-task activities have become standard features in modern language teaching methodologies, and these tasks increase success potential. Well-selected strategies and procedures recommended by the teacher fulfil the same role.

· *Offer assistance.* If the students know that they can count on your ongoing guidance and help while they are engaged in a learning activity, this knowledge will naturally increase their expectation of success. 　B　 A task that would be too difficult for students left to their own devices might be just right when carried out with your support (Brophy 1998).

· *Let students help each other.* 　C　 One reason why cooperative, small group tasks are particularly motivating is that students know that they also have their peers working towards the same goals, resulting in a 'safety in numbers' kind of assurance (Dörnyei 1997).

· *Make the success criteria as clear as possible.* Students can only expect to be successful with confidence if it is quite clear what 'success' means in the particular context. The criteria for success need to be obvious to them from the beginning of learning if they are to know which elements of their performance and production are essential. When the criteria are public and clear, students have a 'road map' to success and can self-evaluate their learning as they proceed (Wlodkowski 1986). If the success criteria involve assessment of the students' achievement (as is often the case), it is useful for them to know the exact format of the tests (i.e. length, type of questions/items), the specific content areas that will be covered and the evaluation criteria. Past tests and papers can give realistic examples of what is to be expected.

· *Model success.* Even if the success criteria have been well specified, there may be some learners who simply cannot imagine what preparing for these will involve and therefore keep wondering if they can cope. ⬚D⬚ This modelling task can be effectively done by peers or past students, but video recordings can also be successfully used for the purpose of demonstrating what learners are expected to achieve.

(Based on Zoltán Dörnyei (2001). *Motivational Strategies in the Language Classroom*, Cambridge University Press)

1 ⬚A⬚　　2 ⬚B⬚　　3 ⬚C⬚　　4 ⬚D⬚

解答：4

本自治体の出題例：始めにチャレンジ！⑤ (2023年度実施問題改)

中学校学習指導要領(平成29年告示)「第2章　各教科　第9節　外国語」について，「第2 各言語の目標及び内容等　英語　2　内容　〔思考力，判断力，表現力等〕 (3)　言語活動及び言語の働きに関する事項　①　言語活動に関する事項　カ　書くこと」に示されていないものを，次の1〜4の中から1つ選びなさい。

1　趣味や好き嫌いなど，自分に関する基本的な情報を語句や文で書く活動。

2　相手に伝えるなどの目的をもって，語と語の区切りに注意して，身近で簡単な事柄について，音声で十分に慣れ親しんだ基本的な表現を書き写す活動。

3　日常的な話題について，簡単な語句や文を用いて，出来事などを説明するまとまりのある文章を書く活動。

4　社会的な話題に関して聞いたり読んだりしたことから把握した内容に基づき，自分の考えや気持ち，その理由などを書く活動。

解答：2

過去３カ年の出題傾向分析

　ここでは，過去3カ年で出題された分類と設問形式を表にまとめている。学習する前に，大まかな傾向をつかんでおこう。

年度	分類	設問形式
2024年度	リスニング	
	発音・アクセント	
	文法・語法	空所補充, その他
	会話文	短文会話
	文章読解	空所補充, 内容一致文, 内容一致語句, その他
	英作文	
	学習指導要領	学習指導要領
2023年度	リスニング	
	発音・アクセント	
	文法・語法	空所補充, 連立完成, その他
	会話文	短文会話
	文章読解	空所補充, 内容一致文, 内容一致語句, その他
	英作文	
	学習指導要領	学習指導要領
2022年度	リスニング	
	発音・アクセント	
	文法・語法	空所補充, 連立完成, その他

年度	分類	設問形式
	会話文	短文会話
	文章読解	空所補充，内容一致文，内容一致語句，その他
	英作文	
	学習指導要領	学習指導要領

※「分類」「設問形式」は，過去問シリーズに掲載されている出題傾向分析に該当する。

　次に，ここで紹介した分類の類題を掲載しておくので，学習の第一歩としてほしい。

類題を解いてみよう！

類題で問題演習の幅を広げよう！①

　次の各文の(　　)内にあてはまる最も適切なものをそれぞれ以下のア〜エから1つずつ選び，記号で答えなさい。

(1) (　　) 50 years ago by the company, the program allows employees to take paid time-off to work in a non-profit organization.

　ア　Start　　イ　Started　　ウ　Starting　　エ　To start

(2) Over the last several years, some Asian countries (　　) as leading exporters of technological skills.

　ア　are emerged　　イ　have been emerged　　ウ　have emerged
　エ　will have emerged

解答：(1)　イ　　(2)　ウ

類題で問題演習の幅を広げよう！②

次の(1)の①～⑥，(2)の①～⑤を2人の会話として意味がつながるように並べ替えるとき，2番目と4番目にくるものの組合せとして適切なものを選びなさい。

(1) ① Good evening, Mr. Morris. How can I help you?

② Oh, so I have to wait until tomorrow?

③ Well, on your website it says you have a personal trainer for guests, but I just went to the gym and he wasn't there.

④ Hello. This is William Morris in room 9014.

⑤ I'm sorry, Mr. Morris, but it does say the trainer is only there from 10 a.m. to 6 p.m.

⑥ I'm afraid so.

ア　2番目－④　4番目－⑤　　イ　2番目－④　4番目－⑥
ウ　2番目－①　4番目－③　　エ　2番目－①　4番目－⑤

(2) ① I see. Are you short of writers at this point?

② You mean Mike? In all honesty, I think we should make him a staff writer. He's better at being creative than in editing detailed content.

③ Sounds like a plan. Let's see how Mike feels about it.

④ No, but Hank is leaving the company in two months. We could make the change then.

⑤ Kathy, I've been meaning to ask you about the new guy that you hired. How's he doing as an editor?

ア　2番目－②　4番目－④　　イ　2番目－②　4番目－①
ウ　2番目－①　4番目－③　　エ　2番目－①　4番目－④

解答：(1)　エ　　(2)　ア

14

類題で問題演習の幅を広げよう！③

　次の英文において，下線部に最も近い意味の語をア～エの中から
それぞれ1つ選び記号で答えなさい。

(1)　The government dispatched four naval ships to the island as soon as
the hurricane was over to help out with relief efforts.

　ア　sent off　　イ　resolved　　ウ　diminished　　エ　resigned

(2)　The lifestyle of the rich and famous seems enviable at first, but they
are commonly no happier than average people, and they often suffer from
a lack of privacy.

　ア　impassive　　イ　insightful　　ウ　enlightening
　エ　desirable

解答：(1)　ア　　(2)　エ

類題で問題演習の幅を広げよう！④

　本文中の【ア】～【ウ】のうち，次の英文が入る最も適切な箇所を
1つ選び，その記号を書きなさい。

　They will, for example, stop for a moment to think 'How do I best
express this next idea?', 'What's the word for X?', or 'Should I be using the
past tense here?'

　Some approaches to language teaching, which we will call form-based
approaches, are based on the belief that we need to take great care, at each
stage or learning, that learners produce the language accurately. Usually this
involves a focus on form at the very beginning of a teaching sequence. By a
focus on form we mean that teachers isolate one or two specific forms,
specific grammatical structures or functional realizations, and identify these
as the target forms. 【ア】 Learners know that by the end of the teaching
sequence, often contained in a single lesson, they will be expected to
produce these forms with an acceptable level of accuracy.

　A well known form-focused approach is often known as PPP

15

(Presentation → Practice → Production). This begins by highlighting one or two new forms and illustrating their meaning. It then goes on to practise that form under careful teacher control. This control is gradually relaxed until finally learners are offered the opportunity to produce the target form(s) in a communicative activity. 【イ】 This approach has four main characteristics:

1   A focus on one or two forms, specified by the teacher, which are later to be incorporated in the performance of a communicative activity.

2   This focus on form comes *before* learners engage in communicative activity.

3   Teacher control of learner language. This is imposed strictly in the early stages of the cycle and gradually relaxed.

4   The success of the procedure is judged in terms of whether or not learners do produce the target forms with an acceptable level of accuracy.

Other approaches, which we will call meaning-based approaches, are based on the belief that it is more effective to encourage learners to use the language as much as possible, even if this means that some of the language they produce is inaccurate. Teachers provide learners with opportunities in the classroom to use the language for genuine communication. This involves a focus on *meaning*. Inevitably, in the course of a meaning-focused activity, learners will sometimes naturally focus on language for themselves. 【ウ】 When this happens learners are not simply thinking about forms specified by the teacher and how best to incorporate these forms in their output. They are thinking about language in general and searching their own language repertoire to decide how best to express themselves in a given communicative situation. We will call this a focus on language.

【出典　Dave Willis and Jane Willis, *Doing Task-based Teaching*, OXFORD UNIVERSITY PRESS】

解答：【ウ】

類題で問題演習の幅を広げよう！⑤

「高等学校学習指導要領解説　外国語編・英語編」(平成30年7月)における「第1部　外国語編　第2章　外国語科の各科目　第2節　英語コミュニケーションⅠ　1　目標　(2)　読むこと」に示されている内容として適当でないものを，次の①〜④のうちから1つ選びなさい。

① 　日常的な話題について書き手の意図を把握することを目的とした，使用される語句や文における支援とは，読み取る必要のある語句や文のうち，理解が難しいと思われる語彙や表現を，簡単な表現や既習の表現に言い換えるなどの配慮のことである。

② 　日常的な話題について書き手の意図を把握することを目的とした支援としては，取り上げた話題の背景について説明したり，図表などを活用して文章の概要の理解を助けたり，読む内容と関連のあるイラスト，写真，映像などの視覚情報を与えたりすることなどが考えられる。

③ 　社会的な話題についての文章を読む際には，読む目的を理解する前に，おおよその内容を読み取ったり，書き手が伝えたい考えを丁寧に読み取ったりすることなどの読み方を選択する必要がある。

④ 　社会的な話題についての文章を読む目的としては，例えば，必要とする情報を探す，読み取った内容の概要あるいは要点を口頭で誰かに伝える，読み取った内容を書いてまとめる，読み取った内容についての感想や賛否の意見などを発表することなどが考えられる。

解答：③

第 1 章

文法・語法

文法・語法　名詞

ポイント

1　不可算名詞

●基本形●

　名詞には, 数えられるもの(可算名詞)と数えられないもの(不可算名詞)がある。

　不可算名詞は数えられない名詞なので,「1つ」を意味する不定冠詞のa[an]はつかず, また複数形(-s)もない。日本語の感覚だと数えられそうな不可算名詞に注意しよう。

　advice「忠告」／baggage, luggage「手荷物」／damage「被害」／fun「楽しみ」／furniture「家具」／homework「宿題」／information「情報」／money「お金」／news「知らせ」／poetry「詩」／progress「進歩」／scenery「風景」／weather「天気」など。

例題 1

次の文中で誤りを含むものを1つ選び, 番号で答えよ。

When I ①had personal problems in 2010, I ②went to see my old teacher and he ③gave me ④a good advice.

CHECK!　advice「忠告」は不可算名詞だから不定冠詞はつかない。

解 説　adviceが不可算名詞であると知っていれば簡単な問題。a good adviceの不定冠詞aが余計で, good adviceが正しい。日本語で「1つ忠告を～」などと言うのに惑わされないこと。

解 答　④　「2010年に個人的な問題が起こって, 私は昔の先生に会いに行き, 先生は私に良いアドバイスをしてくれました」

例題 2

次の文の空所に入る最も適当なものを1つ選び, 番号で答えよ。

Could you give me (　　) about your hotel?

① an information　　　　② many information

③　many informations　　④　some information

CHECK! information「情報」は不可算名詞だから不定冠詞はつかない。「多数」を意味するmanyは可算名詞にのみ使い，「情報量が多い」という場合は「多量」を意味するmuchを使う。someは「いくつかの」，「いくらかの」の両方を意味し，可算名詞，不可算名詞，どちらにも使える。

解説　information は数えられないから，不定冠詞のanがついている①，複数形のsがついている③は間違い。また，manyは数えられる名詞につくから②も不可。someは不加算名詞について「いくらか」という漠然とした量を表すことができるので，正解は④。

解答　④　「あなたのホテルについて情報をいただけませんか」

例題 3

次の文の空所に入る最も適当なものを1つ選び，番号で答えよ。

Mary had three (　　) .

①　baggages　　②　pieces of baggages　　③　pieces of baggage

④　baggage

CHECK! baggage「手荷物」は不可算名詞なので複数形はない。

解説　baggage も重要な不可算名詞で，①のような複数形はない。数を示したい場合は，a piece of〜を用いてa piece of baggage，two pieces of baggageなどとする。

解答　③　「メアリーは手荷物を3つ持っています」

2　注意すべき複数形

●基本形●

以下のような複数形の表し方に注意しよう。

1　one of＋複数名詞…「〜の中の1つ」の意味を表す。

2　ハイフンでつながれた複合名詞の複数形…最初の主要な名詞を複数形にする。ex. passer-by→passers-by

3　-sで終わる複数名詞の所有格…-s'で表す。

4 分数の表し方…序数詞には「〜分の1」という分数の意味がある。分子が2以上の場合には分母に複数の-sをつける。

5 単数形と複数形で意味の異なる名詞
arm「腕」:arms「武器」／air「空気」:airs「気取り」／custom「習慣」:customs「関税」／letter「手紙」:letters「文学」／manner「方法」:manners「行儀，風習」など。

例題 1

次の文で誤りがあれば訂正せよ。

He is one of the greatest scientist in the world.

CHECK! 「〜の中の1つ」は〈one of +複数名詞〉の形で表す。

解説 「〜の中の1つ」というからには，前提として複数の存在がなければ成立しない。したがって，one ofの後には複数形の名詞がくる。ここではscientistが単数形なのが間違いで，複数形にしなければならない。

解答 scientist→scientists 「彼は世界で最も偉大な科学者の1人です」

例題 2

次の文で誤りがあれば訂正せよ。

The gentleman had two son-in-law.

CHECK! 合成名詞の複数形は，最初の主要な名詞を複数形にする。

解説 son-in-law は「義理の息子」という意味。最初のson が主要な名詞なので，複数形にするにはこのson を複数形にする。

解答 son-in-law→sons-in-law 「その紳士には2人の義理の息子がいました」

例題 3

次の文の空所に入る最も適当なものを1つ選び，番号で答えよ。

It is fifteen (　　) walk from here to the campus.

① minutes　　② minute　　③ minute's　　④ minutes'

CHECK! -sの複数名詞の所有格は -s' となる。

解説 無生物を表す名詞は所有格にしないのが普通だが，時間・距離を

表す語や慣用的な表現では所有格になる場合がある。ここでも「15分の歩行」を所有格を用いて表すことになる。fifteen minutesの所有格は規則通りsの後にアポストロフィーをつければよい。なお，単数形のminuteを使うのなら，fifteen-minuteという合成語にする。

解答　④　「ここからキャンパスまで歩いて15分です」

文法・語法 代名詞

ポイント

1 所有代名詞

●基本形●

(1)　所有格＋前後にある名詞＝所有代名詞

(2)　冠詞・指示代名詞など＋名詞＋of＋所有代名詞

◆所有代名詞の基本用法

　　mine, yours, his, hers, ours, theirsなどを所有代名詞といい，「〜のもの」という意味になる。まず注意すべき用法は，本来なら"所有格＋名詞"の形になるものを，前出の名詞との反復を避けるために所有代名詞にする，という用法である。

Who lives in the house opposite yours?

(あなたの家の向かいには誰が住んでいますか)

また，文語的な表現では，後出の名詞を受ける場合もある。

Mine is newer than the watch he has.

(私の時計は彼が持っている時計よりも新しい)

◆冠詞や指示代名詞と所有格を並べてはいけない

　　例えば「あなたのその本」をyour the bookやthe your bookとすると間違いである。"冠詞・所有格・指示代名詞・some, any, noなどは2つ並べて使ってはいけない"というルールがあるからである。そこで，〈冠詞・指示代名詞など＋名詞＋of＋所有代名詞〉という形を用い，the book of yoursとすることになる。

He is an old student of mine.

(彼は私の古い教え子です)

That story of his sounds very unlikely.

(彼のあの話はまゆつばものだ)

例題1

次の文の空所に入る最も適当なものを1つ選び，番号で答えよ。

I don't believe that my opinion is much different from (　　).

　① them　　② their　　③ theirs　　④ their's

CHECK! 所有格＋前後にある名詞＝所有代名詞

解説 「私の意見と異なる」のは「彼らの意見」であるから，their opinion としたいところだが，反復を避けるために所有代名詞の theirs を用いる。

解答 ③ 「私の意見が彼らの意見と大きく違うとは思いません」

例題2

次の文の空所に入る最も適当なものを1つ選び，番号で答えよ。

I like that red car of (　　).

　① you　　② your　　③ yours　　④ your's

CHECK! 〈冠詞・指示代名詞など＋名詞＋of＋所有代名詞〉

解説 that red car of の部分と選択肢から，〈冠詞・指示代名詞など＋名詞＋of＋所有代名詞〉の形が思いつくはず。所有代名詞の yours を入れて「あなたのあの赤い車」とする。

解答 ③ 「私はあなたのあの赤い車が好きです」

2 one と that/those の用法

●基本形●

(1) a＋前に出てきた名詞＝one
　　ただし，名詞に形容詞がつくと，a 形容詞 one の形になる。

(2) the＋前に出てきた名詞(単数)＋修飾語＝that＋修飾語
　　the＋前に出てきた名詞(複数)＋修飾語＝those＋修飾語

◆one と it

　あとの2つの例文を比べてみよう。

(1) I lost my watch yesterday, so I must buy <u>one</u>.

(昨日時計をなくしたから[どんな時計にせよひとつ]買わなければならない)

(2) I lost my watch yesterday, so I'm looking for <u>it</u>.

(昨日時計をなくしたから，[その自分の時計を]探しているのです)

(1)のoneはa watch，つまり「時計(のうちどれにせよ)ひとつ」を表し，(2)のitはmy watch「私の時計」を指している。どちらもすでに出てきたwatchという名詞を受けているのだが，その表す内容は全く違うことがわかるだろう。

oneはすでに出てきた名詞の繰り返しを避けるための代用として使われており，「ひとつのそれ(例の場合，ひとつの時計)」という不特定な内容を表すのに対し，itはすでに出てきた名詞が特定のどれか(机の上にあるその時計，私の時計，昨日買った時計，など)である場合，「ある特定のそれ(例の場合，私の時計)」を表すために使われる，と理解しておこう。なお，oneには形容詞や冠詞がつくこともあり，複数形のonesもある。

I bought a white hat and she bought a black one.

(私は白い帽子を買い，彼女は黒いのを買った)

※このようにoneに形容詞がつくと，不定冠詞が必要となるので注意。

Every up train was full and most down <u>ones</u> were empty.

(上り電車はどれも満員で，下り電車はたいていがらがらだった)

◆that/thoseには後に修飾語がつく

(1) The temperature here is higher than that of Tokyo.

(ここの気温は東京の気温より高い)

(2) This year's fashions are quite different from those of last year.

(今年のファッションは昨年のファッションとはかなり違う)

(1)のthatはthe temperatureの代わりに，(2)のthoseはthe fashionsの代わりに用いられている。このthat/thoseをit/themにすることはできない。it/themでは，それぞれ「ここの気温」「今年のファッション」そのものを受けてしまうこと，また人称代名詞に修飾語はつけられないことがその理由である。

逆にthat/thoseには通例，後に修飾語がつくことを押さえておこう。

例題 1

次の文の空所に入る最も適当なものを1つ選び，番号で答えよ。

I need a pen. Will you please lend me (　)?

① it　②　one　③　that　④　mine

CHECK! a + 名詞 = one

itはそのものズバリを指す。

解説 「貸してほしいペン」は「そのペン」と特定できるものではなく，「(どれでもいいから)あるペン」を意味している。したがって，itではなくoneを用いる。

解答 ② 「ペンが要るのですが，一本貸してくれませんか」

例題 2

次の文の空所に入る最も適当なものを1つ選び，番号で答えよ。

The population of Osaka is larger than (　) Kobe.

① one of　②　the one of　③　population　④　that of

CHECK! the + 前出の名詞(単数) + 修飾語 = that + 修飾語

解説 「大阪の人口」と比べられているのは「神戸の人口」なので，the population of Kobe としたいところだが，populationはすでに前に出ているので，反復を避けて the population → that とする。

解答 ④ 「大阪の人口は神戸の人口より多い」

例題 3

次の文の空所に入る最も適当なものを1つ選び，番号で答えよ。

The houses in the city are sometimes cheaper than (　) in the suburbs.

① that　②　they　③　those　④　them

CHECK! the + 前出の名詞(複数) + 修飾語 = those + 修飾語

解説 「大都市の家」と「郊外の家」が比較されている。「郊外の家」はたくさんあるはずだから，単数のthatでは変で，複数のthoseが正解。

解答 ③ 「都市部の家が郊外の家より安いことがときにはある」

27

3 other, another

●基本形●

another, another + 名詞 「複数ある残りのうちの1つ」

the other, the other + 単数名詞 「残り1つしかないその1つ」

the others, the other + 複数名詞 「複数ある残りのすべて」

others, other + 複数名詞 「複数ある残りのうちのいくつか」

◆単数か複数か，特定できるかできないか

　another, the other, the others, others の区別は非常によく問われる。それぞれの表す内容は上に示した通りだが，もう少し補足しておこう。

　まず，another は "an + other" と考えればよい。不定冠詞は "いくつかある中の不特定の1つ" を表すから，another は "他にもいくつかあって，その中のどれか1つ" を意味することになる。

　I don't like this dress. Show me <u>another</u>.

　(この服は気に入りません。別のを見せてください)

　the others は，考え方としては the other と同じで，other が複数の others になっただけ。"特定の複数の残り" で，他にはもうないのだから，「残り全部」となる。

　Of the three books, one is on philosophy and <u>the others</u> are on psychology.

　(その3冊のうち，1冊は哲学の本で残りは心理学の本です)

　others は複数形で the がついていないから "不特定の複数の残り" で，まだ他にもあることになる。

　Some people like pop music and <u>others</u> jazz.

　(ポップスが好きな人もいれば，ジャズが好きな人もいる)

例題1

次の文の空所に入る最も適当なものを1つ選び，番号で答えよ。

Since you enjoyed that first piece of pie so much, why not have (　　)?

　① another　② either　③ other　④ some

CHECK! another：「複数ある残りの1つ」

解 説 either では意味をなさない。other は単数では代名詞にはならないので, have の目的語にならない。some はすでに1つ食べた状況では無理。よって another が正解。これは"1つ食べた後, まだいくつか残っていて, そのうちの1つ"を表す。

解 答 ① 「一切れのパイをそんなにおいしそうに食べたのだから, もう1つどうですか」

例題2

次の文の空所に入る最も適当なものを1つ選び, 番号で答えよ。

There are two reasons for our decision, and you know one of them. Now I'll tell you (   ).

① another ② other ③ the other ④ the others

CHECK! the other：「残り1つしかないその1つ」

解 説 「2つの理由」があって, 「その1つを知っている」のだから, "残りの1つ"しかない。よって the other が正解。

解 答 ③ 「我々の決定には2つ理由があり, そのうちの1つをあなたは知っています。そこで, もう1つを教えましょう」

例題3

次の文の空所に入る最も適当なものを1つ選び, 番号で答えよ。

Here are three pencils. One is mine and (   ) are yours.

① another ② other ③ others ④ the others

CHECK! the others：「複数ある残りすべて」

解 説 全部で3本あって, そのうち1本をとりあげたから, 残りは2本。したがって the others が正解。

解 答 ④ 「ここに3本鉛筆があります。1本は私ので, 残りのはあなたのです」

例題4

次の文の空所に入る最も適当なものを1つ選び，番号で答えよ。

In (　) two hours we'll arrive in New York.

① another　② other　③ extra　④ the other

CHECK! another + 数詞：「あともう〜」

解説 otherやthe otherでは意味をなさない。extra「余分の」も変である。〈another + 数詞〉の形にすれば，「あともう2時間で」となる。

解答 ①　「あともう2時間でニューヨークに着きます」

例題5

次の文で誤りがあれば訂正せよ。

Junko and I wrote letters each other once a week.

CHECK! each other = one another「お互い」

解説 each otherを「お互いに」と覚えている人は間違いに気付かないかもしれない。each otherは代名詞であり，他の目的格代名詞および固有名詞と同様に扱う。「〜に手紙を書く」はwrite (letters) to 〜なので，wrote letters to each other としなければならない。

解答 each other → to each other　「ジュンコと私は週に一度手紙のやりとりをしました」

4　注意すべき代名詞の用法

●基本形●

(1) someとany

① someは肯定文で，anyは否定文・疑問文で用いる。

② 肯定の答えを期待するとき，人にものを勧めるとき，人にものを頼むときには疑問文でもsomeを用いる。

③ 肯定文のanyは「どの〜でも」の意味。

(2) 「ほとんど」のmost

① most + 名詞

② most of the[所有格・指示代名詞] + 名詞

③　most＋人称代名詞

(3)　none「(3つ以上のうちの)どれも～ない」

(4)　neither＝not～either「(2つのうちの)どちらも～ない」

例題1

次の文の空所に入る最も適当なものを1つ選び，番号で答えよ。

He left the office without saying a word to (　　).

①　someone　　②　anyone　　③　one　　④　no one

CHECK! 　否定文にはanyを用いる。

解説 　withoutが「～なしで」という意味で否定を含んでいることに気づくかどうかがポイント。否定文と同様に考えて，someoneでなくanyoneを用いる。no oneでは否定の意味が重複するので不可。

解答 　②　「彼はだれにも一言も言わずに会社を出ました」

例題2

空所に入る最も適当なものを選べ。

(　　) agreed with his attitude.

①　Most people　　　②　The most people

③　Most of people　　④　The most of people

CHECK! 　most＋名詞，most of the[所有格・指示代名詞]＋名詞

解説 　「ほとんど」のmostの基本形に合致しているものを探す。ポイントとしてmostにtheをつけないこと，ofの後ろには特定のものがくることを押さえておこう。

解答 　①　「ほとんどの人々は彼の態度に同意しました」

例題3

次の文の空所に入る最も適当なものを1つ選び，番号で答えよ。

He has a lot of clothes, but (　　) look good on him.

①　many　　②　some　　③　a lot　　④　none

CHECK! 　none「(3つ以上のなかで)どれも～ない」

解説 　肯定文では逆接のbutを生かせない。否定文になるようにnoneを

入れる。

解 答　④　「彼はたくさん服を持っているが，1つも彼に似合うものがない」

例題4

次の文の空所に入る最も適当なものを1つ選び，番号で答えよ。

I guess (　　) of them went home.

①　almost　　②　most　　③　mostly　　④　the most

CHECK!　〈most of ＋ 人称代名詞〉「～のほとんど」

解 説　almostとmostlyはともに副詞なので，ここには入れられない。また，「ほとんど」のmostにはtheはつけないから④も不可。〈most of ＋ 人称代名詞〉にすれば「～のほとんど」という意味になり，正しい英文ができあがる。

解 答　②　「彼らのほとんどは帰宅したと思う」

例題5

次の文の空所に入る最も適当なものを1つ選び，番号で答えよ。

"How about (　　) more coffee?" "No, thank you."

①　any　　②　few　　③　much　　④　some

CHECK!　人にものを勧めるときは疑問文でもsomeを使う。

解 説　疑問文だからといって機械的にanyを選んではいけない。「もっとコーヒーはいかがですか」と人にものを勧めている表現だから，someが正しい。

解 答　④　「もっとコーヒーはいかがですか」「結構です」

例題6

次の文の空所に入る最も適当なものを1つ選び，番号で答えよ。

"Have you got some brown eggs?" "No, but I've got (　　)."

①　any white ones

②　some white ones

③　some white one

④　any white one

CHECK! 肯定文には some を用いる。

解 説　肯定文だから any を含む①と④は消える。次に②と③で使われているsomeは，前の質問から考えて，「いくつかの」という意味になるはずだから，oneが単数形の③はおかしい。したがって②の some white ones が正解。

解 答　②　「茶色の卵ある？」「いや，でも白いのがいくつかあるよ」

文法・語法 形容詞

ポイント

1 人を主語にする形容詞，しない形容詞

●基本形●

(1) 〈S（人）＋ be ＋形容詞〉型をとる形容詞

重要な形容詞：able, unable, capable, incapable, glad, happy, sorry

(2) 一般に〈S（人以外）＋ be ＋形容詞〉型をとる形容詞

重要な形容詞：convenient, dangerous, difficult, hard, easy, necessary, pleasant, possible, impossible

(3) 〈S ＋ be ＋形容詞＋ to ～〉型で，S が意味の上で to ～または後続する前置詞の目的語となる場合，S が人でもかまわない形容詞

重要な形容詞：convenient, dangerous, difficult, hard, easy, possible, impossible

◆〈S＋be＋形容詞＋to～〉型が狙われる

　ある形容詞が人を主語にできるかどうかは，特に「S が～するのは…だ」という内容を〈S ＋ be ＋形容詞＋ to ～〉型で表せるか，という形で問題にされることが多い。そこで，この形にしてはいけない形容詞を押さえておくことが重要である。

　　× 　He is difficult to win the race.

　　○ 　It is difficult for him to win the race.

　　(彼がそのレースに勝つことは難しい)

　これは，difficult のような(2)に属する形容詞は，事柄について述べるものであり，かつ〈S ＋ be ＋形容詞＋ to ～〉型で，S が to ～の意味上の主語となるような使い方をしてはならないからである。

◆Sとto～の関係が重要

　ところが(2)に属する形容詞でも，〈S ＋ be ＋形容詞＋ to ～〉型で S に人をもってきてもよい場合がある。ただし条件があって，S が意味の上で，to ～またはその後にある前置詞の目的語になっていなければならな

い。例えば,

　He is <u>difficult</u> to please. (彼は気難しい人だ)

　という文では, 意味の上でHe が please の目的語になる関係が成立している。また,

　She is <u>pleasant</u> to talk to. (彼女は話をすると楽しい)

　では, She が意味の上で前置詞 to の目的語になっている。つまり, 〈S ＋ be ＋ 形容詞 ＋ to 〜〉型では, 形容詞が何かということと, S と to 〜 の関係を見極めることが大切なのである。

例題 1

次の文の下線部のうち誤っているものを 1 つ選び, 番号で答えよ。

We ①<u>will be</u> ②<u>sure</u> to visit you again ③<u>when</u> ④<u>you are convenient</u>.

CHECK! 〈S (人以外) ＋ be ＋ 形容詞〉型をとる形容詞：convenient「都合がよい・便利な」

解説 「あなたの都合のよいときに」と日本語で考えると, you are convenient としたくなるが, これは間違いである。convenient は物・場所・時間などについて述べる形容詞で, 人を主語にしてはならない。it is convenient for you とするのが正しい。

解答 ④ 「あなたの都合のよいときにまた必ず来ます」

例題 2

次の文の空所に入る最も適当なものを 1 つ選び, 番号で答えよ。

In England, if anywhere, (　　) to abolish poverty without destroying liberty.

　① you would make possible　　② you would be possible

　③ it would be possible　　④ it would be you possible

CHECK! 〈S (人以外) ＋ be ＋ 形容詞〉型をとる形容詞：possible「可能な」

解説 possible は人を主語にしない。④は文型的に成立しない。

解答 ③ 「イギリスでは, どこであっても, 自由を損なわずに貧困をなくすことが可能であろう」

例題3

次の文の空所に入る最も適当なものを1つ選び，番号で答えよ。

I was (　　) complete the task.

　　① impossible to　　② impossible of　　③ incapable of

　　④ possible to　　　　⑤ unable to

CHECK! 〈S（人）＋be＋形容詞〉型をとる形容詞：unable → be unable to～「～できない」

解説 主語がIなので，人を主語にしないimpossibleとpossibleは使えない。また，③のincapableは人を主語にするが，ofの後が原形のcompleteではなく，completingなら正解。

解答 ⑤ 「私はその仕事を完成させることができなかった」

例題4

文法上，正しくない英文をあるだけ選べ。

　　① John is easy to catch cold.

　　② For Bill, Susan is hard to help.

　　③ The problem is difficult to solve.

CHECK! 〈S＋be＋形容詞＋to～〉型：easy, hard, difficultは，Sがto～の意味上の目的語であれば使える。

解説 ①のeasyは，Johnがto catch coldの意味上の主語なので使えない。②のhelpと③のsolveはともに他動詞でありながら目的語がない点に注目。②ではSusanがhelpの目的語となる関係であり，③ではThe problemがsolveの目的語となる関係なので，いずれも正しい英文である。

解答 ① 「②ビルにとってスーザンは助けるのが難しい／③その問題は解きにくい」

2 分詞型形容詞

●基本形●

現在分詞型→「他人を〜させるような」

過去分詞型→「自分が〜している」

◆元の他動詞から出発しよう

　例えば，surprisingとsurprisedという形容詞について考えてみよう。これらは「〜を驚かす」という意味の他動詞surpriseが元になっている。

　このsurpriseが現在分詞のsurprisingになった場合，「〜を驚かす」という意味合いはそのまま残り，これが「他人を驚かすような」という意味の形容詞として使われるようになる。

　一方，過去分詞のsurprisedは「驚かされる」となるが，次第に受け身の意味合いが薄れて，単に「(自分が)驚いている・驚く」という形容詞になってしまう。他の形容詞についても同様の考え方で理解できるはずである。

例題1

次の文の空所に入る最も適当なものを1つ選び，番号で答えよ。

He is (　　) with the sales of the new car.

　① much pleased　　② pleasing　　③ so pleasing

　④ very pleasing

CHECK! 　pleasingは「人を喜ばせるような」。pleasedは「自分が喜んでいる」。

解説　「彼が車の売り上げでどうなのか」を考えると，「人を喜ばせる」より「自分が喜んでいる」のほうが自然である。なお，過去分詞型の形容詞はmuch で修飾されることがよくあることを覚えておこう。

解答　①　「彼は新車の売り上げに満足している」

例題2

次の文の空所に入る最も適当なものを1つ選び，番号で答えよ。

I had never expected to be offered the job. I was really (　　).

　① amaze　　② amazing　　③ amazed　　④ amazement

CHECK! amazingは「他人を驚嘆させるような」。amazedは「自分が驚嘆している」。

解説 予期していないことが起こったのだから，素直に「自分が驚いた」とすればよい。

解答 ③ 「仕事がもらえるとは思ってもいなかったので，私は本当にびっくりした」

例題 3

次の文の空所に入る最も適当なものを1つ選び，番号で答えよ。

The news of the destruction of the Soviet Union was (　　) me.

① much surprising at　　② much surprised to

③ very surprising to　　④ very surprised at

CHECK! surprisingは「他人を驚かすような」。surprisedは「自分が驚いている」。

解説 「ニュース自身が驚いている」はずはないので，surprisedを含む②と④は消える。①と③では，現在分詞型の形容詞を修飾するのは原則としてveryであること，前置詞atはsurprisedと組み合わせて「〜に驚く」となることから③を選ぶ。

解答 ③ 「ソ連崩壊のニュースは私には驚きだった」

3　つづり・意味の紛らわしい形容詞

●基本形●

(1) alive「生きている」(叙述用法)／ live「生きている」(限定用法),「(放送などが)生の」／ lively「生き生きとした・活発な」／ living「生きている・現存している」

(2) considerate「思いやりのある」／ considerable「かなりの」

(3) economic「経済上の・経済学の」／ economical「経済的な・節約家の」

(4) imaginary「架空の」／ imaginable「想像しうる」／ imaginative「想像力豊かな」

(5) literate「読み書きのできる」／ literal「文字通りの」／ literary「文学の」

(6) respectful「敬意を抱く」／ respectable「ちゃんとした・まともな」／ respective「それぞれの」

(7) sensitive「敏感な」／ sensible「思慮分別のある」

例題 1

次の文の空所に入る最も適当なものを1つ選び，番号で答えよ。

Harrison was last seen (　) around 9:30 p.m., so we think he was killed sometime after that.

① alive 　② live 　③ lively 　④ to live

CHECK! 「生きている」のaliveは叙述用法，liveは限定用法で用いる。

解説 「生きているのを最後に見られたのは午後9時半ごろだった」としたいので，aliveとliveの区別が重要となる。aliveは叙述用法，つまり補語として用いるのに対し，liveは限定用法，つまり名詞の前において名詞を修飾する働きをする。ここでは補語の位置なのでaliveが正解。

解答 ① 「ハリソンが最後に生きているところを見られたのは午後9時半ごろだったので，我々は彼が殺されたのはその後だと考える」

例題 2

次の文の空所に入る最も適当なものを1つ選び，番号で答えよ。

He is very (　) writer; he is always writing about journeys to the moon and such things.

① imaginary 　② imaginative 　③ imagined
④ imaginable

CHECK! imaginative「想像力豊かな」

解説 「いつも月旅行などを書いている」というのだから，imaginativeが最も自然である。

解答 ② 「彼はとても想像力に富んだ作家だ。いつも月旅行やそのたぐいのことを書いている」

例題 3

次の文の空所に入る最も適当なものを1つ選び，番号で答えよ。

It is not (　　) to be drunk in a public place.

① respective　　② respectable　　③ respectful

④ respecting

CHECK!　respectable「ちゃんとした・まともな」

解答　② 「公共の場で酔っぱらうのはまともではない」

文法・語法 副詞

ポイント

1 意味・用法の紛らわしい副詞

●基本形●

(1) very と much

    ① very ＋原級／much ＋比較級

    ② the very ＋最上級／much the ＋最上級

    ③ 「あまりにも～」の too を強調するのは much

(2) hard と hardly

    ① hard「懸命に・熱心に・激しく」

    ② hardly「ほとんど～ない」

(3) late と lately

    ① late「遅く・遅れて」

    ② lately「最近」

(4) ago と before：「～前に」

    ① ago は現在を基準とする。

    ② before は過去を基準とする。

(5) too と either：「～もまた」

    ① too は肯定文で使用する。

    ② either は否定文で使用する。

(6) already と still と yet

    ① already は肯定文で「すでに」，疑問文で「驚き」を表すことがある。

    ② yet は疑問文で文末に置いて「もう」，否定文で not の後か文末に置いて「まだ」。

    ③ still は「依然として」で"継続"を表す。否定文で「まだ～ない」というときは not の前に置く。

◆very と much の使用法

「とても・非常に」と訳すことの多い very と much だが，その働き場所はほぼ完全に二分されていて，2つは交換可能ではないと考えておいてよいだろう。特に，(1)の①～③の用法は重要である。

The water is <u>very</u> shallow here.

(ここは水がとても浅い)

You've done <u>much</u> better than last time.

(君はこの前よりずっとよくやった)

This is the ＊<u>very</u> best wine.

＊注：この very は名詞を強調する形容詞だとする説もある。

(これがまさしく最良のワインです)

He is <u>much</u> the tallest in our class.

(彼は私たちのクラスで飛び抜けていちばん背が高い)

This is <u>much</u> too difficult for me.

(これは私には難しすぎる)

これ以外では，much は動詞を修飾できるが，very はできないということも押さえておこう。ただし，much が単独で動詞を修飾することはまれで，much の前に別の副詞を置くのが普通である。

また，very は現在分詞，much は過去分詞を修飾する，というのもあるが，これはあいまいな点も多く，実際の英文で個々に見ていくしかない。

◆-ly の有無

同じ副詞でも -ly がつくのとつかないのでは全く意味の異なるものがある。(2)と(3)で例を挙げたもの以外では，most と mostly，right と rightly，just と justly などの区別が重要である。

He never comes <u>late</u> for the school. (彼は決して学校に遅刻しない)

Have you ever seen her <u>lately</u>? (最近彼女に会いましたか)

I tried <u>hard</u> to get good mark. (私はいい点を取ろうと懸命に努力した)

Jack <u>hardly</u> takes any exercise. (ジャックはほとんど運動をしない)

What you need <u>most</u> is courage. (君に一番必要なのは勇気だ)

I <u>mostly</u> enjoy whiskey when I drink.

(私は酒を飲むときは，たいていウイスキーをたしなむ)

◆日本語訳だけでは区別できない

(4)～(6)で取り上げた副詞は，日本語訳では混同しやすいものばかりである。それぞれの用法の違いをしっかり覚えておこう。

I saw you somewhere three years <u>ago</u>.
(3年前にどこかであなたと会ったことがある)

I told him that I had seen her a week <u>before</u>.
(彼女には1週間前に会ったと彼に言った)

John is ready, and I am, <u>too</u>.
(ジョンは準備ができているし，私もできている)

I didn't read the book, <u>either</u>. (私もその本は読まなかった)

He has <u>already</u> finished the job. (彼はもうその仕事を終えた)

He has not finished the job <u>yet</u>. (彼はまだその仕事を終えていない)

Has he finished the job <u>yet</u>? (彼はもうその仕事を終えましたか)

He is <u>still</u> doing the job. (彼はまだその仕事をしている)

例題1

次の文の空所に入る最も適当なものを1つ選び，番号で答えよ。

I am (　　) fond of apples.

① very 　　② much 　　③ very much

CHECK! very＋原級／much＋比較級

解説 空所の直前が形容詞の原級fondなので，muchではなくveryが正しい。③もmuchがfondにかかってしまうので不可。

解答 ① 「私はリンゴが大好きだ」

例題2

次の文で誤りがあれば訂正せよ。

They tied him to a tree and whipped him hardly.

CHECK! hard「懸命に・熱心に・激しく」
hardly「ほとんど～ない」

解説 hardlyを使うなら位置が悪く，～and hardly whipped himとすべきだし，仮にこうしても「ほとんどムチで打たなかった」では前とのつ

ながりが悪い。そこで「激しくムチで打った」となるように，hardを用いるのが正解。

| 解答 | hardly→hard 「彼らは彼を木に縛りつけて，激しくムチで打った」

例題 3

次の文で誤りがあれば訂正せよ。

He will arrive very lately tonight.

> **CHECK!** late「遅く・遅れて」
> lately「最近」

| 解説 | latelyでは全く意味をなさない。またlatelyは現在完了形や過去形の英文で用いるので，ここでは使えない。ここではlateを用いて「遅くに到着する」という文にする。

| 解答 | lately→late 「彼は今夜，非常に遅い時間に到着するだろう」

例題 4

次の文で誤りがあれば訂正せよ。

I first went to India twenty five years before.

> **CHECK!** agoは基準を現在とする。
> beforeは基準を過去とする。

| 解説 | 動詞が過去形のwentなので，「今から25年前」ということで，beforeでなくagoを用いる。

| 解答 | before→ago 「私は25年前初めてインドに行った」

例題 5

次の文で誤りがあれば訂正せよ。

If you do not go, I will not go, too.

> **CHECK!** tooは肯定文で使用する。
> eitherは否定文で使用する。

| 解説 | 「私も行かない」という意味だが，否定文なのでtooではなく，eitherを用いる。

| 解答 | too→either 「あなたが行かないのなら，私も行きません」

例題 6

次の文の空所に入る最も適当なものを1つ選び，番号で答えよ。

"Has the bell rung?" "No, it hasn't rung (　　)."

①　already　　②　still　　③　until　　④　yet

CHECK! alreadyは肯定文で「すでに」

yetは否定文で「まだ」

stillは"継続"の意を表す。

解説 まずuntilには副詞の用法がない。alreadyは否定文で使えない。そしてstillを使うならit still hasn't rung.となるはずなので，yetが正解。

解答 ④　「ベルは鳴った？」「いや，まだ鳴ってない」

例題 7

次の文の空所に入る最も適当なものを1つ選び，番号で答えよ。

Have you (　　) finished your homework in mathematics?

①　still　　②　until　　③　yet　　④　already

CHECK! alreadyは疑問文で使うこともある。

疑問文のyetは文末に置く。

stillは"継続"の意を表す。

解説 疑問文なのでyetを使いたいところだが，yetなら文末にくるはず。また，stillは"継続"だからこの文脈では不可。alreadyは疑問文で用いて「もう〜したのか」という驚きを表すことができる。

解答 ④　「もう数学の宿題を済ませたのですか」

2　否定の副詞

●基本形●

(1)　準否定

①　rarely, seldom「めったに〜ない」(頻度)

②　hardly, scarcely「ほとんど〜ない」(程度)

＊ともにnotと一緒には使えない。

(2)　全部否定(完全否定)

① not～any「1つも(少しも)～ない」

② not～either「(2つの)どちらも～ない」

＊any～not, either～notの語順は不可。

(3) 重要表現

① no more = not～any more「もはや～ない」／no longer = not ～any longer「もはや～ない」

＊前者は量や程度，後者は時間的な意味合いで使われるのが原則だが，実際には置き換え可能なことが多い。

② by no means = not～by any means「決して～ない」

③ anything but～, far from～「～どころではない，決して～でない」

＊～には名詞だけでなく形容詞もくる。

④ next to＋否定語「ほとんど～ない」

◆外見は肯定文で中身は否定文

rarely, seldom, hardly, scarcelyは準否定の副詞と呼ばれる。"準"とついてはいるが，要は否定語だととらえておいてよい。また，rarely, seldomは"頻度"について，hardly, scarcelyは"程度"に用いることに注意しよう。

She is seldom at home in the afternoon.

(彼女は午後家にいることはめったにない)

There's scarcely any sugar in this cake.

(このケーキには砂糖はほとんど入っていない)

◆全部否定と部分否定

通常の否定文では特に意識することはないが，場合によっては，その内容を完全に否定しているのか部分的に否定しているのかをはっきり区別しなければならないことがある。

(1) not～any「1つも(少しも)～ない」：全部否定／not～all, not～every「すべてが～というわけではない」：部分否定

not～either「(2つの)どちらも～ない」：全部否定／not～both「両方とも～というわけではない」：部分否定

There isn't any tea in the pot. (ポットには紅茶が少しもない)

I don't know either of the two boys.

46

(私はその2人の少年はどちらも知らない)

(2) not～at all, not～in the least「全く～ない」：全部否定／not～ always[necessarily, altogether]「必ずしも～とは限らない」：部分否定

He doesn't watch television at all. (彼は全然テレビを見ない)

I'm not in the least afraid of dogs. (私は犬はちっとも怖くない)

◆否定に関する重要表現

基本形に取り上げたものは，すべて正確に記憶しておこう。

(1) not～any more, no longer～「もはや～ない」

We can't walk any more. (これ以上は歩けません)

He can no longer wait. (彼はもう待てない)

(2) by no means「決して～ない」 means「手段」という意味から覚えやすいだろう。文字通りには「どんな手段によっても～ない」となる。ついでにby all means「あらゆる手段によって→ぜひとも」も覚えておこう。

She is by no means stupid. (彼女は決してばかではない)

(3) anything but～は「～以外なら何でも」，far from～は「～からほど遠い」という文字通りの意味からきている。

This is anything but easy. (これが容易だなんてとんでもない)

The result is far from satisfactory.

(その結果は決して満足のいくものではなかった)

(4) next to～「(否定の意味を持つ語の前に置かれて)ほとんど～」。「～の次」が拡張されたもの。

Finishing it by 10 o'clock is next to impossible.

(それを10時までに終わらせるのはほとんど不可能だ)

例題 1

次の文の空所に入る最も適当なものを1つ選び，番号で答えよ。

The old lady (   ) goes out at night, because she's afraid someone will rob her.

① not　　② ever　　③ seldom　　④ hardly

CHECK! seldomは "頻度"，hardlyは "程度" を表す。

解説 notを使うならdoes not goとなるはず。seldomかhardlyだが，「外出する」のに"程度"は変なので「めったに外出しない」とすればよい。

解答 ③ 「そのお婆さんは夜に外出することはめったにない。強盗に襲われるのではないかと思っているからだ」

例題2

次の文の空所に入る最も適当なものを1つ選び，番号で答えよ。

A visit to the moon is (　　) longer impossible.

① nothing　② no　③ not　④ none

CHECK! no longer = not〜any longer「もはや〜ない」

解説 no longerを知っているかどうかだけの基本的な問題。

解答 ② 「月への旅行はもはや不可能ではない」

例題3

次の文で誤りがあれば訂正せよ。

Any student did not go to the party.

CHECK! not〜any「1つも〜ない」だが，any〜notの語順は不可。

解説 「一人も行かなかった」と言いたいのだが, any〜notの語順は不可。このような場合には〈no＋名詞〉の形にする。

解答 Any student did not go to the party. → No student went to the party. 「パーティーに行った学生は一人もいなかった」

3 注意すべき副詞

●基本形●

(1) almost

　① ほとんど　＊〈almost＋名詞〉は不可。

　② (動詞を修飾して)もう少しで〜するところ(≒nearly)

(2) badly

　① まずく・下手に・不当に

　② とても・ひどく　＊動詞の前に置くことが多い。

(3) barely「かろうじて・やっとのことで」

(4) 〈形容詞・副詞＋enough〉「十分に〜」

(5) fast「(時計が)進んでいる」,「ぐっすり(眠っている)」の意味がある。

(6) How often〜?「どのくらいの頻度で〜か」

(7) How soon〜?「あとどのくらいの時間がたてば〜か」

(8) otherwise
　　① さもなければ　　② それとは違った方法で
　　③ その他の点では

(9) 〈pretty[fairly]＋形容詞〉「かなり〜・非常に〜」

(10) quite
　　① 全く　　② 非常に・かなり　　＊〈a＋名詞〉の前に置ける。

(11) rather
　　① むしろ　　② かなり

(12) right
　　① ちょうど・まともに
　　② すぐに　ex. right now「ちょうど今」, right away「すぐに」

(13) 〈this＋形容詞〉「これほど〜」,〈that＋形容詞〉「それほど〜」

(14) 名詞と間違えやすい副詞
　　① abroad「外国へ・外国で」
　　② 動作を表す動詞の後のhome
　　③ upstairs「上の階へ・2階へ」, downstairs「下の階へ・1階へ」

(15) 接続副詞(前文または前の部分との接続関係を表す副詞)
　　① accordingly, therefore「したがって・それゆえに」
　　② besides, moreover, in addition「さらに・その上」
　　③ however「しかしながら」
　　④ instead「その代わりに」
　　⑤ nevertheless, nonetheless「それにもかかわらず」

(16) 文修飾副詞(特定の語句を修飾するのではなく，文全体を修飾する副詞)
　　① 文頭に置くか，助動詞の直後，助動詞がなければ一般動詞の直前かbe動詞の直後に置く。

② 代表的なもの …certainly「確かに」, clearly「明らかに」, evidently「明らかに」, fortunately「幸運にも」, unfortunately「不運にも」, probably「たぶん」など。

例題1

次の文の下線部のうち誤っているものを1つ選び, 番号で答えよ。

①In the early days when the West ②was being settled, horses were the ③main mode of transportation, so ④almost pioneers rode well.

CHECK! 〈almost＋名詞〉は不可。

解説 「ほとんどの開拓者」と言いたいのだろうが, almostは副詞だから名詞を修飾できない。よってalmost pioneersが間違い。almostを使うなら, almost all (of) the pioneersとなる。

解答 ④ 「西部に人が移住しつつあった初期の時代には, 馬が主要な輸送手段だったので, ほとんどの開拓者は馬に乗るのが上手だった」

例題2

次の文の下線部のうち誤っているものを1つ選び, 番号で答えよ。

I ①should have been gone back ②to home ③by then but was delayed ④by a phone call.

CHECK! 動作を表す動詞の後で, homeは副詞として用いる。

解説 homeは基本的には名詞なのだが, 動作を表す動詞の後では「家へ・故郷へ」という意味の副詞として用いる。したがって, to homeのtoが不要。

解答 ② 「私はそのときまでに家に帰っているはずだったが, 電話のせいで遅れてしまった」

例題3

次の文の空所に入る最も適当なものを1つ選び, 番号で答えよ。

The building did not pass a fire inspection. ( ) it will be closed for the rest of the year.

① Nevertheless　② However　③ Moreover

④　Therefore

CHECK! therefore「したがって・それゆえに」

解説　第1文の「検査に通らなかった」ことと，第2文の「閉鎖される」の関係を考えれば，因果関係を表すthereforeが最適。

解答　④　「その建物は火災検査に通らなかった。したがって，今年いっぱい閉鎖されることになるだろう」

例題 4

次の文の空所に入る最も適当なものを1つ選び，番号で答えよ。

(　　) students wear uniforms.

①　Almost of　　②　Almost the

③　Almost of the　　④　Almost all of the

CHECK! almostは副詞なので，almost ofや〈almost＋名詞〉は不可。

解説　almostは副詞だから①や③のAlmost ofはあり得ないし，②も〈almost＋名詞〉になってしまうので不適当。

解答　④　「学生の大部分は制服を着ている」

例題 5

次の文の空所に入る最も適当なものを1つ選び，番号で答えよ。

I thought it was a good book, but Jim thought (　　).

①　moreover　　②　nevertheless

③　otherwise　　④　therefore

CHECK! otherwise「さもなければ・それとは違ったやり方で・その他の点では」

解説　moreover, nevertheless, thereforeは逆接副詞なので文末にくることはないし，これらでは文意も通らない。「それとは違ったやり方で」の意味を持つotherwiseを入れると，「私はいい本だと思ったが，彼はそれとは違ったやり方で考えた(彼はそうではないと思った)」となる。

解答　③　「私はいい本だと思ったが，ジムはそうではないと思った」

例題 6

次の文で誤りがあれば訂正せよ。

What time did you come back to home last night?

CHECK! ☞　名詞と間違えやすい副詞：往来を表す動詞の後のhome

解 説　動詞がcome back「戻る，帰る」なので，homeは副詞として用いる。

解 答　to home → home　「あなたは昨晩，何時に帰宅しましたか」

文法・語法 比較

1 原級による比較

●基本形●

(1) 同等比較

as + 原級 + as「〜と同じくらい…」

not as[so] + 原級 + as「〜ほど…でない」

(2) 倍数表現

X times + as + 原級 + as 〜「〜のX倍…」

twice + as + 原級 + as 〜「〜の2倍…」

half + as + 原級 + as 〜「〜の半分…」

(3) 同等比較を用いた重要構文

① as + 原級 + as possible = as + 原級 + as + S can「できるだけ…」

② as + 原級 + as ever「相変わらず…」「古今まれなほど…／この上なく」

③ not so much A as B「AというよりむしろB」(= rather B than A, B rather than A, more B than A)

④ not so much as 〜「〜さえ…ない」, without so much as 〜ing「〜さえせずに」

⑤ as good as 〜「も同様だ」

例題1

次の文の空所に入る最も適当なものを1つ選び，番号で答えよ。

Bill ( ) you think.

① is not as silly as ② is not as silly than

③ is not silly than ④ is not so silly than

CHECK! not as[so] + 原級 + as 〜「〜ほど…ない」

解説 基本形どおりの①で全く問題ない。他の選択肢に含まれている

53

thanは比較級と組みあわせて用いる。

解答 ① 「ビルはあなたが思っているほどばかではない」

例題2

次の文の空所に入る最も適当なものを1つ選び，番号で答えよ。

This stone is (　　) that one.

① twice as heavy as 　　② twice as heavy than

③ as twice heavy as 　　④ as heavy as twice

CHECK! twice as ＋ 原級 ＋ as ～ 「～の2倍…」

解説 いろいろな語順の選択肢が並んでいるが，基本形通りなのは①のみ。

解答 ① 「この石はあの石の2倍の重さがある」

例題3

次の文の空所に入る最も適当なものを1つ選び，番号で答えよ。

A man's worth is to be estimated not so much by his social position

(　　) by his character.

① than 　　② as 　　③ as well 　　④ rather

CHECK! not so much A as B 「AというよりもむしろB」

解説 やや複雑な形になっているが，by his social positionとby his characterがともに〈by ＋ 名詞〉という同じ形であることに注目。それぞれをひとかたまりと見れば，not so much A as Bという構文に気づくはずだ。

解答 ② 「人の価値はその社会的地位よりもむしろ人格によって判断されるべきだ」

例題4

次の文の空所に入る最も適当なものを1つ選び，番号で答えよ。

The ten-year-old boy cannot so (　　) as sign his name.

① far 　　② good 　　③ long 　　④ much

CHECK! not so much as ～ 「～さえ…ない」

解説 far, good, longを入れたのでは，asの直後に動詞の原形signがき

ていることの説明がつかない。not so much as〜は動詞と組みあわせて
用いることが多く，ここに入れるのに何の支障もない。

解答 ④ 「その10歳の男の子は自分の名前を書くことすらできない」

2 比較級を用いた表現

●基本形●

(1) 優劣比較：比較級 + than〜「〜よりも…」
  劣等比較：less … than〜「〜よりも…でない」

(2) the + 比較級：「2つのうちでより〜な方」

(3) 比較級を含む重要構文

  ① more A than B「BというよりもむしろA」(= rather A than B,
  A rather than B, not so much B as A)

  ② all the + 比較級「その分だけいっそう…」
  none the + 比較級「〜にもかかわらず少しも…でない」

  ③ The + 比較級〜，the + 比較級…「〜すればするほどいっそう…」

  ④ 肯定文，much[still] more〜「まして〜・なおさら〜」
  否定文，much[still] less〜「まして〜ない・なおさら〜ない」

  ⑤ know better than to〜「〜するほど愚かではない・〜しないくら
  いの分別はある」

  ⑥ no sooner〜than …「〜するとすぐに…」

例題1

次の文の空所に入る最も適当なものを1つ選び，番号で答えよ。

It is better to know something about everything (   ) all about one
thing.

  ① but   ② than   ③ that   ④ for

CHECK! 優劣比較：比較級 + than〜「〜よりも…」

解説 前に比較級のbetterがあるので，素直に〈比較級 + than〉の形に
すればいい。

解答 ② 「1つのことについてすべてを知るより，すべてのことについ

てある程度知る方がよい」

例題 2

次の文の空所に入る最も適当なものを1つ選び，番号で答えよ。

Which is the (　　) of the two overcoats?

　① best　　② better　　③ smallest

CHECK! the ＋ 比較級：「2つのうちでより〜な方」

解説 直後の of the two に注目。「その2つのコートのうちでよい方」というのだから，〈the ＋ 比較級〉の形にする必要がある。

解答 ② 「その2つのコートのうち，どちらの方がいいですか」

例題 3

次の文の空所に入る最も適当なものを1つ選び，番号で答えよ。

She is (　　) than beautiful.

　① pretty　　② more pretty　　③ prettier

　④ more prettier

CHECK! more A than B 「BというよりもむしろA」

解説 than があるから pretty の比較級である prettier と早とちりしてはいけない。than の後が形容詞の beautiful であることに注意。素性の優劣比較ならば，「彼女」と他の何かが比較されるはずで，「彼女」とbeautiful を比べることは不可能。つまり，ここでは pretty か beautiful かの比較をしているのである。よって，more A than B の形にすればいい。

解答 ② 「彼女は美人というよりもかわいい」

例題 4

次の文の空所に入る最も適当なものを1つ選び，番号で答えよ。

I love him all (　　) for her faults.

　① the more　　② more　　③ most　　④ better

CHECK! all the ＋ 比較級 「その分だけいっそう…」

解説 直前の all に注目。All more, all most, all better では意味をな

さない。〈all the＋比較級〉の形になるよう the more を選ぶ。なお，直後の for her faults は理由を示す表現で，これが〈all the＋比較級〉を使うことをわからせてくれる。

解答 ①　「欠点があるからそれだけよけいに彼女を愛している。」

例題 5

日本文とほぼ同じ意味になるように，空所に適当な語を入れよ。
知人が増えれば，それだけ会う時間がなくなる。

　The more people you know, (　　) (　　) time you have to see them.

CHECK!　The＋比較級〜, the＋比較級…「〜すればするほどいっそう…」

解説　この文が The more で始まっていることに注意。more はもちろん many の比較級で，know の目的語である people が The more に引っ張られて前に出ている。このような語順が成立するためには，〈The＋比較級〜, the＋比較級…〉の構文にするしかない。入れるべき比較級は，「時間が少なくなる」とあるから little の比較級 less。

解答　the, less

例題 6

次の文の空所に入る最も適当なものを1つ選び，番号で答えよ。

I didn't even speak to her, (　　) discuss your personal problems with her.

①　much less　　②　still more　　③　much more
④　less than

CHECK!　否定文, much[still] less〜「まして〜ない」

解説　まず less than では前後がつながらない。残る3つの比較では，空所の前が否定文であることが決め手になる。still more と much more は前が肯定文のときに使う。基本形通りになる much less が正解。

解答　①　「私は彼女と話しもしなかった。まして，あなたの個人的な問題について彼女と話し合うことなどしていない」

例題7

次の文で誤りがあれば訂正せよ。

No sooner had she said it when she realized her mistake.

CHECK! no sooner ～ than … 「～するとすぐに…」

解説 これは基本形と照らし合わせれば，whenが間違いであることがすぐにわかる。当然thanにしなければならない。

解答 when → than 「彼女はそれを言ったとたんに自分の間違いがすぐにわかった」

例題8

(1)と(2)がほぼ同じ意味になるように，次の文の空所に入る最も適当なものを1つ選び，番号で答えよ。

(1) Well, it was really foolish of her to do such a thing.

(2) Well, ( ) known better than to do such a thing.

① she has ② she had been ③ she had

④ she should have

CHECK! know better than to ～ 「～しないぐらいの分別がある」

解説 時制から考えて①の現在完了はおかしいし，②③の過去完了も基準となる過去の一時点を表す語句がないから不可。残る④だが，これはshould have + 過去分詞「～すべきだったのに」の形。know better than to～を合わせると，「～しないくらいの分別はあるべきだったのに(実際はなかった)」となって，(1)の「ばかだった」とほぼ同じ意味になる。

解答 ④ 「(1)そう，彼女がそんなことをしたのは本当にばかだった。／(2)そう，彼女はそんなことをしないくらいの分別はあってしかるべきだったのに」

3 no more … than ～など

●基本形●

(1) ① no more … than ～ ＝ not … any more than ～ 「～と同様に…でない」

② no less … than〜「〜と同様に…だ」
(2) ① no more than + 数詞「たった〜だけ」(= only)
② not more than + 数詞「せいぜい〜」(= at most)
③ no less than + 数詞「〜も」(= as much as)
④ not less than + 数詞「少なくとも〜」(= at least)

◆いわゆる"クジラの公式"

次の例は，no more … than〜の説明に頻繁に用いられるものである。

A whale is <u>no more</u> a fish <u>than</u> a horse is.

(クジラが魚でないのは馬が魚でないのと同様である)

まず，thanの後を見るとhorse isと肯定形になっている。これは「馬が魚である」という内容を表すのだが，これは明らかに事実ではない。ここが重要で，"thanの後には，形は肯定形でも事実でない事柄がくる"というのが第1のポイントである。

次に，moreという比較級が使われているのは，than以下の事実でない事柄に比べれば普通ならこちらの方が程度が上になることを示すが，その前にnoがついている。このnoの働きを考える際に前提として押さえておきたいことは，比較級の前に数値を置くことで比較されている両者の"差"を表すことができる，という点である。

I am <u>two years</u> younger than my brother. (私は兄より2歳年下です)
そこで，noが0という数値を表すことから，"noは両者の差が0であること，すなわち両者は同程度であることを示す"という第2のポイントが導き出される。

以上のことを例文に当てはめると，「『馬が魚である』という事実でないことに比べれば，『クジラが魚である』の方が程度は上のはずだが，その差を実際に調べてみたら何と0で，両者は同程度でしかない」となり，これを簡潔に表現すると，「クジラが魚でないのは馬が魚でないのと同様である」となるのである。

例題 1

空所に入る最も適当なものを選べ。

I am no (　　　) able to operate this machine than he is.

① far ② much ③ very ④ more

CHECK! no more … than～「～と同様に…でない」

解説 空所の前の no, 文の終わりの方の than に注目して, no more … than～の形にするしかない。

解答 ④ 「私は彼と同様, この機械を操作することはできない」

例題 2

日本文とほぼ同じ意味になるように, 文の空所に入る最も適当なものを1つ選び, 番号で答えよ。

私は 10,000 円しか持っていない。

I have ( ) more than 10,000 yen.

① not ② much ③ far ④ no

CHECK! no more than + 数値「たった～だけ」

解説 「～しか」という日本文と空所の後の more than から, 〈no more than + 数値〉にすればよい。

解答 ④

例題 3

次の文の空所に入る最も適当なものを1つ選び, 番号で答えよ。

It is true that love is important. Still, money is ( ) important.

① much ② little ③ no more ④ no less

CHECK! no less … than～「～と同様に…だ」

解説 much は原級を修飾できないし, 〈little + 形容詞〉という形もない（〈a little + 形容詞〉ならある）ので, ①②は不可。前文の内容から than love is が省略されていると考えて, no more か no less になる。no more だと「金も同様に重要でない」となって, 前の「愛情は重要だ」に合わない。no less なら「金も同様に重要だ」となってうまくつながる。

解答 ④ 「なるほど愛情は重要だ。だが, お金もそれと同様に重要だ」

例題 4

次の日本文とほぼ同じ意味になるように，空所に適当な語を入れよ。

彼女は30分そこそこで帰ってくるでしょう。

She will come back in (　　) (　　) than half an hour.

CHECK! 〈not more than + 数詞〉「せいぜい〜」(= at most)

解 説 「30分そこそこ」とは「いくらかかってもせいぜい30分」と考えればよい。すると，〈not more than + 数詞〉が使える。

解 答 not, more

例題 5

(1)と(2)がほぼ同じ意味になるように，空所に適当な語を入れよ。

(1) She has at least five children.

(2) She has (　　) (　　) than five children.

CHECK! 〈not less than + 数詞〉「少なくとも〜」(= at least)

解 説 空所の後にthanがあり，(1)の文が「彼女には子供が少なくとも5人はいる」という意味であることから，〈not less than + 数詞〉「少なくとも〜」とすればほぼ同じ意味になる。

解 答 not, less 「彼女には子供が少なくとも5人はいる」

例題 6

(1)と(2)がほぼ同じ意味になるように，空所に適当な語を入れよ。

(1) You cannot shake my resolution just as you cannot make the sun turn back.

(2) You can (　　) (　　) shake my resolution (　　) you can make the sun turn back.

CHECK! 〈no more … than 〜〉「〜と同様に…でない」

解 説 (1)は接続詞asを用いて「あなたが〜できないように，あなたは…できない」という意味になっている。これは「〜できないのと同様に…できない」とうことだから，〈no more … than 〜〉とほぼ同じ意味。

解 答 no, more, than 「あなたは太陽を引き返させることができないのとちょうど同じように，私の決意をぐらつかせることはできない」

例題 7

(1)と(2)がほぼ同じ意味になるように，空所に適当な語を入れよ。

(1)　He saved as much as ten thousand dollars.

(2)　He saved no (　　) than ten thousand dollars.

CHECK! 〈no less than ＋ 数詞〉「～も」(＝ as much as)

解 説　as much as は数の多さを強調するときに使い，no less than とほぼ同じ意味になる。

解 答　less　「彼は1万ドルも貯めた」

例題 8

(1)と(2)がほぼ同じ意味になるように，空所に適当な語を入れよ。

(1)　She is quite as kind as her sister.

(2)　She is (　　) (　　) kind than her sister.

CHECK! no less … than～「～と同様に…だ」

解 説　空所の後に than があり，(1)の文が「同じくらい親切だ」という肯定であることから，no less … than～に当てはめればよい。

解 答　no，less　「彼女は姉とまったく同じくらい親切だ」

文法・語法 動詞

ポイント

1 自動詞と他動詞

●基本形●

(1) 他動詞＋名詞

(2) 自動詞＋前置詞＋名詞

◆動詞は大別して2種類ある

動詞には目的語をとる他動詞と，目的語をとらない自動詞がある。

(1) We reached Boston three days ago.

(2) We arrived at Boston three days ago.

（私たちは3日前ボストンに着いた）

意味は同じなのに構造が異なることに注目しよう。(1)の動詞reachは他動詞なので，目的語の名詞Bostonが直後に続いているが，(2)の動詞arriveは自動詞なので，名詞をそのまま直後に置くことはできず，〈前置詞＋名詞〉という修飾要素の形にして続けているのである。

例題1

不要な箇所が1つある。その番号を答えよ。

①I ②liked ③in ④the way ⑤she ⑥organized ⑦the meeting.

CHECK! 他動詞＋名詞

解説 likeは他動詞なので，直後がin the wayでは基本形に沿っていない。前置詞inを消せばlike the wayとなり，〈他動詞＋名詞〉となる。

解答 ③ 「彼女がその会合を主催したやり方に私は好感を持った」

例題2

次の文の空所に入る最も適当なものを1つ選び，番号で答えよ。

Jim was so tired that he (　　) down and slept.

① lay　　② lied　　③ lain　　④ laid

CHECK! lieは自動詞で，layは他動詞である。

解説 自動詞lie(横になる・ある)と他動詞lay「〜を置く・〜を横にする」の区別は頻出。また，それぞれの活用がlie-lay-lain-lying, lay-laid-laid-layingで非常に紛らわしいので正確に覚えておこう。空所の直後のdownが副詞であることから，目的語となる名詞が存在しないことがわかる。したがって，自動詞lieの過去形layが正解。

解答 ① 「ジムはとても疲れていたので横になって眠った」

例題3

次の文の空所に入る最も適当なものを1つ選び，番号で答えよ。

Bill (　) the room.

① entered ② entered to ③ entered into

④ entered onto

CHECK! enter「〜に入る」は他動詞。

解説 enterが他動詞であると知っていれば，基本形通りになる①enteredが選べるはず。

解答 ① 「ビルはその部屋に入った」

2 第2文型S＋V＋C

●基本形●

S＋V＋形容詞または名詞　V＝「〜になる」型，「〜のまま」型，五感型

◆第2文型をとる動詞

(1) 「〜になる」型…become, get, grow, come, go, turn, run, fall, prove, turn out

(2) 「〜のまま」型…be, keep, remain, stay, lie

(3) 五感型…look「〜に見える」, seem「〜に見える・思われる」, appear「〜に見える・思われる」, sound「〜に聞こえる」, taste「〜の味がする」, smell「〜のにおいがする」, feel「〜に感じる」

◆補語になれる語，句，節

(1) 主格補語になれるのは，名詞(句・節)，形容詞(句)，分詞など

(2) すべて S(主語) = C(主格補語) の関係が保たれている。Mr. Harrison is my English teacher. (ハリソン氏 = 私の英語の先生), John kept quiet during the class. (John = quiet), Mary looked happy to see you. (Mary = happy)。

例題 1

次の文の空所に入る最も適当なものを1つ選び, 番号で答えよ。

The parents seem (　) about the grades on their child's report card.

① angry　② angrily　③ to anger　④ to be anger

CHECK! S + V + 形容詞

解説 「怒っているように思われる」という日本語から副詞の angrily を選んではいけない。seem は第2文型の動詞だから, 基本形通りに形容詞 angry を選ぶ。④が to be angry であれば形容詞句として補語になり得るが to be anger では不可。

解答 ① 「その両親は子どもの通信簿の成績について怒っている様子だ」

例題 2

次の文の空所に入る最も適当なものを1つ選び, 番号で答えよ。

Luckily the weather (　) fine.

① turned up　② came to　③ turned out

④ changed into

CHECK! turn out (to be) + C = prove (to be) + C「結局Cになる・Cだと判明する」

解説 空所の後が形容詞 fine であることから, 第2文型をとる動詞を選ぶ。選択肢の中では turned out しかない。

解答 ③ 「幸運なことに, 天気はよくなった」

例題3

次の文の空所に入る最も適当なものを1つ選び，番号で答えよ。

Natsuko (　　) elegant in her new black suit.

  ① sounds　　　② grows　　　③ looks　　　④ sees

CHECK! 　sound + C「Cに聞こえる」，grow + C「(次第に)Cになる」，
look + C「Cに見える」

解 説　空所の後が形容詞であることを確認。④see(s)は他動詞で第2文型をとらないから消去。服を着たときにどうなのかを考えれば，look「〜に見える」を選べるだろう。

解 答　③　「新しい黒のスーツを着て，ナツコは優雅に見える」

3　第4文型S＋V＋IO＋DO

●基本形●

S + V + 名詞A + 名詞B

◆第4文型とは

後に目的語となる名詞が2つくる動詞を第4文型の動詞という。名詞Aを間接目的語(IO)，名詞Bを直接目的語(DO)という。

第4文型をとる動詞の代表例は，buy，give，lend，send，show，tell，teachなどである。

例題1

次の文の空所に入る最も適当なものを1つ選び，番号で答えよ。

The music (　　) me a headache. It's so old-fashioned.

  ① catches　　② feels　　③ gives　　④ shows

CHECK! 　give + A + B「AにBを与える」
show + A + B「AにBを見せる・示す」

解 説　空所の後の構造を見ると，meとa headacheという2つの名詞が並んでいるので，第4文型の基本形である。「その音楽は私に頭痛を与える」→「その音楽を聞くと私は頭痛がする」と考え，③givesを選ぶ。

解 答　③　「その音楽を聞くと頭痛がする。あまりに流行遅れだ」

例題 2

次の文の空所に入る最も適当なものを1つ選び，番号で答えよ。

Carelessness may ( ) you your life.

① cause ② cost ③ put ④ take

CHECK! cost＋A＋B「AにBを費やさせる・犠牲にさせる」

cause＋A＋B「AにBを引き起こす・もたらす」

take＋A＋B「AにとってB(時間・労力など)を必要とする」

解 説 空所の後に2つの名詞が並んでいるので，第4文型の動詞を選ぶ。③putは第4文型をとらないので不可。②costを選ぶと「不注意があなたに命を失わせるかもしれない」となって文意が通る。

解 答 ② 「不注意はあなたの命取りになるかもしれない」

例題 3

次の文の空所に入る最も適当なものを1つ選び，番号で答えよ。

Could you ( ) me a few minute? I've something to ask of you.

① save ② spare ③ make ④ help

CHECK! spare＋A＋B「AにB(時間・金など)を割く・分けてやる」

save＋A＋B「AからBを省く」

make＋A＋B「AのためにBを作る」

解 説 helpは第4文型を取らないから消去。「私に時間を少し割いてくれませんか」と考えて，②spareを入れる。

解 答 ② 「少しお時間をいただけませんか。お尋ねしたいことがあるのです」

4 第5文型S＋V＋O＋C(その1)

●基本形●

(1) S＋V＋O＋形容詞・名詞

(2) S＋V＋O＋現在分詞

(3) S＋V＋O＋過去分詞

◆第5文型の特徴

- 〈O＋C〉の間に意味の上で〈主語＋述語〉の関係が成立する。
- Cの位置に分詞がくる場合,「Oが〜する(している)」という能動関係ならば, Cは現在分詞,「Oが〜される」という受動関係ならば, Cは過去分詞になる。

例題 1

次の文の空所に入る最も適当なものを1つ選び, 番号で答えよ。

Don't you think it (   ) that he is not here?

① strange   ② strangely   ③ stranger

CHECK! S＋V＋O＋形容詞

解説 think＋O＋C「OがCであると思う」という意味。「それが奇妙である」という〈主語＋述語〉の関係を押さえ, 基本形に合わせて形容詞strangeを選ぶ。なお, itはthat以下を受ける形式目的語である。

解答 ① 「彼がここにいないのは奇妙だと思いませんか」

例題 2

次の文の空所に入る最も適当なものを1つ選び, 番号で答えよ。

I'm sorry to have kept you (   ) so long.

① waited   ② to wait   ③ waiting   ④ wait

CHECK! S＋V＋O＋現在分詞

解説 keepが第5文型をとる動詞であることを確認し,〈O＋C〉及び〈主語＋述語〉の関係を考える。すると,「あなたが待っている(待つ)」という能動関係なので, 現在分詞waitingを選べばよい。

解答 ③ 「こんなに長くお待たせして申し訳ありません」

例題 3

次の文の空所に入る最も適当なものを1つ選び, 番号で答えよ。

Yukiko left no letter (   ).

① unanswered   ② unanswering   ③ to answer

④ answering

CHECK! 👆 　S＋V＋O＋過去分詞

解説 　要するに「ユキコはすべての手紙に返事を出した」とすればよい。動詞 left に注目すると，〈leave＋O＋C〉「OがCである状態を放置する」の第5文型が見えてくるはず。手紙と answer「～に返事する」の関係は，A letter was answered. という受動関係になるので，過去分詞 unanswered が正解。

解答 　① 「ユキコはどの手紙も返事を出さずに放っておくことはなかった」

5　第5文型S＋V＋O＋C（その2）・使役動詞

●基本形●

make[let, have]＋O＋原形・過去分詞

◆使役動詞という名称

　使役動詞という名称は，make, let, have を〈S＋V＋O＋原形〉の形で使ったときに，「Oに～させる」という“使役”の意味を表すからである。

◆Cに過去分詞がくるとき

　Cが原形となるのは〈O＋C〉の間に「OがCする」という能動関係が成立するときで，「OがCされる」という受動関係のときは，Cが過去分詞（let の場合は be＋過去分詞）となる。

　I had my hat blown off.　（私は帽子を吹き飛ばされた）

例題 1

日本文とほぼ同じ意味になるように，空所に適当な語を入れよ。

私は子供たちに好きなようにさせておきます。

　I (　　　) my children have their own way.

CHECK! 👆 　let＋O＋原形「Oに～させてやる」

解説 　空所の後の動詞の原形 have に注目すれば，〈S＋V＋O＋原形〉の形になることがわかる。あとは文意から“許可・容認”の意味合いを持つ使役動詞 let を入れればよい。

解答 let

例題 2

次の文の空所に入る最も適当なものを1つ選び，番号で答えよ。

His glasses (　　) him look older by ten years.

　　① give　　② make　　③ keep　　④ get

CHECK!👆　make ＋ O ＋原形「Oに～させる」

解説 目的語 him の後に動詞の原形 look がきているので，使役動詞 make を選ぶ。他の選択肢は〈S ＋ V ＋ O ＋原形〉の形をとらない。

解答 ②「彼はメガネをかけると10歳は老けて見える」

例題 3

次の文の空所に入る最も適当なものを1つ選び，番号で答えよ。

When I visited Paris last summer, I could hardly make myself (　　) in French.

　　① to understand　　　② understand

　　③ understanding　　　④ understood

CHECK!👆　make ＋ O ＋過去分詞「Oが～される状況にする」

解説 動詞が make だからといって，機械的に原形 understand を選ばないこと。〈O ＋ C〉の関係を考えると，「私自身が理解する」では何を理解するのか不明。ここでは「私自身が理解される」と受動関係でとらえるのが正しい。したがって過去分詞 understood が正解。make oneself understood は「自分の言うことを相手に理解させる」という意味の慣用的な表現。

解答 ④「昨年の夏にパリを訪れたとき，私はほとんどフランス語で話が通じなかった」

例題 4

次の文の空所に入る最も適当なものを1つ選び，番号で答えよ。

I'm having my house (　　) at the moment, so could you come over next Friday instead?

① be painted ② paint ③ painted ④ to paint

CHECK! have + O + 過去分詞「Oを〜してもらう・させる・される」

| 解 説 | paintは「〜にペンキを塗る」という意味の他動詞だから，〈O＋C〉の関係は「家がペンキを塗られる」という受動関係になる。よって，過去分詞paintedを選べばよい。

| 解 答 | ③ 「今，家にペンキを塗ってもらっているので，代わりに今度の金曜日に来てくれませんか」

例題 5

次の文の空所に入る最も適当なものを1つ選び，番号で答えよ。

I will (　) the flowers.

① have her to water ② have her water
③ have her watered ④ have her watering

CHECK! have + O + 原形「Oに〜してもらう・させる」

| 解 説 | water に「〜に水をやる」という意味の他動詞の用法があることを知らないと難しい。ここは「彼女が花に水をやる」という能動関係から，〈have + O + 原形〉の形になっている②を選ぶ。

| 解 答 | ② 「花に水をやるのを私は彼女にさせるつもりだ」

---

6 第5文型S＋V＋O＋C（その3）・知覚動詞

●基本形●

知覚動詞＋O＋原形・現在分詞・過去分詞

◆考え方は同じ

see, hear などの知覚動詞も，Cの位置に原形をもってくることができる。原形・現在分詞・過去分詞の区別は，やはり〈O＋C〉の関係で決まる。

例題 1

次の文の空所に入る最も適当なものを1つ選び，番号で答えよ。

My mother was happy to see her guest (　) her cakes gladly.

① eaten ② eats ③ to eat ④ eating

CHECK! 知覚V＋O＋現在分詞「Oが～しているのをVする」

解説 知覚動詞seeが用いられているから，目的語の後に置く動詞の形は原形不定詞(動詞の原形)，現在分詞(動詞のing形)，過去分詞のいずれかとなり，④eatingが現在分詞であてはまる。②で迷うかもしれないが，eatsで三人称単数現在のsがついており，現在形ではあるが原形不定詞ではないので基本形にあてはまらない。

解答 ④ 「私の母は自分のケーキをお客さんが嬉しそうに食べているのを見て喜んだ」

例題2

次の文の空所に入る最も適当なものを1つ選び，番号で答えよ。

I felt the floor ( ) beneath my feet.

① to move ② move ③ have shaken ④ shaked

CHECK! 知覚V＋O＋原形「Oが～するのをVする」

解説 知覚動詞feelが使われているので，基本形と照らし合わせると②moveしかない。あとは〈O＋C〉の「床が動く」という能動関係を確認すればよい。

解答 ② 「私は足の下で床が動くのを感じた」

例題3

次の文の空所に入る最も適当なものを1つ選び，番号で答えよ。

Have you ever heard that song ( ) in French?

① sang ② sing ③ singing ④ sung

CHECK! 知覚V＋O＋過去分詞「Oが～されるのをVする」

解説 知覚動詞hearが用いられており，形の上では②③④いずれもあてはまるので，〈O＋C〉の関係から判断する。「歌が歌われる」という受動関係から，過去分詞の④sungが正解。

解答 ④ 「あの歌がフランス語で歌われるのを聞いたことがありますか」

文法・語法 時制

ポイント

1　未来を表す現在形

●基本形●

時・条件の副詞節を導く接続詞＋Ｓ＋現在形のＶ～

◆ 現在形で未来のことを表す用法

I'll return the money when I <u>see</u> you next Sunday.

(今度の日曜に君に会ったときにそのお金を返すよ)

　時・条件を表す副詞節の中では，未来のことを現在形で表す。この規則は，「主節が未来を表しているから，副詞節まで単純未来のwillを使わなくてもいい」という考え方が根底にある。つまり，単純未来のwillを使わないということに重点があるので，現在完了を使うこともある。

This work will become easy when you <u>have had</u> more experience.

(もっと経験を積んだら，この仕事は簡単になるだろう)

例題1

次の文で誤りがあれば訂正せよ。

I'm going to do my homework when I will get home this afternoon.

CHECK! 　時・条件の副詞節を導く接続詞＋Ｓ＋現在形のＶ～

解説 「今日の午後家に帰る」のは未来のことだが，これは接続詞when に導かれた，do my homework にかかる副詞節。したがって，基本形に合わせてwillは使わず現在形のgetにする。

解答 　will get→get 「今日の午後家に帰ったら宿題をするつもりです」

例題2

次の文で誤りがあれば訂正せよ。

If anyone happens to call me up while I will be out shopping, please ask the person to call me again in the evening.

CHECK! 　時・条件の副詞節を導く接続詞＋Ｓ＋現在形のＶ～

| 解 説 | while「〜する間」は，時の副詞節を導く接続詞。そこでwill be ではなく，現在形のamにする。 |

| 解 答 | will be→am 「私が買物に出ている間に誰かがたまたま電話をしてきたら，夕方までにまた電話してもらえるようにその人に頼んでください」 |

2 進行形

●基本形●

be +〜ing (動作動詞)

◆ 動作動詞と状態動詞

　動詞には動作を表すものと状態を表すものがあるが，進行形は動作が進行中であることを表すのが基本だから，状態動詞は進行形にしないのが普通である。

例題1

次の文の空所に入る最も適当なものを1つ選び，番号で答えよ。

"Where is Peggy?" "She (　　) a bath."

　　① is taking　　② take　　③ takes　　④ took

CHECK!　「〜している最中」

| 解 説 | 前のセリフの動詞が現在形なので，is takingかtakesにしぼられるが，現在形takesでは「習慣的に風呂に入る」ということになってしまう。「風呂に入っているところ」としたいので，進行形のis takingが正しい。 |

| 解 答 | ①　「ペギーはどこにいるの？」「お風呂に入っているよ」 |

例題2

文法上，正しくない英文を選べ。

　　①　We were having a good time then.

　　②　We were having a nice car last year.

　　③　We were having a party about this time last year.

74

④　We were having some tea when he came.

CHECK! 🖐　be +〜ing (動作動詞)　状態動詞は進行形にしない

解説　すべてhaveが使われているが，それぞれ意味が異なる。①は「(楽しいときを)過ごす」，②は「持っている」，③は「(パーティーを)開く」，④は「(お茶を)飲む」。「持っている」のhaveは状態動詞なので進行形にできない。過去形のhadを用いるべき。

解答　②

3　完了形

●**基本形**●

(1)　現在完了形…have + 過去分詞

　①　現在に至るまでの完了・経験・継続などを表す。

　②　動作の継続を表すには現在完了進行形〈have been 〜ing〉にする。

(2)　過去完了形…had + 過去分詞

　①　過去の一時点に至るまでの完了・経験・継続などを表す。

　②　過去の一時点よりも前に起こったことを表す。

　③　動作の継続を表すには過去完了進行形〈had been 〜ing〉にする。

(3)　未来完了形…will have + 過去分詞

　①　未来の一時点に至るまでの完了・経験・継続などを表す。

　②　動作の継続を表すには未来完了進行形〈will have been 〜ing〉にする。

例題 1

(1)と(2)がほぼ同じ意味になるように，空所に適当な語を入れよ。

(1)　Mary got sick two weeks ago. She is still in bed.

(2)　Mary (　　) (　　) sick in bed for two weeks.

CHECK! 🖐　have + been + 形容詞：現在に至るまでの継続

解説　「2週間前に病気になって，今でも寝込んでいる」ということは，「現在に至るまでの2週間，病気の状態が続いている」ということ。よって，現在完了形を用いて表現できる。has gotとしてしまうと，「病気に

なった」という"完了"になるので注意。

解答 has, been 「メアリーは2週間病気で寝込んでいる」

例題2

次の文で誤りがあれば訂正せよ。

Ten years passed since I met you last.

CHECK! 期間 + have passed since + S + 過去形〜「Sが〜して以来…が過ぎた」= it is + 期間 + since + S + 過去形〜「Sが〜して以来…になる」

解説 since〜は「〜以来(今まで)」という"現在に至るまで"の時間枠を教えてくれる語句なので,過去形のpassedは不自然。現在完了にする。

解答 passed → have passed 「私が最後にあなたに会ってから10年がたった」

例題3

次の文の空所に入る最も適当なものを1つ選び,番号で答えよ。

"Tom is late. We (　　) an hour now." "Yes, I wonder if anything has happened to him."

① are waiting　　② were waiting　　③ have been waiting

④ had been waiting

CHECK! have been + 〜ing：現在に至るまでの動作の継続

解説 nowに惑わされてare waitingを選ばないこと。Nowは現在が基準であることを明らかにしてくれるだけ。その前にan hourがあるので,「現在に至るまで1時間待っている」ということで,現在完了進行形にするのが正しい。

解答 ③ 「トムは遅いなあ。もう1時間も待ってるぞ」「そうだな,あいつに何かあったんじゃないか」

例題4

あとの文の下線部のうち誤っているものを1つ選び,番号で答えよ。

My brother ①has finished ②writing ③the report last night, and now

76

he will begin ④to read some books on management.

CHECK! 明らかに過去の一時点を示す語句があるときは過去形

解説 last night は明らかに過去の一時点を示すので，has finished という現在完了形は使えない。過去形の finished が正しい。

解答 ① 「私の兄は昨夜レポートを書き終えた。そして今度は経営の本を読み始めるつもりだ」

例題5

次の文の空所に入る最も適当なものを1つ選び，番号で答えよ。

They ( ) many large buildings in Osaka when I first arrived in 1959.

① aren't building ② hadn't built
③ haven't built ④ don't build

CHECK! had＋過去分詞：過去の一時点に至るまでの事柄

解説 when I … arrived～で示される過去の一時点が基準となる。これだけで②以外の選択肢は選べなくなる。ここでの過去完了は，「それまで建っていなかった」と読み取ればいい。

解答 ② 「私が1959年に初めて大阪に着いたときには大きなビルはあまり建っていなかった」

例題6

次の文の下線部のうち誤っているものを1つ選び，番号で答えよ。

①After ②this next trip, I ③have been to Paris three times, and I want to ④make more trips.

CHECK! will have＋過去分詞：未来の一時点に至るまでの経験

解説 After this next trip「今度の旅行が終わったら」とあるので未来が基準になる。したがって現在完了形は間違い。will have been とするのが正しい。

解答 ③ 「今度の旅行がすんだら，私はパリに3回行ったことになる。そして私はもっと旅がしたい」

文法・語法 助動詞

1 基本助動詞の注意点

●基本形●

(1) cannot「～のはずがない」　　must「～に違いない」
　　may「～かもしれない」
(2) would「(どうしても)～しようとした」
(3) used to～「昔は～した」：現在との対比
(4) ought to～ = should　　否定形は ought not to～
(5) had better + 原形「～した方がよい」
　　否定形は had better not + 原形

例題 1

次の文の空所に入る最も適当なものを1つ選び，番号で答えよ。

You (　　) walk around in such a place at night.

① had better not　　② had not better
③ had better not to　　④ didn't have better

CHECK! had better not + 原形「～しない方がいい」

解説 助動詞 had better の否定形〈had better not + 原形〉を知っていれば苦もなく①が選べる。

解答 ① 「夜にそんなところをうろうろしない方がいい」

例題 2

次の文の空所に入る最も適当なものを1つ選び，番号で答えよ。

She (　　) be over thirty. She must still be in her twenties.

① can　② can't　③ oughtn't　④ must

CHECK! can't「～のはずがない」, must「～に違いない」

解説 2つ目の文の「彼女はまだ20代に違いない」から考えて，「30を超えているはずがない」とすればよい。

| 解答 | ② 「彼女は30過ぎのはずはない。まだ20代に違いない」 |

例題3

次の文の空所に入る最も適当なものを1つ選び，番号で答えよ。

Linda doesn't dance much now, but I know she (   ) a lot.

① was used to　② used to　③ would　④ would have

CHECK! 現在との対比を示す used to～「昔は～した」

| 解説 | 前半に「今はあまりダンスをしない」とあるのがポイント。「今は～だが昔は～だった」という文脈では would ではなく used to～を用いる。①の was used to は「～に慣れていた」という意味で，to は前置詞なので注意が必要。 |

| 解答 | ② 「リンダは今ではあまりダンスをしないが，昔はよくしたものだ」 |

2　助動詞＋have＋過去分詞

●基本形●

(1) cannot have + 過去分詞「～したはずがない」

(2) must have + 過去分詞「～したに違いない」

(3) may have + 過去分詞「～したかもしれない」

(4) should[ought to] have + 過去分詞「～するべきだったのに」

should not[ought not to] have + 過去分詞「～するべきではなかったのに」

(5) need not have + 過去分詞「～する必要はなかったのに」

例題1

次の文の空所に入る最も適当なものを1つ選び，番号で答えよ。

Look, the whole garden's white. It (   ) during the night.

① must snow　　　② must be snowing

③ must have snowed　④ must have been snowed

CHECK! must have + 過去分詞「～したに違いない」

解説 ①や②では現在のことになるから文意が不自然。〈must have + 過去分詞〉の③を入れれば,「夜の間に雪が降ったに違いない」となって,自然な英文となる。なお,snowは自動詞で受動態にはならないから④は不可。

解答 ③ 「ほら,庭じゅう真っ白だよ。夜の間に雪が降ったに違いない」

例題2

次の文の空所に入る最も適当なものを1つ選び,番号で答えよ。

I (　　) that picture, but I hardly remember I have.

① can draw　　② may have drawn

③ may had drawn　　④ may draw

CHECK! may have + 過去分詞「～したかもしれない」

解説 後で「覚えがない」と言っているので,can draw や may draw では現在の意味になって矛盾する。したがって〈may have + 過去分詞〉の形になっている②を選び,「描いたかもしれないが覚えがない」とする。

解答 ② 「私がその絵を描いたかもしれないが,ほとんど覚えがない」

3　助動詞を含む慣用表現

●基本形●

(1) cannot help ～ing = cannot but + 原形「～せずにいられない」

(2) cannot ～ too + 形容詞・副詞「どんなに～してもしすぎることはない」

(3) may well + 原形「～するのももっともだ」

(4) may[might] as well + 原形～(as …)「(…するより)～した方がよい・(…するくらいなら)～した方がましだ」

(5) would rather + 原形～(than …)「(…するよりも)～したい」

例題1

次の文の空所に入る最も適当なものを1つ選び，番号で答えよ。

I would (　) die than live in a miserable condition.

① better　② happier　③ more　④ rather

CHECK! would rather + 原形〜than … 「…するよりも〜したい」

解説 空所の後のwouldと直後の原形die，さらにthanに目をつけて，〈would rather + 原形〜than …〉に当てはめればよい。

解答 ④　「惨めな状態で生きるくらいなら私は死んだ方がましだ」

例題2

次の文の空所に入る最も適当なものを1つ選び，番号で答えよ。

If you say that you cannot (　) doing something, you mean you cannot prevent or avoid it.

① but　② have　③ help　④ restrain

CHECK! cannot help 〜ing 「〜せずにいられない」

解説 後半の「それを防げない，または避けられない」と同様の意味になるようにする。空所の前のcannot，直後の〜ing形から〈cannot help 〜ing〉の形にすればよい。

解答 ③　「人が何かをせざるを得ないと言うときには，それを防げない，あるいは避けられないという意味である」

例題3

(1)と(2)がほぼ同じ意味になるように，空所に適当な語を入れよ。

(1) He may (　) be against the plan.

(2) He has good reason to be against the plan.

CHECK! may well + 原形「〜するのももっともだ」

解説 may well + 原形 = have good[every] reason to〜の書き換えはしっかり記憶しておくこと。後者は文字通りに「〜するだけの十分な根拠を持っている」という意味。

解答 well　「彼がその計画に反対するのももっともだ」

例題4

次の文の空所に入る最も適当なものを1つ選び，番号で答えよ。

You (　　) as well throw away the money as lend it to him.

① can　　② should　　③ must　　④ might

CHECK! 〈might as well＋原形＋as〉…「…するくらいなら～した方がましだ」

解説 〈might as well＋原形＋as …〉の形に当てはめる。

解答 ④　「彼にお金を貸すぐらいなら捨てた方がましだ」

例題5

次の文の空所に入る最も適当なものを1つ選び，番号で答えよ。

We cannot (　　) against injustice.

① but protest　　② help but protesting

③ help protest　　④ but protesting

CHECK! 〈cannot but ＋ 原形〉「～せずにいられない」

解説 紛らわしい選択肢が並んでいるが，〈cannot help ～ing〉および〈cannot but＋原形〉と照らし合わせて，①が正解。

解答 ①　「私たちは不正には抗議しないわけにはいかない」

例題6

次の文の空所に入る最も適当なものを1つ選び，番号で答えよ。

We (　　) be too careful in the choice of our books.

① ought not to　　② may not　　③ should　　④ cannot

CHECK! cannot～too＋形容詞・副詞「どんなに～してもしすぎることはない」

解説 形だけならどれも可能だが，too carefulがあることから，〈cannot ～ too＋形容詞・副詞〉に当てはめてみると，「本を選ぶ際には，どんなに注意してもしすぎることはない」という意味の自然な英文ができる。

解答 ④　「本を選ぶ際には，どんなに注意してもしすぎることはない」

文法・語法 仮定法

1 仮定法過去と仮定法過去完了の基本形

●基本形●

(1) 仮定法過去

　　If＋S＋V(過去形)…, S＋助動詞の過去形＋原形〜

　　「(今)…なら〜だろうに」

(2) 仮定法過去完了

　　If＋S＋had＋過去分詞…, S＋助動詞の過去形＋have＋過去分詞〜

　　「(あのとき)…だったら〜だっただろうに」

(3) 未来を表す仮定法

　① If＋S＋should＋原形…, (主節は仮定法でも直接法でもよい)

　　「万一…したら〜だろう」

　② If＋S＋were to …, S＋助動詞の過去形＋原形〜

　　「仮に…とすれば〜だろう」

例題1

次の文の空所に入る最も適当なものを1つ選び，番号で答えよ。

If I had had much money, I would (　　) you.

　① have been paid　　② have pay　　③ been paid

　④ have paid

CHECK!　If＋S＋had＋過去分詞…, S＋助動詞の過去形＋have＋過去分詞〜

解説　if節の中の動詞を見ると，had hadと過去完了になっている。し
たがって，仮定法過去完了の基本形に合わせて，主節の動詞の形を決め
ればよい。仮定法過去完了の主節の動詞は〈助動詞の過去形＋have＋
過去分詞〉だから，これに合うのは①か④。ただし，ここは受身ではお
かしいので①は間違い。

解答 ④ 「私がお金をたくさん持っていたらあなたに払ったのだが」

例題2

次の文の空所に入る最も適当なものを1つ選び，番号で答えよ。

If I (　　) wings now, I would fly away.

① am having　　② had　　③ had had　　④ will have

CHECK! If＋S＋V（過去形）…，S＋助動詞の過去形＋原形〜

解説 主節の動詞がwould flyで〈助動詞の過去形＋原形〉だから，仮定法過去の基本形に当てはめればよい。すなわち，if節の中の動詞は過去形となるので，②hadが正解。

解答 ② 「今私に翼があれば飛んでいくのになあ」

例題3

次の文の空所に入る最も適当なものを1つ選び，番号で答えよ。

If I were (　　) go abroad, I would go to France.

① on　　② to　　③ about　　④ for

CHECK! If＋S＋were to …，S＋助動詞の過去形＋原形〜

解説 前がwereで後が動詞の原形goなので，〈If＋S＋were to …〉にする以外にない。他はただの前置詞だから，後に動詞の原形がくることは絶対にない。

解答 ② 「仮に外国へ行くとしたら，私はフランスへ行くだろう」

例題4

次の文の空所に入る最も適当なものを1つ選び，番号で答えよ。

If it had not been for the medicine, I (　　) alive now.

① should not have been　　② should not be

③ should not　　④ should not have

CHECK! 仮定法過去完了と仮定法過去のミックス：If＋S＋had＋過去分詞…，S＋助動詞の過去形＋原形〜

解説 aliveは形容詞なので③④が不可なのはわかるだろう。問題はif節の動詞がhad〜beenと過去完了になっていることから，仮定法過去完

了の基本形だということで①を選ぶのは間違いだということ。なぜなら，主節にはnowがあって，"現在"の事柄を述べているからだ。現在のことを表すなら，仮定法過去にすべきなので，〈助動詞の過去形＋原形〉の形になっている②が正解。

| 解答 | ②　「その薬がなかったら，私は今ごろ生きてはいないだろう」 |

2　倒置による if の省略

●基本形●

(1)　If＋S＋were〜⇒Were＋S〜

(2)　If＋S＋had＋過去分詞〜⇒Had＋S＋過去分詞〜

(3)　If＋S＋should＋原形〜⇒Should＋S＋原形〜

◆if がなくても仮定法

　仮定法過去，仮定法過去完了のどちらにおいても，条件節のifが省略されることがある。このとき，条件節の主語と動詞(助動詞)の語順に倒置が生じる。

　If <u>I were</u> there, I would help him.

　<u>Were I</u> there, I would help him.

　(もし私がそこにいれば，彼を助けてあげるのだが)

　＊仮定法過去の倒置は，if節にbe動詞や助動詞があるときにしか生じないので注意すること。

　If <u>I had</u> had money yesterday, I would have bought the book.

　<u>Had I</u> had money yesterday, I would have bought the book.

　(昨日お金を持っていたらその本を買ったのに)

例題 1

次の文の空所に入る最も適当なものを1つ選び，番号で答えよ。

(　　) in your position, I would have hung up the phone in anger.

①　While I was　　　　②　If I were

③　Thought I had been　　④　Had I been

CHECK!　If＋S＋had＋過去分詞〜⇒Had＋S＋過去分詞〜

解説 主節の動詞が〈助動詞の過去形＋have＋過去分詞〉で仮定法過去完了であることを押さえる。すると①③は論外だし，②も動詞がwereでは仮定法過去なので不可。残る④は，If I had been⇒Had I beenという基本形を思い浮かべればよい。

解答 ④ 「私があなたの立場だったら，私は怒って電話をたたきつけただろう」

例題 2

次の文の空所に入る最も適当なものを1つ選び，番号で答えよ。

( ) I to tell you all the story of my life, one week would not be enough.

① Am ② Are ③ Have ④ Were

CHECK! If＋S＋were〜⇒Were＋S〜

解説 Iの後にto tellがきているが，通常ではなりえない形。そこで主節の動詞が〈助動詞の過去形＋原形〉であることから，仮定法過去の文だと判断し，If I were to tell〜⇒Were I to tell〜と考えてWereを選ぶ。

解答 ④ 「仮に私が自分の人生の話をすべてあなたに話すとしたら，1週間では不十分であろう」

3 仮定法を含む重要構文

●基本形●

(1) I wish[If only]＋S＋仮定法「〜だったらなあ」

(2) as if[though]＋S＋仮定法「まるで〜かのように」

(3) It is time＋S＋仮定法過去「もう〜してよいころだ」

(4) if it were not for〜「〜がなければ」＝without〜，but for〜

(5) if it had not been for〜「〜がなかったら」＝without〜，but for〜

例題 1

(1)と(2)がほぼ同じ意味になるように，空所に適当な語を入れよ。

(1) I'm sorry I cannot stay here longer.

(2) I ( ) I could stay here longer.

CHECK! I wish + S + 仮定法「～だったらなあ」

解 説 「いられなくて残念だ」ということは，「ここにいられたらいいのに」ととらえることができる。よって，〈I wish + S + 仮定法〉にすればよい。

解 答 wish 「(1)ここにもっといられなくて残念です。／(2)ここにもっといられたらなあ」

例題 2

次の文の空所に入る最も適当なものを1つ選び，番号で答えよ。

It's about time you ( ) a Shakespearean play.

① are seeing ② have seen ③ saw ④ will see

CHECK! It is time + S + 仮定法過去「もう～してよいころだ」

解 説 〈It is time + S + 仮定法過去〉に当てはめるだけ。なお，about は「もうそろそろ～」という感じを出す。

解 答 ③ 「君ももうそろそろシェイクスピアの劇を観てもいいころだ」

例題 3

(1)と(2)がほぼ同じ意味になるように，空所に適当な語を入れよ。

(1) Without water, nothing could live.

(2) If ( ) ( ) ( ) for water, nothing could live.

CHECK! if it were not for ～ = without ～「～がなければ」

解 説 「～がなければ」の書き換えパターンを押さえていれば簡単。主節の動詞を見て仮定法過去だと判断できれば，〈if it were not for ～〉に当てはめればよい。

解 答 it, were, not 「水がなければ何も生きられない」

例題4

日本文とほぼ同じ意味になるように，空所に適当な語を入れよ。

もっと早く来たら，彼はぼくの妹に会えたのに。

(　) (　) (　) earlier, he could have seen my sister.

CHECK! 〈If + S + had + 過去分詞〉⇒〈Had + S + 過去分詞〉

解説 まず，主節の動詞の形〈助動詞の過去形 + have + 過去分詞〉から，仮定法過去完了にすることを確認。すると，If he had come ～とするのがふつうだが空所が足りない。そこで倒置による if の省略を利用し，Had he come とすれば空所の数と一致する。

解答 Had, he, come

例題5

次の文の空所に入る最も適当なものを1つ選び，番号で答えよ。

(　) another chance, he would do his best.

① Be given he should　　② Given he should be

③ He should be given　　④ Should he be given

CHECK! 〈If + S + should + 原形〉⇒〈Should + S + 原形～〉

解説 ①や②のような語順は英語にはない。③はふつうの文ならいいが，ここでは後ろとつながらない。④は If he should be given が元の形で，そこから倒置による if の省略をしたものだと見ることができる。

解答 ④ 「もう一度チャンスが与えられたら，彼はベストを尽くすだろう」

例題6

次の文の空所に入る最も適当なものを1つ選び，番号で答えよ。

A better bridge could have been built (　).

① if they assisted us　　② had it been for their help

③ having had them help us　　④ had we had their assistance

CHECK! 〈If + S + had + 過去分詞〉⇒〈Had + S + 過去分詞〉

解説 主節が仮定法過去であることから，空所には仮定法過去完了が入ることがわかる。②は had it not been for their help であれば，if it had not been for〜「〜がなかったら」の倒置形によるifの省略をしたものと考えられるが，notが抜けているので間違い(notがあっても意味的に不適)。④はif we had had their assistance「もし彼らの援助があれば」が元の形で，そこから倒置によるifの省略をしたもの。これを選べば文意も通るので④が正解。

解答 ④ 「彼らの援助があれば，もっとよい橋が造れたことだったろうに」

例題 7

(1)と(2)がほぼ同じ意味になるように，空所に適当な語を入れよ。

(1) I'm sorry you didn't let me know the news.

(2) I wish you (   ) (   ) me know the news.

CHECK! 〈I wish + S + 仮定法〉「〜だったらなあ」

解説 「私に知らせてくれなかったのは残念だ」＝「私に知らせてくれていたらなあ」と考える。そして，これは「過去」の話なので仮定法過去完了にする。

解答 had, let 「(1) あなたが私にそのニュースを知らせてくれなかったのは残念だ。／(2) あなたが私にそのニュースを知らせてくれていたらなあ」

例題 8

次の文の空所に入る最も適当なものを１つ選び，番号で答えよ。

It is high time you (   ) a new enterprise.

① start   ② started   ③ will start

④ will have started

CHECK! 〈It is time + S + 仮定法過去〉「もう〜してよいころだ」

解説 〈It is time + S + 仮定法過去〉に当てはめると，過去形の②が正解とわかる。このhighは「もうとっくに」という感じを出す。

解答 ② 「君は新しい事業を始めてもよい時期だ」

例題 9

(1)と(2)がほぼ同じ意味になるように，空所に適当な語を入れよ。

(1) But for your timely rescue, the child would have been drowned.

(2) If (　) had not been (　) your timely rescue, the child would have been drowned.

CHECK! 🖐 if it were not for 〜＝but for 〜「〜がなければ」

解 説 「〜がなければ」の書き換え問題である。

解 答 it, for 「君がタイミングよく助けなかったら，その子は溺れていたことだろう」

文法・語法 不定詞

1 It is＋形容詞＋of＿ to～

●基本形●

It is＋形容詞＋of＿ to～ ＝＿is＋形容詞＋to～「～するとは＿は…だ」

◆不定詞の意味上の主語は"for＿"が基本

It is necessary <u>for</u> me <u>to study</u> French everyday.

(私はフランス語を毎日勉強する必要がある)

上の例文では，for meがなければto studyの意味上の主語がなくなり，一般的なことを述べているにすぎない文になる。

◆ofかforか

〈It is＋形容詞＋for＿ to～〉「＿が～することは…だ」が行為に対する客観的評価を表すのに対し，〈It is＋形容詞＋of＿ to～〉は行為を行った人に対する，話者の主観的評価・判断を表す。したがって，"of＿"の前には，人の性質・人柄などを表す形容詞がくるという点が重要である。一方，"for＿"の前には，行為の性質を表す形容詞がくる。

<u>It is</u> impossible <u>for</u> him <u>to solve</u> the problem.

(彼がこの問題を解くことは難しい)

<u>It is</u> kind <u>of</u> you <u>to give</u> me the book.

(本をくれるとはあなたは親切だ→本をくださってありがとう)

例題1

次の文の空所に入る最も適当なものを1つ選び，番号で答えよ。

It was careless (   ) you to forget your homework.

① for　② of　③ with　④ to

CHECK! It is＋形容詞＋of＿ to～「～するとは＿は…だ」

解説 careless「不注意な」は人の性質を表す形容詞。よって〈It is＋形容詞＋of＿ to～〉の構文に当てはめればよい。

| 解 答 | ②　「宿題を忘れるとは君は不注意だったね」

例題 2

次の文の空所に入る最も適当なものを 1 つ選び，番号で答えよ。

It is necessary (　　　) this advice.

① 　you following 　　　② 　your following

③ 　of you to follow 　　④ 　for you to follow

CHECK! 〈It is ＋ 形容詞 ＋ for ＿ to ～〉「＿が～することは…だ」

| 解 説 | necessary「必要な」は行為の性質を表す形容詞。したがって〈It is ＋ 形容詞 ＋ for ＿ to ～〉「＿が～することは…だ」の構文の方を用いる。

| 解 答 | ④　「あなたはこの忠告に従う必要がある」

2　不定詞の形容詞的用法

●基本形●

名詞 ＋ (for ＿) to ～ ＋ 前置詞「(＿が)～する／すべき／するための名詞」

◆名詞が to ～に後続する前置詞の意味上の目的語になる関係

不定詞の形容詞的用法において，不定詞が前置詞を伴うため，不定詞が前置詞をぶら下げた形に見えることがある。この場合は，被修飾語の名詞が意味上で前置詞の目的語の関係になっている。

I had no house to live in.

(私には住む家がなかった)

この前置詞は一見必然性がないように思えるが，落とすと間違いになるので気をつけよう。

例題 1

次の文で誤りがあれば訂正せよ。

There weren't any passengers for us to talk to.

CHECK! 名詞 ＋ (for ＿) to ～ ＋ 前置詞

| 解 説 | この文の最後に前置詞 to があって目的語がないことに注意。この形に慣れていないと，to を落としてしまったり，to の後に余計な目的語

を入れてしまったりするが，それは間違い。この to talk to は直前の名詞 passengers を修飾する形容詞的用法の不定詞で，この文には文法的に悪いところはない。

解答 誤りなし 「私たちが話をできる乗客は誰もいなかった」

例題 2

(1) と (2)がほぼ同じ意味になるように，空所に適当な語を入れよ。

(1) I have no pencil with which I can write.

(2) I have no pencil (　) write (　).

CHECK! 名詞＋to～＋前置詞

解説 I can write with a pencil という文からの変形を考える。write の前に空所が1つだけあることから，to write と不定詞にするしかない。2つ目の空所に何が入るかというと，元の文で pencil は前置詞 with の目的語だったのだから，〈名詞＋to～＋前置詞〉の形になるように with を入れればよい。

解答 to, with 「私は書くのに使う鉛筆を持っていない」

3　不定詞を含む重要構文

●**基本形**●

(1) 程度・結果を表す構文

① too＋形容詞・副詞＋to～「～するにはあまりにも…」(程度)・「非常に…なので～することができない」(結果)(≒so＋形容詞・副詞＋that S cannot～)

② 形容詞・副詞 enough to～≒so＋形容詞・副詞＋as to～「非常に…なので～する」(結果)・「～するほど…」(程度)

(2) 目的を表す構文

in order to～＝so as to～「～するために」(≒so that S may[can, will]～)

in order not to～＝so as not to～「～しないように」(≒so that S may[can, will] not～)

例題1

次の文の空所に入る最も適当なものを1つ選び，番号で答えよ。

The wall wasn't (　　) dogs out.

① high enough to keep　　② so high as keep

③ higher than to keep　　④ so high that can keep

CHECK! 形容詞・副詞 + enough to〜「〜するほど…」(程度)

解説 〈形容詞・副詞 + enough to〜〉の基本形に当てはまる①が正解。②はasの後ろがto keep，④はthat節に主語があれば正解となりうる。

解答 ① 「その壁は犬を締め出しておくには高さが足りなかった」

例題2

次の文の空所に入る最も適当なものを1つ選び，番号で答えよ。

I'm not so stupid as (　　) its great beauty.

① deny　　② to deny　　③ denying　　④ to denying

CHECK! so + 形容詞・副詞 + as to〜「〜するほど…」(程度)

解説 so stupid asの語順と選択肢を照らし合わせて，〈so + 形容詞・副詞 + as〜〉の形を選べばよい。

解答 ② 「私はその偉大な美を否定するほど愚かではない」

例題3

次の文の空所に入る最も適当なものを1つ選び，番号で答えよ。

He found that the stone was too heavy (　　).

① for him to lift　　　　② for him to lift it

③ so that he couldn't lift it　　④ that he couldn't lift it

CHECK! too + 形容詞・副詞 + to〜「〜するにはあまりにも…」(程度)

解説 空所の直前がtoo heavyなので，〈too + 形容詞・副詞 + to〜〉に合わせて①か②。一見すると他動詞lift「〜を持ち上げる」の目的語itがある②がよさそうだが，itがthe stoneを受けるとすると「その石はそれを持ち上げるには重すぎる」となって，おかしい。このように，主語が意味上で不定詞の目的語になる場合はそれを置いてはならず，①が正解である。

解答 ① 「彼はその石は重すぎて自分には持ち上げられないとわかった」

例題 4

次の英文の中から正しいものを1つ選べ。

① I bought a second car in order for my son to learn to drive.
② I bought a second car in order my son to learn to drive.
③ I bought a second car in order that my son to learn to drive.
④ I bought a second car so as for my son to learn to drive.

CHECK! in order to〜 = so as to〜「〜するために」(目的)

解説 まず，③の in order that は後ろに S + V がこなければならないので不可。他の3つは一応 in order to〜 または so as to〜の形で，そこに不定詞の意味上の主語を置こうとしたもの。in order to〜の場合は，原則通り for〜を to〜の直前に置いてもよいが，so as to〜ではそれができない。よって①が正解。

解答 ① 「私は息子が車の運転を身につけられるよう2台目の車を買った」

例題 5

(1)と(2)がほぼ同じ意味になるように，空所に適当な語を入れよ。

(1) His thoughts were so complicated that we couldn't understand him.
(2) His thoughts were ( ) complicated ( ) understand.

CHECK! 〈too + 形容詞・副詞 + to〜〉「非常に…なので〜することができない」(結果) (≒ 〈so + 形容詞・副詞 + that S cannot〜〉)

解説 〈too + 形容詞・副詞 + to〜〉「非常に〜なので…することができない」と，〈so + 形容詞・副詞 + that S cannot〜〉の書き換えはあまりにも有名。ただし，(2)の〈too + 形容詞・副詞 + to〜〉の文の主語が，to〜の目的語も兼ねていることに注意しよう。understand them とはならないことに注目。

解答 too, to 「彼の考えはあまりに複雑で理解できなかった」

例題 6

次の英文の中から正しいものを1つ選べ。

① I shut the door quietly to not wake the baby.

② I shut the door quietly not so to wake the baby.

③ I shut the door quietly so that not wake the baby.

④ I shut the door quietly so as not to wake the baby.

CHECK! so as not to〜 = in order not to〜「〜しないように」(目的)

(≒ so that S may[can, will] not〜)

解 説 so as to〜の否定形は，so as not to〜となる。これに当てはまるのは④のみ。

解 答 ④ 「私は赤ん坊を起こさないようにドアを静かに閉めた」

4 "結果" の不定詞

●基本形●

(1) … only to〜「…したがその結果〜しただけだった」

(2) … never to〜「…だが(その結果)二度と〜しなかった」

(3) live to be〜「〜まで生きる」

例題 1

次の文の空所に入る最も適当なものを1つ選び，番号で答えよ。

He went out of his way to consult the well-known doctor, (　　) to fail to see him.

① but ② only ③ even ④ for

CHECK! … only to〜「…したがその結果〜しただけだった」

解 説 前半の「わざわざ診てもらいに行った」と to fail 以下の「会えない」の関係を考えると，「行った結果会えなかった」と考えるのが自然。よって，"結果"を表す only to〜にする。but や even では"目的"の意味になってしまうので不自然。

解 答 ② 「彼はわざわざ有名な医者に診てもらいに行ったが，結局会えずじまいだった」

例題 2

(1)と(2)がほぼ同じ意味になるように，空所に適当な語を入れよ。

(1) My grandmother lived until she was ninety-nine.

(2) My grandmother lived (   ) (   ) ninety-nine.

CHECK! live to be〜「〜まで生きる」

解説 「99歳まで生きた」という意味なので，live to be〜で表せる。

解答 to, be 「私の祖母は99歳まで生きた」

5 完了不定詞 to have＋過去分詞

●基本形●

It seems that＋S＋V(現在形)⇒S seem to〜

It seems that＋S＋V(過去形)⇒S seem to have＋過去分詞

◆時のずれを表す完了不定詞

　不定詞は，単純不定詞・完了不定詞という形をとることにより，本動詞との時間的関係を表すことができる。完了不定詞(to have＋過去分詞)は，本動詞が表す「時」よりも「以前の時」を表す。

例題 1

(1)と(2)がほぼ同じ意味になるように，空所に適当な語を入れよ。

(1) It seems that he read the letter.

(2) He seems to (   ) (   ) the letter.

CHECK! It seems that＋S＋V(過去形)⇒S seem to have＋過去分詞

解説 readが現在形ならreadsとなるはずなので，このreadは過去形だとわかる。すると，seemsが現在形だから，明らかに"時のずれ"がある。よって基本形通りに変形し，〈S seem to have＋過去分詞〉の形にする。

解答 have, read 「彼はその手紙を読んだようだ」

文法・語法 動名詞

ポイント

1 動名詞を目的語にとる動詞

●基本形●

(1) 動名詞を目的語にとるが，不定詞を目的語にとらない動詞

admit, avoid, consider, deny, enjoy, escape, finish, give up, imagine, mind, miss, postpone, practice, put off, resist, stop など

(2) 目的語が動名詞か不定詞かで意味が変わる動詞

① remember ～ing「～したのを覚えている」

remember to～「忘れずに～する・～するのを覚えている」

② forget ～ing「～したのを忘れる」

forget to～「～するのを忘れる」

③ try ～ing「試しに～してみる」

try to～「～しようと(努力)する」

④ regret ～ing「～したことを後悔する・～することを残念に思う」

regret to～「残念ながら～する」

⑤ want[need] ～ing「～される必要がある」

want to～「～したい」

need to～「～する必要がある」

例題 1

次の文の空所に入る最も適当なものを1つ選び，番号で答えよ。

Would you mind (　　) the door?

① to open　② about opening　③ on opening

④ opening

CHECK! mind ～ing「～するのを嫌がる・気にする」

解説 mindが動名詞のみを目的語にとる動詞であることを知っていれば，それだけで解決。なお，Would you mind ～ing?は「～していただ

けませんか」と丁寧に依頼をする表現。

解答 ④ 「ドアを開けていただけませんか」

例題2

次の文の空所に入る最も適当なものを1つ選び，番号で答えよ。

We considered (　　) but finally decided against it.

① go　　② to go　　③ going　　④ about to go

CHECK! consider ～ing「～しようかと考える」

解説 considerは動名詞のみを目的語にとる動詞。

解答 ③ 「私たちは行こうかと考えたが結局やめることに決めた」

例題3

次の文の空所に入る最も適当なものを1つ選び，番号で答えよ。

Please remember (　　) off the lights before you leave.

① turning　　② to turn　　③ turn　　④ turned

CHECK! remember to～「忘れずに～する」

解説 rememberは目的語が動名詞か不定詞かで意味が違うので文意を考えなければいけない。ここはbefore you leave「出る前に」とあることから，「明かりを消す」のはこれから先のことだとわかる。remember ～ingは「～したことを覚えている」なので不可。「忘れずに消してください」となるように，remember to～の形に当てはめる。

解答 ② 「出発前に明かりを忘れずに消してください」

例題4

次の文の空所に入る最も適当なものを1つ選び，番号で答えよ。

The boy is a bit unwell and wants (　　) after.

① for looking　　② in looking　　③ to look　　④ looking

CHECK! want ～ing「～される必要がある」

解説 動詞がwantだからto lookと短絡的にしてはいけない。look after「～の世話をする」では「その男の子が世話をしたい」となって意味自体もおかしいし，文法的にもafterの目的語がなくて不可。一方，

want 〜ingは，主語が動名詞または後続する前置詞の意味上の目的語を兼ねるので，ここにlookingを入れると「その男の子は世話をされる必要がある」となって文意が通る。

解答 ④ 「その男の子は少し身体が弱いので世話をしてあげる必要がある」

2 動名詞の一般的な問題

●基本形●

(1) 前置詞の目的語は動名詞　不定詞は不可

(2) 動名詞の意味上の主語…所有格／目的格＋〜ing「…が〜すること」

(3) 動名詞の否定形…not 〜ing

(4) 完了動名詞…having＋過去分詞⇒述語動詞が表す時よりも前の事柄を表す。

例題1

次の文の空所に入る最も適当なものを1つ選び，番号で答えよ。

We are all looking forward (　　) you and your family.

　① see　　② seeing　　③ to see　　④ to seeing

CHECK! 前置詞＋動名詞：look forward to 〜ing

解説 look forward to〜「〜を楽しみに待つ」のtoは前置詞なので，〜には名詞か動名詞がくる。したがってto seeingが正解。

解答 ④ 「私たちはあなたとご家族に会うのを楽しみにしています」

例題2

次の文の空所に入る最も適当なものを1つ選び，番号で答えよ。

I don't mind leaving at six o'clock. (　　) up early.

　① I used to getting　　② I was used to get

　③ I'm used to get　　④ I'm used to getting

CHECK! 前置詞＋動名詞：be used to 〜ing

解説 be used to〜「〜に慣れている」のtoも前置詞。よって〜の位置に動名詞を使っている④が正解。

| 解答 | ④ 「6時に出発でもかまいません。早起きには慣れていますから」

例題3

(1)と(2)がほぼ同じ意味になるように，空所に適当な語を入れよ。

(1) There was proof that he had cheated in the exam.

(2) There was proof of (   ) (   ) (   ) in the exam.

CHECK! 所有格／目的格＋〜ing

| 解説 | 「彼がカンニングをしたという証拠」と言うのに，(2)では前置詞of を使って表すという問題。前置詞の後ろに続くのは動名詞だから，having cheated とし，主語のhe は動名詞の意味上の主語になるので，所有格のhis あるいは目的格のhim にしてhaving の前に置けばよい。

| 解答 | his[him], having, cheated 「彼が試験でカンニングをしたという証拠があった」

3 動名詞を含む慣用構文

●基本形●

(1) It is no use[good] 〜ing 「〜しても無駄だ」

(2) There is no 〜ing 「〜することはできない」

(3) on 〜ing 「〜すると・〜するとすぐに」

(4) be worth 〜ing 「〜する価値がある」 ＊主語が動名詞または後続する前置詞の意味上の目的語を兼ねる。

(5) be busy (in) 〜ing 「〜するのに忙しい」

(6) have difficulty (in) 〜ing 「〜するのに苦労する」

(7) spend ＋時間・お金など＋ (in) 〜ing 「〜して時間・お金などを費やす」

(8) feel like 〜ing 「〜したい気がする」

(9) never[cannot] … without 〜ing 「…すれば必ず〜する」

(10) of one's own 〜ing 「自分で〜した」

(11) go 〜ing 「〜しに行く」

例題 1

次の文の空所に入る最も適当なものを1つ選び，番号で答えよ。

I don't feel (　) this morning.

　① like　　② like to eat　　③ like eating　　④ to eat

CHECK! feel like 〜ing「〜したい気がする」

解説 feel like 〜ing「〜したい気がする」を知っていれば問題ない。

解答 ③ 「今朝は食事をする気になれない」

例題 2

次の文の空所に入る最も適当なものを1つ選び，番号で答えよ。

This symphony is real masterpiece. I think it's worth (　) over and over again.

　① be listening to　　② listening to

　③ to be listened to　　④ to listen to

CHECK! be worth 〜ing「〜する価値がある」

解説 be worth 〜ing「〜する価値がある」の知識だけで解決。

解答 ② 「この交響曲は真の傑作だ。何度も聞く価値があると思う」

例題 3

次の文の空所に入る最も適当なものを1つ選び，番号で答えよ。

There is no (　) spoilt children.

　① satisfied　　② satisfy　　③ satisfying　　④ satisfaction

CHECK! There is no〜ing「〜することはできない」

解説 There is no〜ingに当てはめるだけ。他の選択肢では後のspoilt childrenとつながらない。

解答 ③ 「甘やかされた子どもを満足させることはできない」

例題 4

(1)と(2)がほぼ同じ意味になるように，空所に適当な語を入れよ。

(1)　As soon as you become a member, you will receive a membership card.

(2)　(　　)(　　)(　　)(　　), you will receive a membership card.

CHECK! on ～ing「～すると，～するとすぐに」

解説 〈as soon as + S + V〉は「～するとすぐに」という意味。したがって，〈on ～ing〉に書き換えられる。

解答 On, becoming, a, member 「入会するとすぐに，会員証がもらえます」

例題 5

(1)と(2)がほぼ同じ意味になるように，空所に適当な語を入れよ。

(1)　He always makes a lot of mistakes when he speaks Spanish.

(2)　He can't speak Spanish (　　) making a lot of mistakes.

CHECK! cannot … without ～ing「…すれば必ず～する」

解説 (1)が「彼はスペイン語を話すとき，いつも多くの間違いをする」という意味だから，〈cannot … without ～ing〉で表現できる。

解答 without 「彼はスペイン語を話すとき，いつも多くの間違いをする」

例題 6

(1)と(2)がほぼ同じ意味になるように，空所に適当な語を入れよ。

(1)　Is this a picture that you have drawn by yourself?

(2)　Is this a picture of your (　　)(　　)?

CHECK! of one's own ～ing「自分で～した」

解説 (1)は関係代名詞thatを用いて，「これはあなたが自分で描いた絵ですか」という意味を表している。「自分で～した」だから〈of one's own ～ing〉で書き換えられる。

解答 own, drawing 「これはあなたが自分で描いた絵ですか」

文法・語法 分詞

ポイント

1 分詞の形容詞的用法

●基本形●
(1) 名詞＋現在分詞「～している／～する名詞」
(2) 名詞＋過去分詞「～された／～される名詞」

◆名詞との関係

　分詞を名詞の直前または直後に置いて，その名詞に対する修飾語として用いることができる。まず，位置が問題になるが，分詞が単独なら前，他の語句を伴えば後ろというのが原則である。

　次に，現在分詞にするか過去分詞にするかだが，これは名詞との関係で決まる。つまり，意味の上で，"名詞が～する／～している"という能動関係が成立すれば現在分詞，"名詞が～される"という受動関係が成立すれば過去分詞を用いるのである。

The man standing over there is Mr. Sato.

(あそこに立っている人が佐藤さんです)

On the moon there are some dark places called "seas".

(月には「海」と呼ばれる暗い場所がある)

例題 1

次の文の空所に入る最も適当なものを1つ選び，番号で答えよ。

This is a dog (　　) a horse.

① resemble　　② resembled　　③ resembling

④ to resemble

CHECK! 名詞＋現在分詞「～している／～する名詞」

解説 resemble と a dog の関係を考えると，「犬が(馬に)似ている」という能動関係があるから，現在分詞の resembling が正解。

解答 ③ 「これは馬に似ている犬だ」

例題 2

次の文の空所に入る最も適当なものを1つ選び，番号で答えよ。

There is no milk (　　) in the bottles.

① leave 　② having left 　③ leaving 　④ left

CHECK! 名詞＋過去分詞「〜された／〜される名詞」

解 説 「ミルクが残っている」と日本語で言うことから，③leavingを選んでしまうのが典型的な間違い。leaveは「残る」ではなく，「〜を残す」という意味の他動詞。よって「ミルクが残される」という受動関係でとらえるのが正しく，過去分詞の④leftを入れなければならない。

解 答 ④ 「瓶にはミルクが少しも残っていない」

2　分詞構文

●基本形●

(1) 分詞構文の基本形

　　 〜ing (現在分詞) …, S＋V〜「(Sは)…して，SはVする」
　　 〜ed (過去分詞) …, S＋V〜「(Sは)…されて，SはVする」
　　 ⇒分詞の意味上の主語はSと一致。

(2) 独立分詞構文

　　 S'＋〜ing (現在分詞) …, S＋V〜「S'が…して，SはVする」
　　 S'＋〜ed (過去分詞) …, S＋V〜「S'が…されて，SはVする」
　　 ⇒分詞の意味上の主語はSと異なる。

(3) 完了形の分詞構文

　　 (S'＋) Having＋過去分詞…, S＋V〜
　　 ⇒Vが表す時よりも前の事柄を表す。

(4) 分詞構文を用いた慣用句

　　 (S'＋) Not＋分詞…, S＋V〜
　　 ⇒分詞を否定するnotは分詞の直前に置く。

(5) generally speaking「概して言うと」，talking of〜「〜と言えば」，judging from〜「〜から判断すると」など⇒意味上の主語は特定されない。

105

◆あいまいな分詞構文

　分詞を用いてその場の状況を漠然と表し，主文につなぐ形を分詞構文という。主文との意味関係は文脈によって決まるが，接続詞を用いた副詞節と比べるとあいまいな表現で，解釈する場合に，はっきり"時"や"理由"を表すとわかるときは問題ないが，そうでない場合はあっさりつなげてしまうのがよい。

　また，現在分詞か過去分詞かは，意味上の主語との関係が能動関係か受動関係かで決まる。

Looking down from the plane, I could see the east coast of the island.
(飛行機から見下ろすと，島の東岸が見えた)

Surrounded by the sea, Japan has a mild climate.
(海に囲まれていて，日本は温和な気候である)

例題 1

次の文の空所に入る最も適当なものを1つ選び，番号で答えよ。

(　　) nothing better to do, I read the paper over again.

　① Has　② Had　③ Have　④ Having

CHECK!　～ing (現在分詞)…, S + V～「(Sは)…して，SはVする」

解説　Has, Had, Haveでは，後ろのI read～とつながらない。Havingを入れれば分詞構文の基本形となる。

解答　④「他にもっとよい，することがなかったので，私は新聞を何度も読んだ」

例題 2

次の文の空所に入る最も適当なものを1つ選び，番号で答えよ。

(　　) from a distance, the building looks like an elephant.

　① Seeing　② To see　③ Seen　④ Having

CHECK!　～ed (過去分詞)…, S + V～「(Sは)…されて，SはVする」

解説　「遠くから見ると」という日本語から，Seeingを入れてはいけない。この場合，意味上の主語は文の主語に一致するからthe buildingである。すると，SeeingやHaving seeingでは「建物が見る〔見た〕」ことになっ

ておかしい。ここでは「建物が見られる」という受動関係なので，過去分詞のSeenが正解。

解答 ③ 「遠くから見ると，その建物はゾウのように見える」

例題3

次の文の空所に入る最も適当なものを1つ選び，番号で答えよ。

The car (　), Mary went on to trim the shrubs.

① washing ② washes ③ wash ④ washed

CHECK! S'+～ed（過去分詞）…, S＋V～「S'が…されて，SはVする」

解説 ①か④で分詞構文にするのだが，この場合，意味上の主語は直前に置かれている The carである。そこで，「車が洗われる」の受動関係となり，過去分詞の④washedが正解。

解答 ④ 「車を洗って，メアリーは生け垣の手入れにとりかかった」

例題4

次の文の空所に入る最も適当なものを1つ選び，番号で答えよ。

(　) my homework, I finally could watch television.

① Being done ② Doing ③ Had done
④ Having done

CHECK! (S'+) Having ＋過去分詞…, S＋V～

解説 まず③は論外。①の受身もあり得ない。②Doingでは「宿題をやりながら」というような意味にとられかねない。よって，④Having doneを選ぶ。これなら，時の前後関係がはっきりする。

解答 ④ 「宿題をやって，私はやっとテレビを見ることができた」

例題5

次の文の空所に入る最も適当なものを1つ選び，番号で答えよ。

Alice, (　　) where to find the book, asked her mother where it was.

① not to know 　　　　② never to know

③ with no knowledge 　④ not knowing

CHECK!　Not＋分詞…，S＋V～

解説　①や②の不定詞では"目的"の意味にしかとれないので，文意が通らない。③では意味不明。④not knowingは，位置が文中ではあるが，分詞構文の否定形通りで，全く問題ない。

解答　④　「アリスは，どこにその本があるのかわからなくて，母親に場所を尋ねた」

例題6

次の文の空所に入る最も適当なものを1つ選び，番号で答えよ。

(　　) in haste, the pamphlet has many misprints.

① Printing　　② Printed　　③ Be printed

CHECK!　〈～ed（過去分詞）…，S＋V〉「（Sは）…されて，SはVする」

解説　意味上の主語はthe pamphlet。そこで「パンフレットが印刷される」という受動関係を押さえて，過去分詞のPrintedを選べばよい。

解答　②　「急いで印刷したので，そのパンフレットにはたくさんの誤植がある」

例題7

次の文の空所に入る最も適当なものを1つ選び，番号で答えよ。

(　　) in an easy style, the new book is well adapted for beginners.

① Having written　　② Writing　　③ Written

④ To write

CHECK!　〈～ed（過去分詞）…，S＋V～〉「（Sは）…されて，SはVする」

解説　意味上の主語はthe new bookだから，「本が書かれる」という受動関係でないとおかしい。正解は過去分詞のWritten。

解答　③　「やさしい文体で書かれているので，その新しい本は初心者

向きだ」

例題 8

次の文の空所に入る最も適当なものを1つ選び，番号で答えよ。

All things (　　　), he did well.

① consideration　② considered　③ considering

④ to consider

CHECK! 分詞構文を用いた慣用句：all things considered「あらゆることを考慮すると」

解 説 独立分詞構文の形。前のAll thingsが意味上の主語になるから，「すべてのことが考慮される」という受動関係が成立。したがって過去分詞のconsideredを入れる。

解 答 ② 「あらゆることを考慮すると，彼はよくやった」

文法・語法 接続詞

ポイント

1 時に関する重要表現

●基本形●

(1) 〜するとすぐに

① as soon as + S + V〜 = the moment + S + V〜「SがVするとすぐに」

② S + had hardly[scarcely] + 過去分詞〜when[before] S'+過去形…
= S + had no sooner + 過去分詞〜than S'+過去形…
「Sが〜するとすぐにS'は…した」

(2) It will not be long before + S + V〜「まもなくSはVするだろう」
It was not long before + S + V〜「まもなくSはVした」

(3) by the time + S + V〜「SがVするまでに(は)」

(4) since + S + V〜「SがVして以来」

(5) once + S + V〜「いったんSがVすると」

例題1

次の文の空所に入る最も適当なものを1つ選び，番号で答えよ。

We had hardly started (   ) it began to rain.

① after ② since ③ as ④ before

CHECK! S + had hardly + 過去分詞〜before S'+過去形…「Sが〜するとすぐにS'は…した」

解説 hardlyと動詞の過去完了形に注目して，「〜するとすぐに」の基本形に合わせてbeforeを入れればいい。

解答 ④ 「私たちが出発するとすぐに雨が降りだした」

例題2

次の文の空所に入る最も適当なものを1つ選び，番号で答えよ。

It won't be long (   ).

① before spring comes ② that spring will come

③ till spring will come ④ when spring comes

CHECK! It will not be long before + S + V 〜「まもなくSはVするだろう」

解説 〈It will not be long before + S + V〜〉に当てはめるだけの問題。他の選択肢では意味がとれない。

解答 ① 「まもなく春がくるだろう」

例題 3

次の文の空所に入る最も適当なものを1つ選び，番号で答えよ。

Luckily, I have never been ill ( ) poverty came in at my door.

① before ② since ③ when ④ till

CHECK! since + S + V 〜「SがVして以来」

解説 主節の動詞が現在完了，空所の後の動詞が過去形であることに注意。beforeやwhenやtillではこの時制の関係に矛盾してしまう。sinceなら"過去のある時以来現在まで"という関係でうまくつながる。

解答 ② 「幸いにも，家が貧乏になってから私は病気一つしていません」

2 理由に関する重要表現

●基本形●

(1) becauseのほかに，since, as も理由を表すことがある。

(2) not … because + S + V「〜だからといって…ではない」

(3) now that + S + V「今や(もう)〜なので」

例題 1

次の文の空所に入る最も適当なものを1つ選び，番号で答えよ。

Don't give up ( ) it is difficult.

① at ② because ③ that ④ so

CHECK! not … because + S + V「〜だからといって…ではない」

解説 atは前置詞だから論外。また，thatやsoでは前後がつながらない。そこでbecauseを使うのだが，ここでは前のnotと呼応して，「〜だからといって…ではない」という意味になる。

解答 ②　「難しいからといってあきらめてはいけない」

例題2

次の文の空所に入る最も適当なものを1つ選び，番号で答えよ。

(　　) he was late, he could not take the test.

　①　Though　　②　Regardless　　③　Due to　　④　Since

CHECK! 理由を表すsince

解説 regardlessとdue toは接続詞ではないからまず消去。またthough「〜だけれども」では「遅れたけれどもテストを受けられなかった」となりおかしい。一方，sinceは「〜以来」だけでなく「〜なので」と理由を表すこともあるので，これが正解となる。

解答 ④　「彼は遅刻したのでテストを受けられなかった」

3　目的を表す重要表現

●基本形●

(1)　so that + S + may[can, will] + V〜「〜するように」

(2)　for fear (that) + S + V「〜しないように・〜するといけないから」

(3)　lest + S + (should) 原形「〜しないように・〜するといけないから」

(4)　in case + S + V「〜の場合に備えて・〜するといけないから」

例題1

次の文の空所に入る最も適当なものを1つ選び，番号で答えよ。

Albert hid the letter under the carpet (　　) they wouldn't find it.

　①　that　　②　in order　　③　so that　　④　unless

CHECK! so that + S + will not + V〜「〜しないように」

解説 「手紙を隠した」のは「彼らが見つけないようにするため」だと考えるのが自然。そこで基本形通りにすればよい。so thatの構文では中で

使われる助動詞も一つの目安になる。なお，②はin order thatとなっていれば正解。

|解 答| ③ 「アルバートはその手紙を，彼らに見つからないようにじゅうたんの下に隠した」

例題2

日本文とほぼ同じ意味になるように，空所に適当な語を入れよ。

彼らは立ち聞きされるといけないから低い声で話した。

They talked in low tones for (　) they should be overheard.

CHECK! for fear (that) + S + V「～するといけないから」

|解 説| 「～といけないから」という日本文から基本形を思い浮かべ，直前のforに注目して，〈for fear (that) + S + V〉の形にする。

|解 答| fear

4 結果を表す重要表現

●基本形●

(1) so + 形容詞・副詞 + that S + V
　①「とても…なので～する」(結果)
　②「～するほど…」(程度)
(2) such + 名詞 + that S + V
　①「大変な…なので～する」(結果)
　②「～するほどの…」(程度)

例題1

次の文の下線部のうち誤っているものを1つ選び，番号で答えよ。

The boy looked ①very funny that ②I couldn't ③help laughing ④at him.

CHECK! so + 形容詞・副詞 + that S + V「とても…なので～する」(結果)

|解 説| このままでは接続詞thatの働きが不明。①のveryをsoにして，〈so

＋形容詞・副詞＋that S ＋ V〉の基本形にすれば文意も通って解決。

解答 ① 「その少年はとてもこっけいに見えたので，私は彼を笑わずにはいられなかった」

例題 2

次の文の空所に入る最も適当なものを1つ選び，番号で答えよ。

It was (　) a hard test that we did not have time to finish.

① so　　② great　　③ such　　④ much

CHECK! such ＋ 名詞 ＋ that S ＋ V「大変な…なので〜する」(結果)

解説 後ろに接続詞thatがあるので，greatやmuchでは前後がつながらない。そこでsoかsuchだが，空所の直後がa hard testとなっていることに注意。soなら直後に形容詞・副詞がこないといけないので，ここでは不可。そこで〈such ＋ 名詞 ＋ that S ＋ V〉の基本形にする。

解答 ③ 「非常に難しいテストだったので，私たちは最後までやる時間がなかった」

5　譲歩を表す重要表現

●基本形●

(1)　though[although] ＋ S ＋ V「〜だけれども」

(2)　形容詞・副詞 ＋ as ＋ S ＋ V「〜だけれども」　＊asの代わりにthoughを置くこともある。

(3)　even if[though] ＋ S ＋ V「たとえ〜しても」　＊ifだけでもこの意味になることがある。

(4)　whether ＋ S ＋ V　＊or notとともに使われることがある。

　　① 「〜しようとしまいと」(譲歩)

　　② 「〜するかどうか」(名詞節)

(5)　while ＋ S ＋ V

　　① 「〜する間」　② 「〜するけれども」　③ 「一方〜」

例題 1

(1)と(2)がほぼ同じ意味になるように，空所に適当な語を入れよ。

(1) In spite of his hard work, he remained poor.

(2) (   ) he worked hard, he remained poor.

CHECK!　though[although] + S + V「〜だけれども」

解 説　in spite of〜は「〜にもかかわらず」という意味の群前置詞。「懸命に仕事をしたにもかかわらず」ということは，「懸命に働いたけれども」とできる。したがって譲歩の接続詞 though または although を入れればよい。

解 答　Though[Although]「彼は懸命に働いたけれども，貧しいままだった」

例題 2

(1)と(2)がほぼ同じ意味になるように，空所に適当な語を入れよ。

(1) Her sorrow was very deep, but she became calm in the end.

(2) Deep (   ) her sorrow was, she became calm in the end.

CHECK!　形容詞 + as + S + V「〜だけれども」

解 説　形容詞 deep が文頭に出ていることがポイント。(1)が「彼女の悲しみは深かったが〜」となっていることも合わせて考えると，〈形容詞 + as + S + V〉の形に当てはめる以外にない。

解 答　as「彼女の悲しみは深かったけれども，結局は心が落ち着いた」

例題 3

空所に適当な語を入れよ。

You will have to do it, (   ) you like it (   ) not.

CHECK!　whether + S + V + or not「〜しようとしまいと」(譲歩)

解 説　最後に not があることに注目。これは whether 〜 or not の形にするしか使いようがない。そうすると「好もうと好むまいと，それをしなければならない」という意味になって文意が通る。

解 答　whether, or「好むと好まざるとにかかわらず，君はそれをしなければならない」

6　その他の注意すべき表現

●基本形●

(1)　命令文, and ～「…しなさい。そうすれば～」

　　　命令文, or ～「…しなさい。さもなければ～」

(2)　that の重要な用法

　①　名詞 + that S + V「～するという名詞」

　②　in that S + V「～という点において」「～なので」

　③　except that S + V「～という点を除いて」

(3)　unless S + V「～でない限り」

(4)　as[so] far as S + V「～する範囲内では」⇒「～する限り」

　　　as[so] long as S + V「～する時間内では」⇒「～する限り」「～さえすれば」

(5)　接続詞 as の注意すべき用法

　①「～しながら・するにつれて」

　②「～するように・～する通りに」

　③　as + S + be「S のあるがままに」

例題1

次の文の空所に入る最も適当なものを1つ選び，番号で答えよ。

(　　) I know, he is very intelligent.

　①　As far as　　②　Although　　③　If

CHECK!　as far as S + V「～する限り」

解説　although や if では意味が通らない。as far as S + V にすれば「私の知る限り」となる。

解答　①　「私の知る限り，彼はとても知的です」

例題2

(1)と(2)がほぼ同じ意味になるように，空所に適当な語を入れよ。

(1)　Hurry, or you will be late.

(2)　(　　) you hurry, you will be late.

CHECK!　命令文, or ～「…しなさい。さもなければ～」

---

unless S + V「〜でない限り」

解説 (1)は〈命令文, or〜〉の形。「…しなさい。さもなければ〜」ということは「…しない限り〜」と読み換え可能。したがってunlessを用いる。

解答 Unless 「急がないと遅れるよ」

例題 3

空所に適当な語を入れよ。

The belief is commonly held (　　) cancer is incurable disease.

CHECK! 名詞 + that S + V「〜するという名詞」(同格の that)

解説 主文「その考えは一般に広く信じられている」だけだと, 独立した一文としては意味を成さない。The belief という抽象名詞の内容を具体的に示す必要があり, そういう場合に同格の that を用いて,「that 以下の考え」として説明することができる。that 以下の情報に大きな重点が置かれている場合, しばしば問題文のように同格節(that 以下)が後置され, 説明対象の名詞から離れて置かれる点に注意。

解答 that 「癌は治療不可能だという考えが一般に信じられている」

例題 4

次の文の空所に入る最も適当なものを1つ選び, 番号で答えよ。

Human beings differ from animals (　　) they can speak and laugh.

　① in that　　② so that　　③ by which　　④ for fear

CHECK! in that + S + V「〜という点において」「〜なので」

解説 so that や for fear の「目的」構文は明らかにおかしい。また, by which は先行詞がないから不適。〈in that + S + V〉の形にすれば,「言葉を使い笑うという点で人間と動物は異なる」という意味になる。

解答 ① 「言葉を使い笑うという点で人間と動物は異なる」

例題 5

次の文の空所に入る最も適当なものを1つ選び, 番号で答えよ。

One of the basic concepts of architecture is the idea (　　) buildings should fit into their surroundings.

① by which ② that ③ of ④ and

CHECK! 〈名詞 + that + S + V〉「～するという名詞」(同格の that)

解説 同格の that を使えば,「建物は周囲にとけ込むべきだという考え」となり,文意が通る。

解答 ② 「建築の基本概念の1つは,建物は周囲にとけ込むべきだという考えである」

例題 6

次の文で誤りがあれば訂正せよ。

I don't care if we have to stand here all afternoon, as far as we get to see Princess Diana when she comes out.

CHECK! 〈as[so] long as + S + V〉「～する時間内では」→「～する限り」「～しさえすれば」

解説 as far as we get to see ～「～が見える範囲内では」では不自然。「見えさえすれば,ずっと立っていなければならないとしてもかまわない」となるように,as long as を用いるのが正しい。

解答 as far as → as long as 「ダイアナ妃が出てきたときに見えさえすれば,私たちは午後ずっとここに立っていなければならないとしてもかまわない」

例題 7

次の文の空所に入る最も適当なものを1つ選び,番号で答えよ。

As far as ( ), the cost of the repair is not my responsibility.

① my concerning ② I concern

③ I concern myself ④ I am concerned

CHECK! 〈as[so] far as + S + V〉「～する範囲内では」→「～する限り」

解説 as far as S is concerned「S に関する限り」という慣用表現である。

解答 ④ 「私に関する限り,その修理代は払う必要はない」

例題 8

次の文の空所に入る最も適当なものを1つ選び，番号で答えよ。

He is as lazy as you are, (　　) he gets up a little earlier than you.

　① and that　　② except that　　③ in that　　④ on that

CHECK!　〈except that ＋ S ＋ V〉「～という点を除いて」

解説　except that を選べば，「彼が君より少し早く起きるという点を除いて」となり，文意が通る。

解答　②　「君より少し早起きだという点以外は，彼は君と同じくらい怠惰だ」

例題 9

次の英文の空所に適当な語を入れよ。

We are rarely able to see those who are very close to us (　　) they really are.

CHECK!　〈as ＋ S ＋ be〉「Sのあるがままに」

解説　as they really areは「ありのままに」という副詞節で，文の動詞seeを修飾している。

解答　as　「私たちは，自分の非常に身近な人たちをありのままに見ることがめったにできない」

例題 10

次の日本文とほぼ同じ意味になるように，空所に入る最も適当な語を選べ。

彼が私たちの申し出を拒否したことは，私たちには非常な驚きでした。

(　　) he refused our proposal was a real surprise to us.

　① If　　② That　　③ What　　④ Which

CHECK!　thatは名詞節を導いて，「～ということ」という意味を表す。

解説　文の構造を確認すると，he refusedというS＋Vがあり，さらに動詞wasがある。このままではwasに対する主語がないので，空所に入るのは，proposalまでをwasの主語となる名詞節にまとめる働きをするものでなければならない。しがたって，名詞節を導く接続詞のthatが正解。

関係代名詞whatも名詞節を導くが，ここではwhat (= the thing which, that which)自体の働き場がないので不適切。

解答 ②

例題 11

次の文の空所に入る最も適当なものを1つ選び，番号で答えよ。

I never saw Brandon again, (　　) was a pity.

① which　　② what　　③ whom　　④ who

CHECK! S + V～，which + V～

解説 前に人名があるからといってwhoを選んではいけない。a pityは「残念なこと」だから，人間が主語ではおかしい。「二度と会わなかった」ことが残念だ，と考えて，主節の全部を先行詞にするwhichを選ぶ。

解答 ① 「私はブランドンに二度と会わなかったが，それは残念なことだった」

例題 12

次の文の空所に入る最も適当なものを1つ選び，番号で答えよ。

(　　) is often the case with geniuses, he often forgets the day of the month.

① Which　　② Such　　③ So　　④ As

CHECK! as is often the case with～「～にはよくあることだが」

解説 カンマをはさんで節が2つ並んでおり，前の文ではisの主語になるものが必要な点で，関係詞節が前に出て前の文を導いている形と判断できるので，①か④の選択になる。問題文の場合は関係代名詞asの非制限用法で，asは後ろの文he often forgets…を受け，「それはよくあることなのだが，」と，主節に短いコメントをつける働きをしている。この働きはas特有のものでwhichにはないものであると同時に，whichは前の文しか受けることが出来ないので文頭に出ているこのようなケースでは使用できない。

解答 ④ 「天才にはよくあることだが，彼はしょっちゅう日付を忘れる」

例題 13

次の文で誤りがあれば訂正せよ。

We should read such books that will help us.

CHECK! such + 名詞 + as (+ S) + V ～「(Sが)Vするような名詞」

解説 先行詞にsuchがついているときの関係代名詞はas。なおsuch ～ that + S + Vの構文は，主として形容詞のついた名詞をsuchで強調し，従属接続詞that以下に結果を記して因果関係を表現するもので，問題文にはあてはまらない。

解答 that → as 「私たちは自分の助けになるような本を読むべきだ」

121

文法・語法 関係詞

ポイント

1 関係代名詞の基本

●基本形●

(1) 主格 who, which, that

　① 先行詞 + who/which/that + V～

　＊who は先行詞が「人」, which は先行詞が「人以外」, that は両方OK。

　② 先行詞 + who/which/that + $\boxed{S + V}$ + V～

　③ 先行詞(+ that) + S + be

(2) 所有格 whose

　先行詞 + whose + 名詞(+ S) + be

(3) 目的格 whom, which, that

　① 先行詞 + whom/which/that + S + V～

　＊whom は先行詞が「人」, which は先行詞が「人以外」, that は両方OK。

　② 先行詞 + S + V～　＊①の関係代名詞を省略した形。

　③ 先行詞 + 前置詞 + whom/which + S + V～

　④ 先行詞 + 名詞 + 前置詞 + whom/which(+ S) + V～

◆主格の注意点

　主格の関係代名詞は, 自分自身のまとめる節の中で主語(S)として働く。単純な形なら問題はないが, 基本形(1)の②では関係代名詞が $\boxed{S + V}$ の後のVに対する主語になることに注意。この場合, $\boxed{S + V}$ のVには「思う・言う」の類の動詞が来ることが多い。また, ③のように関係代名詞が主格補語として働くときは, that を用いる。

He came with a girl <u>who</u> $\boxed{\text{he said}}$ was his cousin.

(彼は自分のいとこだという女の子と一緒に来ました)

I got a totally false impression of the sort of man (<u>that</u>) he is.

(私は彼の人柄について全く誤った印象を持ってしまった)

◆所有格の注意点

所有格whoseについては，"whose＋名詞"でセットになることが大切で，このセットが主語や目的語などの働きをすることになる。

This book is intended for the people whose *mother tongue* is not English.

(この本は英語を母国語としない人々向けである)

◆目的格の注意点

目的格の関係代名詞は，他動詞の目的語として働く場合と，前置詞の目的語として働く場合の，大きく2つに分かれる。そして，前置詞の目的語になるときは，関係代名詞を節の先頭に出す場合，"前置詞＋関係代名詞"をセットにして先頭に出す場合，"名詞＋前置詞＋関係代名詞"をセットにして先頭に出す場合の3つのケースがある。

This is the office (which) he works *in*.

This is the office *in* which he works.

(ここは彼が勤めている会社です)

His room is lined with books, *none of* which he has read.

(彼の部屋には本が並んでいるが，彼はまだ一冊も読んでいない)

例題 1

次の文の空所に入る最も適当なものを1つ選び，番号で答えよ。

The guide (　　) was only ten years old.

  ① who took there   ② who took us there

  ③ he took us there   ④ took us there

CHECK! 先行詞(人)＋who＋V〜

解説 まず④を入れると，1つの英文に"つなぎの言葉"がなく，Vも2つ(tookとwas)あるという最悪の間違いになる。③はheとThe guideとがつながらず不可。①はtookの目的語がないのでダメ。②は基本形通りで「私たちをそこへ連れて行ったガイド」となる。

解答 ② 「私たちをそこへ連れて行ったガイドはたった10歳だった」

例題2

次の文の空所に入る最も適当なものを1つ選び，番号で答えよ。

The man (　　) wallet was stolen is a teacher.

① which　　② who　　③ whose　　④ whom

CHECK! 先行詞 + whose + 名詞 + V～

解説 whichやwhoやwhomでは，これらの働き場がないし，直後のwalletが単数・無冠詞なのもおかしい。whoseを入れればwhose walletがセットでS，was stolenがVとなって問題ない。

解答 ③ 「財布を盗まれた男性は教師です」

例題3

次の文の空所に入る最も適当なものを1つ選び，番号で答えよ。

This is Mr. Tanaka, (　　) you met last year.

① that　　② what　　③ which　　④ whom

CHECK! 先行詞(人) + whom + S + V～

解説 空所の後を見ると他動詞metがあるがその目的語がない。ということは空所に目的格を入れれば基本形に当てはまる。先行詞は人だから，whomが正解。なお，直前にコンマがあるのでthatは不可。

解答 ④ 「こちらは田中さんです。あなたは去年会っていますよ」

例題4

次の文の空所に入る最も適当なものを1つ選び，番号で答えよ。

He is a famous novelist, about (　　) many books have been published.

① who　　② whom　　③ whose　　④ that

CHECK! 先行詞(人) +前置詞 + whom + S + V～

解説 空所の直前にある前置詞aboutの目的語が必要だから，whoとthatは消える。whoseを入れるとwhose many booksがセットとなるが，これをaboutの目的語とするとSがなくなってしまう。結局，目的格のwhomを入れれば基本形通りで完成する。

解答 ② 「彼は有名な小説家で，彼について数多くの本が出版されている」

例題 5

次の文の下線部のうち誤っているものを 1 つ選び，番号で答えよ。

There are many ①species of wild flowers in North America, ②most of ③such smell ④very sweet.

CHECK! 先行詞(人以外)＋名詞＋前置詞＋which(＋S)＋V〜

解説 このままでは 2 組の S ＋ V が "つなぎの言葉" もなく並んでいる。文意から考えて，such は wild flowers を指したいのだろうから，これを関係代名詞の which にしてやれば，前後がつながる。

解答 ③ 「北アメリカには多くの種の野生の花があり，その大部分はとても甘い香りがする」

例題 6

次の文の空所に入る最も適当なものを 1 つ選び，番号で答えよ。

He made a list of all the scientists (　　) he thought were important in the nineteenth century.

① who　　② whom　　③ whose　　④ what

CHECK! 先行詞(人)＋who＋S＋V〜

解説 空所の後に S ＋ V が見えているので，うっかりすると目的格の whom を選んでしまいがちなので注意。空所の後の構造を確認する。まず he thought という S ＋ V があり，さらに動詞の were がある。このままでは were に対する主語がないので，主格の関係代名詞 who を入れ，基本形に合っていることを確かめればいい。what では意味をなさない。

解答 ① 「彼は 19 世紀において重要だと思われるすべての科学者の一覧表を作った」

例題 7

次の文の空所に入る最も適当なものを 1 つ選び，番号で答えよ。

The girl (　　) used to work for our company.

① you were talking to　　② you were talking

③ who were talking to　　④ whom you were talking

CHECK! 先行詞(人)＋S＋V〜　＊関係代名詞の省略

解説　まず③はwhoが働き場を失っており，前置詞toの目的語もないから論外。残り３つの比較では，talkが自動詞であること，すなわち目的語をとらないことを出発点にして，そこから考えられるかがポイント。よって，②④は基本形に合わない。①は前置詞toの目的語がないように見えることが，目的格whomの省略を教えてくれる合図となる。

解答　①　「あなたが話をしていた女性は，以前私たちの会社で働いていました」

2　関係副詞

●基本形●

(1)　時を表す名詞＋when＋S＋V～

(2)　場所を表す名詞＋where＋S＋V～

(3)　the reason why＋S＋V「SがVする理由」

(4)　how＋S＋V～＝the way (in which/that)＋S＋V
　　「SがVする方法」

◆関係副詞は副詞

　関係副詞によってまとめられる節が，先行詞に対する修飾語または補足説明になるという点は，関係代名詞と共通している。しかし，関係副詞は，その名が表すように副詞として働くことを忘れないこと。これは見方を変えれば，関係副詞の後に続くS＋Vのところは文法的に欠けるところがない，ということになる。

I remember the house where I was born.

(私は自分の生まれた家を覚えている)

The day when we arrived was a holiday.

(我々が到着した日は休日だった)

例題１

次の文の空所に入る最も適当なものを1つ選び，番号で答えよ。

I would like to be a school teacher in the village (　　) I was born.

　　①　that　　②　what　　③　where　　④　which

CHECK! 場所を表す名詞 + where + S + V〜

解説 空所の後のI was bornには文法的に何も欠けるところがないから，関係代名詞を入れることはできない。そこで，直前の名詞villageは"場所を表す名詞"と考えられるので，関係副詞whereを選ぶ。I was born there.という文のthereが関係副詞のwhereに変わって前に出たものと見ればよい。

解答 ③ 「私は自分が生まれた村の教師になりたい」

例題2

次の文の空所に入る最も適当なものを1つ選び，番号で答えよ。

Los Angels is one of the places (　　　) I'd like to visit.

　① where　　② which　　③ on which　　④ to which

CHECK! 関係副詞は"副詞"
関係代名詞は"代名詞"

解説 直前のplacesを見てwhereを選び，「私が訪れたい場所」と訳して何の疑問も抱かないようではまだ理解不足。空所の後のvisitは他動詞だから，関係副詞を入れるとvisitの目的語がないままになってしまう。つまり，visitの目的語になるものを入れなければならないので，目的格の関係代名詞whichが正解。

解答 ② 「ロサンゼルスは私の行きたい場所の1つです」

例題3

日本文とほぼ同じ意味になるように，空所に適当な語を入れよ。
ここではそんなやり方はしません。

This is not (　　) (　　) we do things here.

CHECK! the way + S + V〜「SがVする方法」

解説 与えられた日本文と英文の形から，「これは私たちがここで物事をするやり方ではない」と考える。空所が1つならhowだが，ここでは2つなのでthe wayを入れれば基本形通り。

解答 the，way

3 what

●基本形●

(1) what ＋ V 〜「V するもの〔こと〕」　＊ what は S として働く。

(2) what ＋ S ＋ V 〜「S が V するもの〔こと〕」

　＊ what は V 〜のところに出てくる他動詞の目的語，前置詞の目的語，あるいは補語として働く。

(3) 関係形容詞

　what ＋名詞(＋ S)＋ V 〜「(S が) V するすべての名詞」　＊ "what ＋名詞" が S や O などになる。

◆名詞節をまとめる what

　what は，これまでの関係詞とは少し毛色が違う。それは，what によってまとめられるかたまりが全体で 1 個の名詞と同じ働きをする点である。そして関係代名詞の場合は what 自身が，関係形容詞の場合は "what ＋名詞" が，その節の中で名詞として働くのである。

　<u>What</u> they told you is different from <u>what</u> they told me yesterday.

　(彼らが君に言ったことは，昨日私に言ったことと違う)

　He has made me <u>what</u> I am.　(今の私があるのは彼のおかげです)

　I use <u>what</u> little space there is.

　(私はわずかなスペースをすべて使っている)

例題 1

次の文の空所に入る最も適当なものを 1 つ選び，番号で答えよ。

(　　) seems easy at first often turns out to be difficult.

　① It　　② That　　③ What　　④ Which

CHECK!　what ＋ V 〜「V するもの〔こと〕」

解説　what を「もの・こと」と読むだけで処理していると，特に接続詞の that との区別が曖昧になる。この問題では，まず空所直後の動詞 seems に対する主語が必要であり，次に，その後にある turns (out) に対する主語もなければならない。この 2 つの条件を満たすのは what しかない。接続詞 that は名詞節をまとめるだけで，節の中では何もしない。

解答 ③ 「最初は簡単に見えることが後で難しいとわかることがよくある」

例題2

次の文の空所に入る最も適当なものを1つ選び，番号で答えよ。

This conclusion is based on a misunderstanding (　　) makes people good.

① about what ② all that ③ that which ④ to whom

CHECK! what + V〜「Vするもの〔こと〕」

解説 空所の直後だけを見ていると all that, that which もあり得るが，これでは all や that がこの文の中で働かない。about what ならば，what〜good が名詞節で前置詞 about の目的語となり，what 自身は makes の主語になるので，すべての語が働きを持つことになり，①が正解。

解答 ① 「この結論は，人々をよくするものについての誤解に基づいている」

例題3

次の文の空所に入る最も適当なものを1つ選び，番号で答えよ。

The facts of nature are (　　) they are, but we can only view them through spectacles of our mind.

① so ② which ③ what ④ that

CHECK! what + S + V〜「SがVするもの〔こと〕」

解説 文意をとって考えようとすると非常に難しい問題。こんなときこそ形にこだわることが大切。まず，前の are に続く補語が必要であること，次に，後の動詞が are だから，この補語もないといけないこと，この2つを同時に解決してくれるものは何かと考える。すると what 以外ではどちらか一方しかやってくれないのに対し，what を入れると，what they are 全体が名詞節で前の are に続く補語となり，what 自身は they are という S + V に対する補語として働いてくれる。

解答 ③ 「自然の事実はその通りの姿であるが，我々は自分の心の色眼鏡を通してしかそれを見られない」

4　注意すべきas, whichの用法

●基本形●

(1)　as

　①　such + 名詞 + as(+ S) + V～「(Sが) Vするような名詞」

　②　the same + 名詞 + as[that](+ S) + V～「(Sが) Vするのと同じ名詞」

　③　as is often the case with～「～にはよくあることだが」

　　＊asは主節の全部または一部を先行詞にする関係代名詞。

(2)　which

　主節の全部または一部を先行詞にする関係代名詞。

　⇒S + V～, which (+ S) + V～

◆asの使いどころ

　先行詞にsuch, the sameがつくと，関係代名詞asが用いられる。The sameの場合，asを使うと同種のものを表し，thatを使うと同一のものを表すと言われるが，実際にはそれほど厳密な区別はない。

I have never heard such stories as he tells.

(彼が言うような話は聞いたことがない)

This is the same watch as I lost.

(これは私がなくしたのと同じ時計だ)

　また，asには主節の全部または一部を先行詞にする用法がある。

As is usual with old people, my grandfather gets up very early.

(老人には珍しくないことだが，私の祖父はとても早起きだ)

As is often the case with students, they borrow each other's notebooks.

(学生には良くあることだが，彼らはノートの貸し借りをしている)

◆コンマの後のwhichには要注意

　関係代名詞のwhichがコンマの後に置かれて，主節の全部または一部を先行詞にする場合がある。asにも同様の用法があるが，asは位置が比較的自由で挿入的に用いられるのに対し，whichは必ず主節の後という特徴がある。また，このwhichが関係形容詞として用いられることもあ

る。

I tried to get out of the business, <u>which</u> I found impossible.

(私は仕事をやめようとしたが，それは不可能だとわかった)

I was told to go there not by train but on foot, <u>which</u> advice I followed.

(私は列車でなく徒歩で行くように言われ，その忠告にしたがった)

例題 1

次の文の空所に入る最も適当なものを1つ選び，番号で答えよ。

There are few places downtown for parking, (　　) is really a problem.

   ① what   ② where   ③ which   ④ who

CHECK!   S + V〜, which + V〜

解説　空所の直後が動詞isなので主格の関係代名詞を入れることになるが，whatではこれを導く名詞節の働き場がなく，whoは前に人を表す名詞がないのでいずれも無理。結局whichが正解で，このwhichは主節全部を先行詞としている。

解答　③　「繁華街には駐車する場所が少なく，これは本当に問題だ」

例題 2

次の文の空所に入る最も適当なものを1つ選び，番号で答えよ。

(　　) is usual with young people nowadays, he can't do without comics.

   ① Such   ② As   ③ Like   ④ So

CHECK!   as is usual with〜 「〜には普通のことだが」

解説　コンマをはさんで2組S + Vがあるから"つなぎ言葉"が必要で，しかもisの主語になるものだから，関係代名詞のas以外にない。とはいえ，as is usual with〜を知っていれば苦もなく正解が得られる。

解答　②　「近ごろの若者には普通のことだが，彼はマンガなしではやっていけない」

文法・語法 前置詞

ポイント

1　基本前置詞の重要用法

●基本形●

(1)　at
　　①　at＋場所の一点　　②　at＋時の一点　　③　at＋数値の一点

(2)　by
　　①　by＋差を表す数量
　　　　by＋期限を表す日時
　　②　(a)　by＋無冠詞の名詞／by＋〜ing／「つかむ・引っ張る」の類
　　　　　　のV＋O＋by the＋Oの一部分
　　　　(b)　by the＋単位

(3)　for
　　①　方向・利益・賛成
　　②　(a)　目的・追求・交換，代理・代用，対応
　　　　(b)　「〜として(は)・〜の割には」⇒for all〜
　　③　理由　　④　期間

(4)　from
　　①　起点⇒出所・期限，原因，材料　　②　分離⇒区別・相違

(5)　in
　　①　(a)　in＋広がりのある場　　(b)　in＋衣類　　(c)　in＋方角
　　②　(a)　in＋幅のある時間　　　(b)　in＋所要時間・経過時間

(6)　of
　　①　(a)　位置の分離⇒within＋距離・時間＋of〜
　　　　(b)　除去・剥奪　　(c)　出所・起源⇒構成要素
　　②　(a)　主格　　(b)　所有格⇒所属・部分
　　③　目的格　　④　同格

(7)　on

① (a)　接触　　(b)　支点・支え　　(c)　依存

　　(d)　根拠・基礎　　(e)　継続(状態)・進行(状態)

② (a)　on＋日⇒on＋特定の日の朝昼晩

　　(b)　「～すると(すぐに)」

(8)　to

① 到達(地点)　　② 結果⇒to one's＋感情を表す名詞

③ 程度・範囲　　④ 付着　　⑤ 一致・符合

(9)　with

① (a)　所有・携帯　　(b)　道具⇒with all～　　(c)　同伴

　　(d)　同時　　　　 (e)　付帯状況⇒with＋X＋Y

　　(f)　原因・理由

② (a)　関係・関連　　(b)　結合　　(c)　調和　　(d)　相手

例題 1

次の文の空所に入る最も適当なものを1つ選び，番号で答えよ。

There is a picture (　　) the wall.

① above　② over　③ on　④ up

CHECK! "接触"のon

解説 「壁に絵がかかっている」と考えるしかない。これは「絵」と「壁」が"接触"していることになる。したがって"接触"のonを用いればよい。

解答 ③ 「壁に絵が掛かっている」

例題 2

次の文の空所に入る最も適当なものを1つ選び，番号で答えよ。

The soldiers threw down their arms and ran away (　　) all directions.

① to　② in　③ for　④ through

CHECK! "方角"のin

解説 空所の後のdirectionsという名詞に注目して，"方角"のinを入れる。

解答 ② 「兵士たちは武器を捨ててちりぢりばらばらに逃げた」

例題 3

次の文の空所に入る最も適当なものを1つ選び，番号で答えよ。

What were you doing (　) about 6 yesterday?

①　at　　②　for　　③　on　　④　to

CHECK! "時の一点"の at

解説 空所の後の6は「6時」以外には考えられない。そこで「6時(ごろ)に」という時刻を言うのだから，"時の一点"を表す at が正解。

解答 ①　「昨日の6時頃は何をしていましたか」

例題 4

次の文の空所に入る最も適当なものを1つ選び，番号で答えよ。

What are you going to do (　) Saturday evening?

①　at　　②　into　　③　on　　④　in

CHECK! 特定の日の朝昼晩につく on

解説 「土曜の午後には」とすればいい。単なる evening だったら in the evening となるが，Saturday という修飾語がついているので in は使えない。基本的だが非常によく問われるところ。

解答 ③　「土曜の午後には何をするつもりですか」

例題 5

次の文の空所に入る最も適当なものを1つ選び，番号で答えよ。

That bus will get her to Osaka (　) five hours.

①　at　　②　for　　③　in　　④　with

CHECK! "経過時間・所要時間"の in

解説 空所の後が five hours なので，at や with はあり得ない。for を入れると"期間"を表すことになるが，これでは文意が通らない。in を入れれば「5時間後に」となって文意が通る。

解答 ③　「そのバスに乗れば彼女は5時間後には大阪に着くだろう」

例題 6

あとの文の空所に入る最も適当なものを1つ選び，番号で答えよ。

He bought a new camera (　) twenty thousand yen.

① by　　② for　　③ in　　④ with

CHECK! "交換" の for

解 説　「2万円でカメラを買った」とは，「2万円」と「カメラ」を "交換" したということ。よって，"交換" の for が正解。

解 答　②　「彼は新しいカメラを2万円で買った」

例題 7

次の文の空所に入る最も適当なものを1つ選び，番号で答えよ。

Mary is older than her sister (　) five years.

① for　　② in　　③ by　　④ above

CHECK! "差" の by

解 説　文意から考えて，空所の後の five years は Mary と her sister の年齢の "差" だと考えるのが自然。よって，"差" を表す by が正解。

解 答　③　「メアリーは妹より5歳年上です」

例題 8

次の文の空所に入る最も適当なものを1つ選び，番号で答えよ。

Isn't it cold (　) this season right now?

① to　　② in　　③ for　　④ of

CHECK! 「～としては・～の割には」の for

解 説　空所の後が season だからといって in を入れてはダメ。これでは文意が通らない。for this season とすると「この季節にしては」となって正解。

解 答　③　「今この季節にしては寒くありませんか」

例題 9

次の文の空所に入る最も適当なものを1つ選び，番号で答えよ。

(　) my surprise, no one knew the result.

① To　　② With　　③ At　　④ For

CHECK! to one's + 感情を表す名詞「…が～したことには」

解説 空所の後の my surprise を見て〈to one's + 感情を表す名詞〉の形に当てはめ，「私が驚いたことに」とすればよい。

解答 ① 「驚いたことに，誰もその結果を知らなかった」

例題 10

次の文の空所に入る最も適当なものを1つ選び，番号で答えよ。

A lady (　　) a white dress attended the party.

　① with　　② in　　③ at　　④ on

CHECK! "着用"の in

解説 空所の後の dress に注目して"着用"の in を用いれば，「白いドレスを着た女性」という自然な意味になる。

解答 ② 「白いドレスを着た女性がパーティに出席した」

例題 11

次の文の空所に入る最も適当なものを1つ選び，番号で答えよ。

This color is not (　　) my taste.

　① like　　② with　　③ to　　④ on

CHECK! "一致・符合"の to

解説 taste に「趣味・好み」という意味があることを知っていれば，正解を得るのは難しくない。「この色」と「私の趣味」がどういう関係にあると言いたいのか考えればよい。"一致・符合"の to を入れて「私の趣味に合わない」とすれば解決。

解答 ③ 「この色は私の趣味に合わない」

例題 12

次の文の空所に入る最も適当なものを1つ選び，番号で答えよ。

Don't speak (　　) your mouth full when you are at the table.

　① for　　② in　　③ to　　④ with

CHECK! "付帯状況"の with：with + X + Y「XがYの状態で」

解説 空所の後が〈名詞 + 形容詞〉という語順になっていることに注意。for, in, to ではこの語順の説明がつかないし，文意も通らない。your

mouth full のところに「口がいっぱいだ」という"主語＋述語"の関係が
あることを確認し，〈with＋X＋Y〉の形に当てはめると，「口が(食べ物
で)いっぱいの状態で」と読める。

|解 答|　④　「食事をしているとき，口にものを入れたまましゃべってはい
けません」

例題 13

次の文の空所に入る最も適当なものを1つ選び，番号で答えよ。

They sell meat (　　) kilo at the shop.

　　① by the　　② with a　　③ at a　　④ for the

CHECK! 🖐　by the＋単位を表す語「～単位で」

|解 説|　kilo が"単位を表す語"であることに注目して，〈by the＋単位を
表す語〉の形に当てはめる。

|解 答|　①　「その店では1キロいくらで肉を売っている」

2　注意すべき前置詞の用法

●基本形●

(1)　above ～ing「～するには高潔すぎる・～するのを恥とする」

(2)　against

　　①　「～に逆らって」　　　②　「～に反対して」⇔for「～に賛成して」

　　③　「～によりかかって」　④　「～を背景として」

(3)　among

　　①　「3つ以上のものの間に」　＊between「2者間」

　　②　「～の中の1つ」

(4)　beside「～のそばに」と besides「～に加えて」の区別

(5)　beyond「～の能力・限界を超えて」

(6)　but＝except「～を除いて」

(7)　during＋特定の期間　＊for＋時の長さを表す語

(8)　into＋"変化"を表す語

(9)　over＋飲食物「～を食べながら・飲みながら」

(10) through

① 媒介・手段　　② 原因・理由　　③ 「〜を終えて」

(11) until, till 「〜までずっと」(継続)　＊by 「〜までに」(期限)

例題 1

次の文で誤りがあれば訂正せよ。

John will have finished his work until then.

CHECK! "継続"のuntil, "期限"のby

解説　「終える」と言っておきながら, until then 「その時までずっと」は おかしい。「終える」という行為が"継続"するわけがないからだ。ここ はuntilではなく"期限"のbyを用いて「その時までに(は)」としなければ ならない。

解答　until→by 「ジョンはその時までには仕事を終えているだろう」

例題 2

次の文の空所に入る最も適当なものを1つ選び, 番号で答えよ。

Strawberries are made (　　) jam.

① of　　② in　　③ from　　④ into

CHECK! "変化"のinto

解説　まず, inは全く意味をなさない。また"構成要素"のofや"材料" のfromも明らかにおかしい。ここではイチゴがジャムになる, すなわち "変化"するのだから, intoが正しい。

解答　④ 「イチゴは加工されてジャムになる」

例題 3

次の文の空所に入る最も適当なものを1つ選び, 番号で答えよ。

The sight was beautiful (　　) description.

① across　　② behind　　③ beyond　　④ over

CHECK! beyond「〜の能力・限界を超えて」

解説　descriptionは「記述・描写・表現」という意味。across, behind, overでは意味が取れないのに対し, beyondを入れれば,「描写の限界を

超えている」→「とても言い表せない，筆舌に尽くしがたい」となって文
意が通る。

解答　③　「その光景は言葉にできないほど美しかった」

例題 4

次の文の空所に入る最も適当なものを1つ選び，番号で答えよ。

We were waiting for him (　　) a cup of coffee.

①　to　　　②　on　　　③　at　　　④　over

CHECK!　over ＋ 飲食物「～を食べながら・飲みながら」

解説　空所の後の「コーヒー」に着目して，〈over ＋ 飲食物〉の形に当て
はめる。「コーヒーを飲みながら待っていた」と解釈できればOK。

解答　④　「私たちはコーヒーを飲みながら彼を待っていた」

例題 5

次の文の空所に入る最も適当なものを1つ選び，番号で答えよ。

Such an honest man is (　　) telling lies.

①　above　　②　over　　③　past　　④　without

CHECK!　above ～ ing「～するには高潔すぎる・～するのを恥とする」

解説　空所の後が～ ingであることに注意。overやpastはこの形をとら
ない。残る2つだが，withoutでは「嘘をつくことなしに」で，それでど
うなのかわからないから不可。よってabove ～ ingの形にするのが正解。
above ～ ingは，人格がその行為をする程度を超越しているということ。

解答　①　「ああいう正直な人は決して嘘をつかない」

例題 6

次の文の空所に入る最も適当なものを1つ選び，番号で答えよ。

I'm (　　) people driving big cars.

①　sorry　　②　about　　③　against　　④　afraid that

CHECK!　"反対"のagainst

解説　sorryやafraid thatは後がS ＋ V構造になっていなければならな
いので選べない。また，aboutでは何のことかさっぱりわからない。残

るはagainstだが，ここではdrivingを動名詞と見ることがポイント。すると peopleはdrivingの意味上の主語となり，全体で前置詞againstの目的語として働く。「人々が大きい車を運転することに反対である」という意味で，これが正解。

解答 ③ 「私は人々が大きい車を運転するのには反対だ」

例題7

次の文の空所に入る最も適当なものを1つ選び，番号で答えよ。

(　　) this time next year he will have returned from Kuwait.

① By ② Through ③ To ④ Until

CHECK! by「〜までに」(期限)

解説 ByかUntilのどちらかだが，「戻る」という行為を"継続"することはできないからUntilは使えない。"期限"のByを用いて「来年の今頃までには戻っているだろう」とする。

解答 ① 「来年の今頃までには，彼はクウェートから戻ってきているだろう」

例題8

次の文の空所に入る最も適当なものを1つ選び，番号で答えよ。

The accident was (　　) her control.

① with ② over ③ behind ④ beyond

CHECK! beyond「〜の能力・限界を超えて」

解説 beyondを入れて，「彼女が制御できる限界を超えていた」とする。

解答 ④ 「その事故は彼女には防ぎようがなかった」

例題9

(1)と(2)がほぼ同じ意味になるように，空所に適当な語を入れよ。

(1) The supermarket is open all days except Sunday.

(2) The supermarket is open Monday (　　) Saturday.

CHECK! except「〜を除いて」/ (from) A through B「AからBまで」

解説 (1)「そのスーパーは日曜以外は毎日開いている」から，(2)「その

スーパーは月曜から土曜まで開いている」とすればよい。「AからBまで」という言い方には，from A to B, from A till B, from A through B などがあるが，このうち，from を省略できるのは，from A through B の形のみ。

| 解答 | through 「(1) そのスーパーは日曜以外は毎日開いている。」「(2) そのスーパーは月曜から土曜まで開いている」

例題 10

次の文の空所に入る最も適当なものを1つ選び，番号で答えよ。

Water turns (　) ice at 32° F.

① into　　② off　　③ out　　④ up

CHECK!　into + "変化"を表す語

| 解説 | 水が氷に"変化"するのだから，into が適切である。

| 解答 | ①　「水は華氏32度で氷になる」

例題 11

次の文の空所に入る最も適当なものを1つ選び，番号で答えよ。

She is (　) cheating in examinations.

① above　　② over　　③ under　　④ up

CHECK!　above ～ing「～するには高潔すぎる・～するのを恥とする」

| 解説 | 〈above ～ing〉の形にすれば，「彼女はカンニングをするような人ではない」となり，文意が通る。

| 解答 | ①　「彼女は試験でカンニングをするような人ではない」

例題 12

(1)と(2)がほぼ同じ意味になるように，空所に適当な語を入れよ。

(1)　Are you in favor of the policy or not?

(2)　Are you (　) or (　) the policy?

CHECK!　for「～に賛成して」⇔against「～に反対して」

| 解説 | in favor of～は「～を支持して・～に賛成して」という意味。したがって，"賛成"の for と"反対"の against を入れればよい。

解答 for, against 「あなたはその政策に賛成ですか，反対ですか」

3 群前置詞

●基本形●

according to「〜にしたがって・〜に応じて・〜によれば」／apart from, aside from「〜は別として・〜はさておき」／as for「〜に関しては」／as to「〜について」(≒about)／at the cost[expense, price] of「〜を犠牲にして」／at the risk of「〜の危険を冒して」／because of, on account of, owing to, due to「〜のために」(原因・理由)／by means of「〜によって」／for the purpose of, with a view to「〜のために」(目的)／in addition to「〜に加えて」(= besides)／in case of「〜の場合には・〜の場合に備えて」／in favor of「〜に賛成して・〜を指示して」／in spite of「〜にもかかわらず」(= despite)／instead of「〜しないで・〜の代わりに」／in the face of「〜に直面して・〜をものともせず」／on behalf of「〜に代わって・〜を代表して・〜のために」／regardless of「〜に関係なく」／up to「〜に達して・〜の責任で」

例題 1

次の文の空所に入る最も適当なものを1つ選び，番号で答えよ。

I don't think her grammar is (　　) standard.

　① beyond　　② on to　　③ under　　④ up to

CHECK! up to「〜に達して」

解説 日本語のレベルで考えるとbeyondやunderなどでもよさそうな気がするが，残念ながらstandardとの相性が悪くて入れられない。また，on to「〜の上へ」は空間的な意味でしか使われない。結局up toを入れて「標準に達している」とするのが正しい。

解答 ④ 「彼女の文法の力は標準に達しているとは思わない」

例題 2

次の文の空所に入る最も適当なものを1つ選び，番号で答えよ。

(　　) the team the captain accepted the trophy made of silver.

   ① On account of   ② Because of   ③ On behalf of

CHECK! 👆 on behalf of「〜を代表して」

解説 on account of, because of はともに"原因・理由"を表すから，この場面では無理。on behalf of なら「チームを代表して…」と文意が通る。

解答 ③ 「チームを代表してキャプテンが銀製のトロフィーを受け取った」

例題 3

次の文の空所に入る最も適当なものを1つ選び，番号で答えよ。

All gases accelerating the greenhouse effect are believed (   ) human activities.

   ① due to   ② to be   ③ being   ④ instead of

CHECK! 👆 due to「〜のために」(原因・理由)

解説 ③は文法的に不可。②を入れると「気体が人間の活動である」となって意味不明。また instead of「〜の代わりに」も文意が通らない。「人間の活動が原因」となるように due to を選ぶ。

解答 ① 「温室効果を加速しているすべての気体は人間の活動が原因だと信じられている」

例題 4

次の文の空所に入る最も適当なものを1つ選び，番号で答えよ。

In the Japanese educational system, students are encouraged to do group projects at the (   ) of individual achievement.

   ① expense   ② defect   ③ neglect   ④ disregard
   ⑤ risk

CHECK! 👆 at the expense of「〜を犠牲にして」

解説 形から①か⑤にしぼられるが，individual achievement は危険なものではないから risk は選べない。expense を入れて「個人の目標達成を犠牲にして」としてやればよい。

解答 ① 「日本の教育制度では，学生は個人の目標達成を犠牲にして集団の計画を実行するよう促される」

例題5

次の文の空所に入る最も適当なものを1つ選び，番号で答えよ。

He always did well at school (　　) having his early education interrupted by illness.

① on account of　　　② in spite of

③ in addition to　　　④ even though

CHECK! in spite of「〜にもかかわらず」

解説 「学校の成績がいい」ことと「初期の教育を中断された」ことは明らかに逆接の関係だから，in spite ofがぴったり。

解答 ② 「彼は幼いころ，勉強を病気で中断しなければならなかったにもかかわらず，いつも学校の成績がよかった」

例題6

次の文の空所に入る最も適当なものを1つ選び，番号で答えよ。

He came to inspect the house (　　) buying it.

① in the event of　　　② with a view to

③ with reference to　　　④ on account of

CHECK! with a view to「〜のために」(目的)

解説 「家を調べに来た」というのだから，with a view toを入れて，「買う目的で」とすればよい。なお，in the event ofは「(万一)〜の場合には」，with reference toは「〜に関して」という意味。

解答 ② 「彼はその家を買う目的で調べに来た」

例題7

次の文の空所に入る最も適当なものを1つ選び，番号で答えよ。

A young man who has failed his exam (　　) laziness has asked me to give him some advice.

① according to　　　② on account of

③ at the same time　　　④ instead of

CHECK! on account of「〜のために」(原因・理由)

解説 「怠惰」は「試験に落ちた」ことの"原因・理由"であるから，on

account ofを選ぶ。

解答 ② 「怠けていて試験に落ちた青年が私に助言を求めてきた」

例題 8

次の文の空所に入る最も適当なものを1つ選び，番号で答えよ。

Go out and have a good time once in a while (　　) just studying all the time.

① instead of ② in spite of ③ in case of ④ despite

CHECK! instead of「～しないで・～の代わりに」

解説 「外へ出て楽しむ」ことと「ずっと勉強ばかりする」ことは同時にはできない。このように，両立不可能な2つの事柄の一方について「～しないで」というときには，instead ofを用いる。

解答 ① 「いつも勉強ばかりしていないで，ときどき外出して楽しみなさい」

例題 9

次の文の空所に入る最も適当なものを1つ選び，番号で答えよ。

(　　) taking the regular tests we have to hand in a long essay.

① Above all ② As well ③ Behind ④ In addition to

CHECK! in addition to「～に加えて」(= besides)

解説 ①と②は副詞なので，taking以下とつながらないから不可。また，Behindでは意味をなさない。In addition toを選んで，「定期の試験を受けることに加えて論文も提出しなければならない」とする。

解答 ④ 「私たちは，定期試験を受けることに加えて，論文も提出しなければならない」

例題 10

次の文の空所に入る最も適当なものを1つ選び，番号で答えよ。

Any child has the right to an education (　　) creed, race, or nationality.

① apart from ② in the face of ③ regardless of

145

CHECK! regardless of「～に関係なく」

解説 regardless ofを入れて，「信条，人種，国籍に関係なく，教育を受ける権利がある」とするのが自然。

解答 ③ 「どんな子供も，信条，人種，国籍に関係なく教育を受ける権利がある」

例題 11

次の文の空所に入る最も適当なものを1つ選び，番号で答えよ。

( ) his parents, nobody would defend the suspect.

① But for ② In place of ③ Apart from

④ On behalf of

CHECK! apart from「～は別として・～を除いて」

解説 ①But for「～がなければ」にひっかかりそうだが，これではその裏の事実として「両親がいるからみんなが弁護する」ことになっておかしい。③Apart fromは「～は別として・～を除いて」だから，これが正解。②In place of「～の代わりに」，④On behalf of「～を代表して・～のために」では意味をなさない。

解答 ③ 「両親を除いて，誰もその容疑者を弁護しないだろう」

例題 12

次の文の下線部のうち誤っているものを1つ選び，番号で答えよ。

Many people ①believe that every crime, ②in spite of the ③circumstances, should be ④severely punished.

CHECK! regardless of「～に関係なく」

解説 in spite ofは「～にもかかわらず」なので，このままでは「あらゆる犯罪は，状況にもかかわらず，厳しく罰せられるべき」という不自然な意味になる。したがって，in spiteが誤り。ここではregardless of「～に関係なく」を用いるべきである。

解答 ② 「あらゆる犯罪は，その状況とは関係なく，厳しく罰せられるべきだと考える人が多い」

例題 13

次の英文の下線部とほぼ同じ意味を持つ語を選べ。

She <u>is in favor of</u> his opinion.

   ① ignores   ② dislikes   ③ supports

CHECK! in favor of「～に賛成して・～を支持して」

解説 in favor ofは「～に賛成して・～を支持して」という意味。したがって，③supports「支持する」を選ぶ。なお，このin favor ofを1語の前置詞で書き換えるなら，for「～に賛成して」になることも覚えておく。

解答 ③ 「彼女は彼の意見を支持している」

第２章

英作文

英作文　和文英訳

ポイント

　和文英訳では「日本文化」，そして「英語教育」といったトピックを扱ったものが目立つ。「日本文化」に関連した和文英訳では，日本語でよく聞く慣例的な言い回しを英語でいかに表現するかが問われるため，英語で書かれた日本文化案内や観光ガイドなどを精読しておくとよい。英文法や構文の知識を問うオーソドックスな和文英訳問題では，着実に出題者が狙う構文を使って文章作りをすることが大切。また「英語教育」に関する英訳では，日本語をそのまま英語にしようとせずに，平易な英語に直して考えるトレーニングを重ねることが有効だ。

例題1

次の(1)，(2)の日本文を，それぞれ適切な英文に書きかえよ。

　Nowadays, many people have come to recognize that it is very important for foreigners to understand another country's culture if they would stay long and enjoy their lives. Here, let me talk about one of cultural things in Japan. (1)「お正月が，おそらく伝統的な日本の暦の中で最も重要な行事のひとつであることは疑いの余地のないところです。」Preparations start before New Year's Day. (2)「人々は，やりかけの仕事はやり遂げ，仕事場をきれいにすることになっています。」The idea is that New Year's Day should be a clean break from the last year.

　CHECK!　まずは和文をよく読み，文脈に合った英語の構文が思い浮かべられるようにすることが大切。例題1では，和文が翻訳調であるため英文を思い起こしやすい。

解答例

(1)　There is no doubt that New Year is one of the most important events in the traditional Japanese calendar.

(2)　People ought to finish the work in hand, and clean their workplaces.

解 説

(1)では，日本文に沿って「最も重要な行事のひとつ」「疑いの余地のない」を使った英文を作成するのが最も堅実な方法。doubtの後は必ずthatで文をつなぐこと。ifやwhetherを使わないように注意。「疑いの余地のない」を「確かである」と考え，It is certain that ～としてもよい。「お正月」は，文脈から考えて「新年の行事」を指しているのでNew Yearとする。特に元日(1月1日)を指す場合はNew Year's Day，大晦日はNew Year's Eve，正月休みはNew Year's holidaysとして覚えておくと便利。

(2)では，「することになっています」をうまく英語にするのがポイント。解答例では「～するのが当然のこととされている」といったニュアンスをought toで表現している。ought toは，should よりもやや強く，mustよりはやや弱い意味合いを持つ。またbe expected to，あるいはやや口語的になるがbe supposed toを使って「することになっている」と表現することもできる。「きれいにする」は，cleanが最も広く使える言葉。拭き掃除などを含め「清掃」を意味する。「整頓する」という意味合いでput in orderを使うこともできる。(2)におけるほかの解答例としては，People are expected to complete their work, and put their workplaces in order.など。

例題2

次の日本文を，英訳せよ。

「2月に行われる節分は日本の伝統的な年中行事のひとつです。人々は，邪気を払い，福を呼び込むために，寺や神社，家などで豆まきの儀式を行います。節分は日本中で行われますが，国民の祝日ではありません。」

CHECK! 「～するために」を見て不定詞の構文を思い浮かべられるようにする。また「邪気を払う」「福を呼び込む」など日本語で耳慣れた表現をいかにシンプルな英語に書き換えられるかが重要となる。

解 答 例

Setsubun held in February is one of the traditional annual events in Japan. People perform a ritual of bean-throwing at temples, shrines

151

and at home to chase away evil spirits and invite fortune. This ritual is performed across the country, but Setsubun is not a national holiday.

解説

「邪気を払う」は,「悪いものを追い出す」のように簡単な日本語に言い換えて考えるのがコツ。たとえばevil spirits 以外にも misfortune, bad luck などを使うこともできる。反対に「福を呼び込む」については「良いものを招く」と考えて,fortune のほかに happiness, good luck などを使ってもよい。「儀式を行う」は,ほかに practice a ceremony と表現することも可。日本の年中行事や習慣に関する出題は多いので,traditional(伝統的), annual event(年中行事), a national holiday(国民の祝日)などの頻出語句を使った文章作りに慣れておくとよい。

例題3

次の日本文を,英訳せよ。

「日本人は大晦日に年越しそばを食べ,長寿を祈願します」

CHECK! 「～を祈願する」の言い回しは,日本の年中行事を取り上げた和文英訳・自由英作文で頻出するので,押さえておくこと。

解答例

On New Year's Eve, people in Japan eat toshikoshi-soba, a buckwheat noodle dish, and pray for longevity.

解説

長寿は longevity。あるいは long life と言い換えても可。日本の年中行事を説明する英作文問題としては,「初詣」「七夕」「七五三」「お盆」などがよく取り上げられている。「長寿」に関係するものとしては,年越しそばのほかに七五三の千歳飴がある。また祈願する内容としては「家内安全」(pray for one's health and happiness)が一般的だが,「商売繁盛」(success in business),「交通安全」(safety)なども頭に入れておくと応用がきく。また「子どもの成長を祝う」(celebrate children's growth)なども合わせて覚えておきたい。

例題4

次の日本文を英訳せよ。

「こたつは，日本でよく見られる暖房器具である。電気ヒーターが内側
についたテーブルで，テーブルは厚い布団でおおわれている」

CHECK! 「日本特有」と思われるものを英語で説明する問題は，英語圏
の生活状況で何に匹敵するかを想像しながら言葉を選ぶことが大切。
たとえば「布団」ならば「ブランケット」と考えるとよい。

解答例

Kotatsu is a heating device commonly found in Japan. It is a table
with an electric heater attached to the inner part of the table and is
covered by a thick blanket.

解説

伝統行事と並んでよく出題されるのが，日本の文化に根ざした「もの」
や「習慣」，「伝統芸能・工芸」などの説明文。これまでに，衣食住に関
するものでは，「畳」「着物」「赤ちょうちん」「銭湯」，習慣に関するも
のでは「お中元・お歳暮」，伝統芸能・工芸に関するものでは「歌舞伎」
「相撲」「こけし」などの出題が見られる。書店の洋書コーナーには，英
語で日本文化を説明した本が並んでいるので，一読し，どのような言い
回しが使われているかを研究しておくとよい。

例題5

次の日本文を英訳せよ。

「歌舞伎は日本の伝統的な演劇で，その起源は江戸時代にさかのぼり
ます。すべての歌舞伎役者は男性で，何人かの役者は女性の役を演じる
のを専門にしています」

CHECK! 「その起源は〜にさかのぼります」という表現を身につけてお
きたい。

解答例

Kabuki is a traditional Japanese theater whose origin dates back to
the Edo period. All the Kabuki actors are men and there are some
actors who are specialized in playing female roles.

解 説

「～にさかのぼる」は，dates back to～。be specialized in～で，「～を専門としている」「～に特化している」の意味。「～時代」と歴史区分を言う場合には，Heian period，Edo periodのように通常periodを使う。

例題6

次の下線部の日本文を，適切な英文に書きかえよ。

Ichi-go ichi-e literally means one time, one meeting. <u>人々はしばしばひとつひとつの出会いがいかに貴重なものであるかを思い起こすためにこのことわざを使います。</u> It is particularly associated with the Japanese tea ceremony. In tea ceremony, it means that each tea meeting is unique. The message of this proverb is "Treasure every encounter, for it will never recur."

CHECK! 日本文化を説明する問題の中には，ことわざに関する問題もある。有名なことわざは，英語で説明できるようにしておきたい。

解 答 例

People often use this proverb to remind themselves how precious each encounter is.

解 説

一期一会の意味を英語を使って説明する際に外せないキーワードは，encounter(遭遇・出会い)。「一生に一度の出会い」＝ once-in-a-lifetime encounter，「今回限り」＝ for this time only，「またとない」＝ never again，「人生に一度きりのチャンス」＝ one chance in a lifetimeなどを知っておけば自由英作文でこのことわざに関する出題があっても強い。

例題7

_____にあてはまることわざを英語で入れよ。

「アメリカから来たALTの先生に日本のことわざを英訳して紹介したら，とても興味を持ったようだった。たとえば日本で「そんなの朝飯前さ」ということわざは，アメリカでは_____(1)_____となる。「時は金なり」は英語でもまさに_____(2)_____。この言葉は実はアメリカの政治家

ベンジャミン・フランクリンが広めた格言だとか。興味深かったのは，日米でまったく逆の意味を表すことわざがあったことだ。日本では，「出る杭は打たれる」<u>(3)</u>というが，アメリカでは<u>(4)</u>（きしむ車輪に油が注がれる）。両国に住む人々の考え方の違いがことわざに現れていて大変おもしろかった。」

CHECK! よく耳にする日本語のことわざの英訳は頭に入れておくとよい。

解答

(1) It's a piece of cake.

(2) Time is money.

(3) The stake that sticks up will be pounded [hammered] down.

(4) The squeaky wheel gets the grease.

解説

日本語のことわざで英語の定訳があるものやそれに関連する有名な英語のことわざは押さえておきたい。また，たとえば，「明日は明日の風が吹く」ならTomorrow is another day.というふうに日本のことわざの意味を英語で説明できるように練習をしておくとよい。中には一石二鳥のように英語が語源のものもある。

・温故知新　Learn a lesson from the past.

・蛙の子は蛙　Like father, like son.

・猫に小判　Pearls before swine.

・習うより慣れろ　Don't learn something, but get accustomed to it.

・学問に王道なし　There is no royal road to learning.

・一石二鳥　To kill two birds with one stone.

例題 8

次の日本語を英語に直せ。

1. 私の説明でわからないところがあれば，その都度遠慮なく質問していいですよ。

2. 列車の中で，携帯電話が鳴ることほど気に障ることはない。

3. 自分の名前を好きだろうが嫌いだろうが，それは私たちのアイデンテ

ィティーの本質的な部分である。私たちはそれを一生持ち続け，その ことにある種の安らぎを覚える。結婚後も夫の名字を名乗るより元の 名前を名乗りたいと思う女性がいるのも驚くべきことではない。

CHECK! 　一般的な話題を取り上げた和文英訳の問題。「遠慮なく〜して ください」「〜ほど〜なものはない」「〜であろうがなかろうが」「驚く べきことではない」などの決まり文句を表現する構文をしっかり押さ えること。

解答例

1. Please do not hesitate to ask any questions at any time if there is anything you don't understand in my explanation.

2. Nothing is more bothering than a ringing cell phone in a train car.

3. Whether we like our own names or not, they are an essential part of our identity. We live with our names for all our lives and we feel some kind of security by doing so. It is not surprising to find a woman who wants to use her maiden name rather than her husband's family name after she has got married.

解説

1の「遠慮なく〜してください」はPlease do not hesitate〜とするのが 一般的。英文ビジネスレターでの定型句。

2では「〜ほど〜なものはない」でNothing is more 〜 thanの構文を 使って英文を作る。「気に障る」はbotheringのほかannoyingなど。

3のポイントは「〜であろうがなかろうが」を表すWhether or notを， 「驚くべきことではない」はIt is not surprising to 〜を使う。いわゆる 「旧姓」にあたる英語はmaiden name。

和文の中に「和文英訳」の定型句や構文が見えるときは，その構文を 使った文章作りを最優先するのが賢明。

例題9

あとの日本語を英訳せよ。

1. 若い頃に受けた印象ほど鮮やかに心に残るものはない。
2. 私はこの辺りの地理には明るくない。だれか道案内をしてくれる人は

いませんか。

3. あの英語指導助手はまるで日本人のように話す。日本に来てまだ1年にしかならないそうだが，今度会ったら上達の秘訣を聞いてみよう。

CHECK! これも例題8と同様，和文英訳でよく使われる構文や定型句をしっかり押さえる。「～ほど～なものはない」「この辺りの地理には明るくない」「まるで～のように」に注目。

解答例

1. Nothing remains more vividly in one's mind than the impression one gets in the early days of his/her life.

2. I am a stranger here. Is there anyone who can show me the way?

3. That assistant English teacher speaks as if she were Japanese. I hear that she has been in Japan only for a year. I am going to ask her the secret of mastering the language when I see her next time.

解説

1はNothing is more ～ thanの構文。日本語の文章の語感から一般論として語っていると受け取れるので，主語にoneあるいはweを用いて英文を考えると作文がしやすくなる。

2では，I am a stranger hereで「この辺りの地理に明るくない」の意。

3はまず「まるで～のように」をas ifを使って英訳することが大切。またas if he was Japaneseではなくwereを使うことを忘れずに。「～だそうだ」と伝聞を表現する場合によく使われるのがI hear that ～の文。「～の秘訣」は，the secret of ～というのが英語の決まり文句になっている。

例題 10

次の文章中の下線部を英訳せよ。

(1) 毎年，多くのALTが来日し，各地の学校に着任する。日本に来たばかりのALTの悩みの1つは，生徒に「質問は」と尋ねても，生徒が何も言わないでいることである。

(2) アクション・リサーチは，教員にとって自身の日々の実践を見つめなおす非常に有益な方法になりうる。それは，ふつう教員の教室での実践を改善させるという理念のもとに行われる。この種のリサーチで

は，教員がこれまで悩まされてきた問題を，計画・実行・観察・改善の過程に踏み込んで検証することが要求される。

CHECK! 「悩み」「悩まされてきた問題」というフレーズを「悩む」という日本語にとらわれすぎずに英文にすることができれば，全体の文章を組み立てやすくなる。

解答例

(1)　One of the difficulties that newly arrived ALTs face is that the students would not respond to their teacher when they are asked if they have any questions.

(2)　In this type of research, teachers are required to investigate the problem which has been at issue by looking closely into the process of planning, implementation, observation and improvement.

解説

(1)では，ALTの「悩み」は，「ALTが直面する困難」と考えてみるとよい。またdifficultiesのほかに，problemsあるいはよりシンプルにthingsという言葉を選択することも可能。またface(直面する)以外には，trouble(手を煩わせる)，confuse(困惑させる)，puzzle(当惑させる)という言葉を考えてみることもできる。「生徒が先生に応答しない」ことが悩みであるという形になっているが，「ALTが生徒からの応答を得られない」ことが悩みであるという書きかたもできる。いずれの場合も悩みの内容を説明するthat以下の文章での主語を明確にしてシンプルにまとめることが大切。人称代名詞が文中で混乱しないようにする必要がある。(1)の解答例としては次のようなものも挙げることができる。

One of the things which confuse ALTs who have just arrived in Japan is that they would not get any response from their students when they ask if the students have any questions.

(2)では，「教員が悩まされてきた問題」を「解決されるべき，論点となってきた問題」と解釈している。(1)のALTの悩みが文化的な違いから来る「当惑」であるのに対して，(2)では，解決の道筋を模索しているがゆえに「悩まされている」という意味で，confuseやpuzzleなどの言葉を「悩み」に相当する言葉として使うことはできない。解答例では「検

証する」にinvestigateを用いているが，類語としてはexamine, study, 文脈によってdetermineがあるので覚えておくと便利。また「実行」「実践」にあたる言葉としてよく使われるのがimplement(名詞形でimplementation)。ほかにpracticeやactionなども文脈によって使うことができる。解答では，計画・実行・観察・改善のプロセスの中でimprovementを「改善」にあたる言葉として使っているが，adjustment(調整)も覚えておきたい言葉。

例題 11

次の1〜4の日本文を英訳せよ。

1. 生徒が知っているか，推測できる語や句から始めて，授業中はできるだけ英語を使いなさい。
2. みんなが遠慮なく自分の意見を発表できるよう，友好的で協力的な教室の雰囲気作りをしなさい。
3. 必ず，生徒が自分の能力に自信がつくようなやり方ですべての活動が行われるようにしなさい。
4. 訂正しすぎないこと，そして完璧を期待しないこと。生徒に，間違うことを恐れないよう助言しなさい。

CHECK! 命令文の形を使って英文を作る。構文よりも日本文の内容を英文で表現することを重視して取り組みたい。

解答例

1. Use English in class as much as possible, starting with words and phrases that students know or can guess.
2. Create a friendly and cooperative classroom atmosphere so that students can express their thoughts and ideas without hesitation.
3. Make sure to conduct all activities in a way that students would be able to gain confidence in their abilities.
4. Avoid correcting too much. And also avoid expecting perfection. Advise students not to be afraid of making mistakes.

解説

2では「友好的」(friendly)，「協力的」(cooperative)をそのまま英語で

使うことができる。「みんなが遠慮なく自分の意見を発表できるよう」の部分については，so that everyone can feel comfortable with giving his/her opinions. なども解答例として考えられる。「遠慮なく」(without hesitation)を「安心して」(feel comfortable)としてみるなど，日本文で使われている単語だけにとらわれずに，内容に即した形で柔軟に考えたほうが，英文が出てきやすい。自分の知っている英語表現に近づくよう，まず「和文和訳」することが和文英訳のコツ。

3では「必ず」が「活動が行われるように」にかかっていると考え，解答ではMake sure to conductとしている。Be certain to doやEnsure to haveなどを用いてもよい。Alwaysという言葉を使うことも可。「〜なやり方」はin a way that[which] 〜で表す。

4は，Don't correct too much. Don't expect perfection. という形の文でもよい。「間違いを恐れるな」はDon't be afraid of (making) mistakes. が定型句なので覚えておくとよい。いずれの場合にも，和文英訳では，ベーシックな単語を使ったシンプルな文を作るよう心がけたい。

例題 12

次の1，2の日本文を英語に直せ。

1. 「英語が使える」ようになるためには，文法や語彙などについての知識を持っているというだけではなく，実際にコミュニケーションを目的として英語を運用する能力が必要である。

2. このため，英語の授業においては，文法訳読中心の指導や教員の一方的な授業ではなく，英語をコミュニケーションの手段として使用する活動を積み重ね，これを通して，語彙や文法などの習熟を図り，「聞く」「話す」「読む」「書く」のコミュニケーション能力の育成を計っていく指導の工夫が必要である。

CHECK! この問題の2のように，問題文の日本語の文章が長い場合には，適宜，文章を区切って英文を作るとよい。

解答例

1. In order to be able to "make use of English", it is necessary not only to have a knowledge of grammar and vocabulary but also the

ability to use English for the purpose of actual communication.

2. Thus, in English classes, instruction mainly based on grammar and translation or teacher-centered classes are not recommended. Through the repetition of activities making use of English as a means of communication, the learning of vocabulary and grammar should be enhanced, and communication abilities in "listening", "speaking", "reading" and "writing" should be fostered. Such techniques for instruction are necessary.

解 説

文部科学省が平成15年に発表した『「英語が使える日本人」の育成のための行動計画』からの出題。解答は，英訳版からの抜粋。英語での発表に目を通していることを示す意味では，できる限り表現やフレーズの定訳を頭に入れておきたい。一方で，類似問題や「英語教育」に関する自由英作文の出題を念頭に置いた場合には，こうしたトピックの文章を自ら英訳・英作文できる英語力をつけておきたい。

その場で一から自分自身で英訳を始める場合，日本語の単語によりそった直訳英文から，内容を表現することを重視した英文作りまで，さまざまな解答例が考えられるが，1の場合は，まずnot only 〜 but also 〜の構文を使って英文を組み立てていく。「英語が使える」をそのまま英語にすればto be able to use Englishあるいは英訳版にあるようにto be able to make use of Englishとなる。同様に「実際にコミュニケーションを目的として英語を運用する能力」は，字句どおりan ability to use English for the purpose of actual communicationとすることができるだろう。

まったく自作で英訳した場合の解答例として次のようなものを挙げてみよう。

1. In order to "be proficient in English", it is necessary not only to have a good knowledge of grammar and vocabulary but also to enhance an ability to use English in practical communication.

2. Thus, in English classes, teachers need to employ an instructional approach that enables them to enhance students' communication skills in "listening", "speaking", "reading" and

"writing" while improving their grammar and vocabulary. That can be done by repetition of activities which emphasize English as a means of communication, not by grammar and translation exercises or lecture-based instructions.

Proficient は日本語では「熟達した」とされているが，English proficiency test という場合には，習熟度を測る実力テストといった意味合いでも使われる。使用例としては，He is proficient in English. He is proficient at speaking English. など。「基礎学力の向上」improve students' basic scholastic proficiency,「習熟度レベル」level of proficiency という形でも使われている。ほかに「英語がよく使える」という意味の have a good command of English といったフレーズも，覚えておくと類似の英作文問題で使うチャンスがあるかもしれない。

2では，「コミュニケーション能力の育成を図っていく指導の工夫が必要」「それは文法訳読中心の指導や教員の一方的な授業ではなく，英語をコミュニケーションの手段として使用する活動を積み重ねることによって可能となる」という形に文章を再構成して英文を作成している。文法問題や英文和訳問題などの練習問題は exercise。「教員の一方的な授業」は，「一方的に講義をする」と考えれば lecture-based instruction。「学ぶ側主体の」「生徒主導の」という言葉は student-centered teaching と言われることから，「教員の一方的な授業」を「教える側主体の」「教員主導の」という意味で teacher-centered teaching という言葉も使える。

「～の育成を図る」「～の習熟を図る」など，英語教育に関する和文英訳では，「生徒の能力を伸ばしていく」という意味の言葉が頻出する。この種の英単語のバラエティを増やしておくことは必須。strengthen, reinforce, enhance のほかに cultivate, foster など。語彙に関しては build up も使える。また「指導の工夫」についても，teaching method, teaching strategy, teaching approach, idea など内容によって言葉を選びたい。

ちなみに「英語が使える日本人」の英訳は Japanese with English Abilities。

例題 13

次の文を英訳せよ。

「英語が使える日本人」の育成は，日々子どもに接する教員の実践を通して実現されるものであり，教員の指導力のあり方は極めて重要なものである。英語をコミュニケーションの手段として使用する活動を積み重ね，これを通して，語彙や文法などの習熟を図り，「聞く」「話す」「読む」「書く」のコミュニケーション能力の育成を図っていく授業を，普段から主に英語で展開するためには，英語教員に一定の英語力及び教授力が必要となる。

CHECK! 例題12の応用編。頻出キーワードを駆使し，文章を区切って英文を練り上げよう。

解答例

Cultivating "Japanese with English Abilities" is realized through the practice of teachers who have daily contact with children. The teaching methods of such teachers are extremely important. A certain level of English ability and teaching ability is required of English teachers to conduct classes which aim to develop proficiency in terms of vocabulary and grammar through the repetition of activities where English is used as a means of communication and to foster communication abilities in "listening", "speaking", "reading" and "writing" through classes principally taught in English.

解説

『「英語が使える日本人」の育成のための行動計画』の別の箇所からの抜粋。この計画には似たような表現が多用されているので丹念に英語版を読み，使われている言い回しを自分のものにすることが大切。

例題 14

次の文を英訳せよ。

「生きる力」は「確かな学力」，「豊かな人間性」，「健やかな体」から構成され，これらの要素は独立して機能するのではなく，様々なかたちで複雑に作用し合っているのです。

CHECK! 「生きる力」をはじめとしたよく聞くキーワードを英語で頭に入れておくこと。文章そのものは難しくない。

解答例

"Zest for living" consists of "firm academic ability", "rich humanity" and "health and physical strength". These elements don't function independently but interact with one another in various complicated ways.

解説

「生きる力」はZest for livingとして訳が定着しているので必ず押さえておきたい。ほかの3つは、「学力」= academic performance, academic achievement,「豊かな人間性」= well-rounded character,「健やかな体」= healthy body, mental and physical healthなど他の言葉で英訳することも可能。「複雑に作用し合う」を affect intricately with one anotherとすると有機的に複雑に影響しあっているというニュアンスが表現できるが、使い慣れた言葉で書けばよい。

例題15

異なった文型を使って、次の内容を表す英文を2文ずつ書け。

① おひさしぶりです。

② その本はとてもおもしろかったです。

CHECK! 近年よく出題されている形式。「異なった文型」という条件を守りながら文法的に誤りのない文を書く。

解答例

① I haven't seen you for a long time. / How have you been?

② I found the book very interesting. / The book was very interesting (to me).

解説

① I haven't seen you for a long time. は第3文型。How have you been?は第2文型。

② I found the book very interesting. は第5文型。 The book was very interesting (to me). は第2文型。

ここで，英語の5文型をおさらいしておこう。

〈第1文型〉 S＋V

Birds fly. (鳥が飛ぶ)

※文の要素が主語と動詞のみの構造。

〈第2文型〉 S＋V＋C

Tom is a doctor. (トムは医者です)

※文の要素が主語と動詞と補語の構造。主語＝補語の関係が成り立つ。

〈第3文型〉 S＋V＋O

I study math. (私は数学を勉強する)

※文の要素が主語と動詞と目的語の構造。

〈第4文型〉 S＋V＋O＋O

My father gave me this book. (私の父がこの本をくれた)

※文の要素が主語と動詞と2つの目的語の構造。give, show などの限られた動詞で用いられる。この文型は第3文型で言い換えられることが多い。My father gave me this book. は My father gave this book to me. と言い換えられる。

〈第5文型〉 S＋V＋O＋C

The news made us sad. (その知らせは私たちを悲しませた)

※文の要素が主語と動詞と目的語と補語という構造。目的語＝補語の関係が成り立つ。make, name などの限られた動詞で用いられる。この文型は第2文型に書き換えられることが多い。The news made us sad. は We were sad at the news. と書き換えられる。

以上の5文型を念頭におきつつ，英文を作る。注意しておきたいのは，「前置詞＋名詞」の句は，目的語ではないということである。例えば，I listen to music.(私は音楽を聞く)という文は，「を聞く」という日本語から music を目的語だと誤って考えてしまうことがある。しかし，「前置詞＋名詞」の句は修飾句であって，文の要素にはならない。したがって，この例文は第3文型ではなく，第1文型である。このような区別をしっかりしておかないと，書いた英文が結果的に同じ文型になってしまっているという間違いをおかすことになるので注意が必要だ。

例題 16

異なった文型を使って，次の内容を表す英文を2文ずつ書け。

① 山田さんは英語を話すのが上手です。

② そのニュースを聞いて私はびっくりしました。

解答例

① Mr. Yamada speaks English well. / Mr. Yamada is a good speaker of English.

② I was surprised at the news. / The news surprised me.

解 説

① Mr. Yamada speaks English well. は 第3文型。Mr. Yamada is a good speaker of English. は第2文型。

② I was surprised at the news. は 第2文型。The news surprised me. は第3文型。

例題 17

次の文章中の下線部を英訳せよ。

優れた放送文化は宗教や民族の壁をも越えて人々の心をつかむ。それを生み出すことができるのは，自由な発想と高い志をもつ人と組織である。NHK の改革論議も，そのような放送文化の最も大切な根幹を見失わないようにしたい。

(毎日新聞『余録』)

CHECK! この問題のように，新聞のコラムの一節を英作文させる問題がしばしば出題される。

解答例

Brilliant broadcasting culture attracts people regardless of their religious or ethnic background. People and organization with free-minded thinking and strong ambitions can produce such culture.

解 説

まず，日本語で一番重要な骨組みを作ってみよう。「優れた放送文化は宗教や民族の壁をも越えて人々の心をつかむ」の部分の骨組みは「優れた放送文化は人々をひきつける」である。これは Brilliant broadcasting culture attracts people. となる。次の「それを生み出すことができるのは，自由な発想と高い志をもつ人と組織である」の部分の骨組みは「人と組織がその文化を生み出す」である。これは People and organization can produce the culture. となる。この骨組みに，修飾的な内容を加えていけば，解答例のような英文となる。

例題 18

次の文章中の下線部を英訳せよ。

　<u>日本社会では，伝統的に，組織の意見が個人の考えよりも優先する傾向があり，いったん自分の立場が決まると個人的な意見を抑えなければならないという暗黙の規範もありました。</u>

　他方，日本よりも個人主義的な傾向の強いアングロ・サクソンの文化では，組織の意見と個人の意見は区別され，個人的見解を述べる自由が保障されていたと言うことができそうです。

(本間正人『英語で鍛えるロジカルシンキング！』)

CHECK! 　日本語で書かれた抽象的な文章は長い場合が多い。英作文の際には短い文に区切った方が分かりやすい。

解 答 例

　In the Japanese society, traditionally an organization's opinion tended to be more important than an individual thought. There was an unspoken rule that people must hold an individual opinion once their position was decided.

解 説

　解答例ではまず，下線部を「日本社会では，伝統的に，組織の意見が個人の考えよりも優先する傾向があった」と「いったん自分の立場が決まると個人的な意見を抑えなければならないという暗黙の規範もあった」に分けた。その上で抽象的な内容をできる限り平易な表現を使って書けばよい。「日本社会では，伝統的に，組織の意見が個人の考えよりも優先する傾向があった」は英語にしやすいように，「日本社会では伝統的に組織の意見の方が個人の考えよりも重要であるという傾向にあった」とする。細かな語感を伝えることを意識しすぎると，かえって全体として

意味不明な英文になってしまうことが多い。思い切って単純に言い切った方が高得点につながる。

例題 19

次の文章中の下線部を英訳せよ。

　<u>私はその人を常に先生と呼んでいた。だからここでもただ先生と書くだけで本名は打ち明けない</u>。これは世間を憚かる遠慮というよりも，その方が私にとって自然だからである。私はその人の記憶を呼び起すごとに，すぐ「先生」といいたくなる。筆を執っても心持は同じ事である。よそよそしい頭文字などはとても使う気にならない。

(夏目漱石『こころ』)

CHECK! 　小説など文学的文章の一節を英語にするという出題も目立つ。原文(日本語)の意味の中心を，シンプルな英文で表現することが重要だ。

解答例

　I always called him *sensei*. So, I will not tell his name here but write just *sensei*.

解説

　文学的文章だからといって，英作文を文学的にする必要はない。日本語の意味をはっきりさせてから英文を作るようにした方が，解答の作成がスムーズになる。この文章で言えば，2つ目の「だからここでもただ先生と書くだけで本名は打ち明けない」という文は，①彼の名前は言わない，②先生とだけ書く，という2点が伝えるべき意味と言える。それをストレートに英語にすると解答例のようになる。シンプルにできるところはできるだけシンプルに書くことによって，分かりやすく誤りの少ない英文になる。例えば，「私はその人を常に先生と呼んでいた」の「その人」はthe personとするよりhimとした方がシンプル。また，「呼んでいた」で，わざわざ過去完了を使うよりは，単純にcalledと過去形にしてしまった方が分かりやすい。「先生」をどう英語にするか悩むところだ。直訳すればteacherだろうが，やや奇異だ。なぜならば，英語のコミュニケーションの中で，teacherと呼びかけることはないからだ。そこで日

本語をそのまま英文の中に入れることにする。その場合は，*sensei* のように斜字体にしておくとよい。

例題 20

次の文章中の下線部を英訳せよ。

　子供は，烏賊というものを生れて初めて食べた。象牙のような滑らかさがあって，生餅より，よっぽど歯切れがよかった。子供は烏賊鮨を食べていたその冒険のさなか，詰めていた息のようなものを，はっ，として顔の力みを解いた。うまかったことは，笑い顔でしか現わさなかった。

(岡本かの子『鮨』)

CHECK! 「初めて」はfor the first timeを使う。このような決まり文句はきちんと覚えて使っていきたい。

解 答 例

The child had a squid for the first time. It was smooth like ivory and much easier to bite off than a rice cake.

解 説

「生餅より，よっぽど歯切れがよかった」が難しい。「餅よりも，ずっとかみ切りやすかった」と単純化して考えるとよいだろう。

第 3 章

長文読解

長文読解 空所補充型

例題 1

次の英文は，2人の英語教員(Mr. Sato，Ms. Tanaka) と ALT(Mr. Hill)の
会話の一部である。あとの各問いに答えよ。

Mr. Sato : Today one of my students asked me the question, "Why do we have to study English?" I started teaching English at this senior high school in April. This was the first time I have been asked such a question. I was so confused, and I didn't know what to say.

Mr. Hil : So, what did you do?

Mr. Sato : Well. I said, "English is an important language for everyone, and you should study it."

Ms. Tanaka : Hmm... English is an important language.... I think you should have said something different. This is a difficult but inevitable question for English teachers. Mr. Hill, I heard you began to study Japanese when you were a junior high school student. Now you speak Japanese fluently. Why did you start studying Japanese in the first place?

Mr. Hill : Well, I like Japanese manga very much. At first, I read Japanese manga written in English. Then I wanted to read them in Japanese. That's why I started to study Japanese. Mr. Sato, why did you decide to study English and become an English teacher?

Mr. Sato : When I was a junior high school student, I talked with an ALT in an English class for the first time. My friends and I asked him some questions about his country. Of course, I made a lot of errors in the lesson, but he could still understand what I wanted to say in English. It was a lot of fun. Since then, I have enjoyed studying English.

I want to share my experience with a lot of students so that is why I became an English teacher.

Mr. Hill : Mr. Sato, you had a wonderful experience. You were able to communicate with someone in English, which gave you motivation, right?

Mr. Sato : Yes. I think [a] is important when students learn English.

Mr. Hill : That's true. I wanted to read Japanese manga in Japanese, so, I began to study Japanese. If students have better reasons for learning English, [1]. As for me, I was able to communicate with a lot of Japanese people about Japanese manga. I could also understand Japanese culture and different ways of thinking through communicating with Japanese people.

Mr. Sato : I see. When we learn foreign languages, we can experience different cultures and discover different ways of thinking.

Ms. Tanaka : When I became an English teacher, I didn't have chances to talk with ALTs during English lessons. Today, we have a lot. [2] now.

Mr. Hill : Of course, students can use more English now in lessons. They sometimes make errors, but they enjoy talking with me.

Mr. Sato : If they can communicate with others in English, they feel [b]. These students tend to be eager to use English in lessons.

Ms. Tanaka : The student who asked you that question today may not be good at English.

Mr. Sato : Exactly. That might be the reason why he asked that question.

Ms. Tanaka : Mr. Sato, what kind of English lessons do you want to have for students who aren't good at English like him?

Mr. Sato : Well, I want to make English lessons that will ☐ c ☐ them to study English.

Ms. Tanaka : Do you have any ideas?

Mr. Sato : Yes. I think the only way for students to gain confidence is to keep making small efforts. [3]. For example, students could practice ordering pizza on the phone, or asking their friends to the movies. If they achieve these goals, they will be actively learning English.

Ms. Tanaka : Mr. Sato, that's a good idea. It would be better to put such activities in your English lessons.

Mr. Hill : I agree with you, too. I want to try this in our English lessons.

Mr. Sato : Thank you, Mr. Hill. If other students ask me that same question, I'll be able to answer it better.

問1 ☐ a ☐~☐ c ☐に入る語の組合せとして最も適切なものを，次の1～4のうちから1つ選べ。

1 a purpose   b indifferent   c enchant

2 a motivation   b confident   c encourage

3 a motivation   b indifferent   c encounter

4 a purpose   b confident   c ensure

問2 [1]に入る最も適切なものを，次の1～4のうちから1つ選べ。

1 they will correct their errors whenever students make mistakes in English

2 they think about good communicative activities for foreign people

3 they conduct language activities in each lesson so that they can use English

4 they will be more likely to work hard and keep studying English

問3 [2]と[3]に入る最も適切なものを，それぞれ次の1～6の
うちから1つ選べ。

1 English teachers have to make their lessons unenjoyable

2 Speaking both English and Japanese would be better for
students

3 Students can communicate in English with ALTs and English
teachers

4 The bilingual experience appears to influence our ways of living
in the past

5 English teachers should teach English grammar for better
communication

6 To accomplish this, students should communicate in English
using real world examples

|解 答|

問1 2　　問2 4　　問3 [2] 3　　[3] 6

|解 説|

問1 a 生徒が英語を学ぶときに大切だとサトウ先生が考えているのは，
motivation「モチベーション」。

b 生徒は他人と英語でコミュニケーションをとることができると，
どのように感じるか。confident「自信に満ちた」。

c サトウ先生は，生徒に英語を勉強するよう促すような授業をし
たいと考えている。encourage O to ～「O が～するよう励ます」。

問2 「生徒たちに英語を学ぶ十分な理由があれば」に続く文。4の「彼ら
はより一生懸命に取り組み，英語を学び続けるだろう」が適切。

問3 空所2の直前は，以前と比べると今は授業中に英語を話す機会が多
いという文脈。3の「生徒たちはALTや英語教師と英語でコミュ
ニケーションをとることができる」が正解。

空所3の直後では，電話でピザを注文する練習や友人を映画に誘
うなど具体的なコミュニケーションの場面例が挙げられている。
よって6の「これを達成するために，生徒は実例を使い英語でコミュ
ニケーションするべきだ」が正しい。

175

例題 2

次の英文を読み，(1)〜(4)の問いに答えよ。

When Tom Shicowich's toe started feeling numb in 2010, he brushed it off as a temporary ache. At the time, he didn't have health insurance, so he put off going to the doctor. The toe became infected, and he got so sick that he stayed in bed for two days with what he assumed was the flu. When he finally saw a doctor, the [①] immediately sent Shicowich to the emergency room. Several, days later, [②] amputated his toe, and he ended up spending a month in the hospital to recover.

Shicowich lost his toe because of [③] of Type 2 diabetes as he struggled to keep his blood sugar under control. He was overweight and on diabetes [④] , but his diet of fast food and convenient, frozen processed meals had pushed his disease to life-threatening levels.

After a few more years of trying unsuccessfully to treat Shicowich's diabetes, his doctor recommended that he try a new program designed to help patients like him. Launched in 2017 by the Geisinger Health System at one of its community hospitals, the Fresh Food Farmacy provides healthy foods—heavy on fruits, vegetables, lean meats and low-sodium options—to patients in Northumberland County, Pennsylvania, and teaches them how to incorporate those foods into their daily diet. Each week, Shicowich, who lives below the federal poverty line and is food-insecure, picks up recipes and free groceries from the Farmacy's food bank and has his nutrition questions answered and blood sugar monitored by the dietitians and health care managers assigned to the Farmacy. In the year and a half since he joined the program, Shicowich has lost 60*lb., and his *A1C level, a measure of his blood sugar, has dropped from 10.9 to 6.9, which means he still has diabetes but it's out of the dangerous range. "It's a major, major difference from where I started from," he says.

"It's been a life-changing, lifesaving program for me."

Geisinger's program is one of a number of groundbreaking efforts that finally consider food a [⑤] part of a patient's medical care— and treat food as medicine that can have as much power to heal as drugs. More studies are revealing that people's health is the sum of much more than the medications they take and the tests they get— health is affected by how much people sleep and exercise, how much stress they're shouldering and, yes, what they are eating at every meal. Food is becoming a particular focus of doctors, hospitals, insurers and even employers who are frustrated by the slow progress of drug treatments in reducing food-related diseases like Type 2 diabetes, heart disease, hypertension and even cancer. They're also encouraged by the growing body of research that supports the idea that when people eat well, they stay healthier and are more likely to control chronic diseases and perhaps even avoid them altogether. "When you prioritize food and teach people how to prepare healthy meals, *lo and behold, it can end up being more impactful than medications themselves," says Dr. Jaewon Ryu, interim president and CEO of Geisinger. "That's a big win."

The problem is that eating healthy isn't as easy as popping a pill. For some, healthy foods simply aren't available. 【A】 So more hospitals and physicians are taking action to break down these barriers to improve their patients' health. 【B】 In cities where fresh produce is harder to access, hospitals have worked with local grocers to provide discounts on fruits and vegetables when patients provide a "prescription" written by their doctor; the Cleveland Clinic sponsors farmers' markets where local growers accept food assistance vouchers from federal programs like *WIC as well as state-led initiatives. 【C】 And some doctors at Kaiser Permanente in San Francisco hand out recipes instead of (or along with) prescriptions for their patients, pulled from the organization's Thrive Kitchen, which also provides low-cost monthly cooking classes for members of its health plan. Hospitals and clinics across the country have also visited Geisinger's program to learn from its success. 【D】

But doctors alone can't accomplish this food transformation. ⑥[but / that / healthier members / also / only / avoid / recognizing / live longer / not] expensive visits to the emergency room, insurers are starting to reward healthy eating by covering sessions with nutritionists and dietitians. In February, Blue Cross Blue Shield of Massachusetts began covering tailored meals from the nonprofit food program Community Servings for its members with congestive heart failure who can't afford the low-fat, low-sodium meals they need. Early last year, Congress assigned a first ever bipartisan Food Is Medicine working group to explore how government-sponsored food programs could address hunger and also lower burgeoning health care costs borne by Medicare when it comes to complications of chronic diseases. "The idea of food as medicine is not only an idea whose time has come," says Dr. Dariush Mozaffarian, a cardiologist and the dean of the Friedman School of Nutrition Science and Policy at Tufts University. "It's an idea that's absolutely essential to our health care system."

*lb : pound
*A1C : hemoglobin A1C
*lo and behold : look and see
*WIC : Special Supplemental Nutrition Program For Women, Infants, and Children

(TIME March 4, 2019　より引用)

(1) 本文中の〜に入る語の組み合わせとして最も適当なものを次のA〜Dから1つ選び，記号で答えよ。

	①	②	③	④
A	physician	surgeons	medications	complications

B	surgeons	physician	medications	complications
C	physician	surgeons	complications	medications
D	surgeons	physician	complications	medications

(2) 本文中の ⑤ に入る最も適当なものを次のA～Dから1つ選び, 記号で答えよ。

A evaluative B critical C desperate D negative

(3) 次の英文を入れるのに最も適当な箇所を本文の【A】～【D】から1つ選び, 記号で答えよ。

And if they are, they aren't affordable.

(4) 下線部⑥の[　]内の語句を意味が通るように並べかえよ。ただし, 文頭に来る語も小文字で示してある。

解答

(1) C　(2) B　(3) A　(4) Recognizing that healthier members not only live longer but also avoid

解説

食べ物が健康において果たす役割について述べている文章である。

(1) Shicowich氏はインフルエンザだと思い, 2日間ベッドにいたと第1段落の3文目に述べられている。そのため, 最初は①physician「内科医」に診てもらったことが推測される。しかし, すぐに緊急治療室に運ばれ, 数日後足指を切断したとあるので, 次に②surgeons「外科医」が診断を下したと考えられる。つまり, ③complications「合併症」のために足指を失い, 肥満で糖尿病の④medications「薬物治療」を行ったということがわかる。

(2) 第4段落の1文目にあるダッシュの前後が似た意味のことを述べている。ダッシュの直後は, 「食べ物を, 薬と同じくらいに治す効果があるものとして扱う」という意味である。そのため, ⑤には「重要な意味を持つ」という意味のcriticalが入る。

(3) affordableとは「値段が手頃である」という意味。挿入すべき語句の"And if they are"の後ろには【A】の直前にあるavailableが省略されている。つまり「入手可能であったとしても, 値段が手頃ではない」という意味の表現である。

(4) 下線部の後に主節が来ているが，下線部には副詞節を導く接続詞が
ない。そのため分詞構文を使う。not only ～ but also …を使って2つ
の動詞を結びつける。

例題 3

次の(1)，(2)に示す二つの英文は，*Jeremy Harmer*が著書 *The Practice*
of English Language Teaching で述べているものである。

(1) 次の英文は，"The CEFR levels" について説明している一部であ
る。この英文を読んで，本文中の □□□ に当てはまる語句として最も
適切なものを，あとの①～⑤から1つ選べ。

The CEFR levels

   The Common European Framework of Reference (CEFR) was
the result of collaboration between the Council of Europe and the
Association of Language Testers in Europe (ALTE). It proposes a
six-level frame of reference to describe □□□ . Originally designed
to take account of the plurality of languages within Europe (the
levels are equally applicable to any language), the CEFR has
become widely referenced in many different parts of the world.

   The six levels of the CEFR are A1 (breakthrough or beginner),
A2 (waystage or elementary), B1 (threshold or intermediate), B2
(vantage or upper-intermediate), C1 (effective operational
proficiency or advanced), and C2 (mastery or proficiency). They
do not all describe equally long stretches of ability (which has led
some to come up with labels such as B1 + , etc.) but what makes
them special is that they are described not in terms of linguistic
elements, but instead in terms of 'can do' statements, which
describe what people are able to do with the language. Thus at
the A1 level, a speaker 'can introduce himself/herself and others
and can ask and answer questions about personal details such as
where he/she lives, people he/she knows and things he/she has'.

   At the B1 level, students 'can deal with most situations likely

---

to arise while travelling in an area where the language is spoken' whilst at the C1 level, they can 'express ideas fluently and spontaneously without much obvious searching for expressions' and 'can use language flexibly and effectively for social, academic and professional purposes'. When students have reached 'mastery or proficiency' (that is the C2 level) they can 'express themselves spontaneously, very fluently and precisely, differentiating finer shades of meaning even in the most complex situations'.

① what people are able to do with the CEFR
② what teachers at the different levels are able to teach
③ how students at the same levels are able to learn
④ how teachers at the same levels are able to teach
⑤ what students at the different levels are able to do

(2) 次の英文は，"Viewing and listening techniques" について説明している一部である。この英文を読んで，本文中の(ア)～(エ)に当てはまる語句の組合せとして最も適切なものを，あとの①～⑤から1つ選べ。

Viewing and listening techniques

All of the following viewing and listening techniques are designed to awaken the students' curiosity through prediction, so that when they finally watch a film sequence in its entirety, they will have some expectations about it, and will be eager to see if these are fulfilled.

〔省略〕

Freeze frame　At any stage during a video sequence, we can 'freeze' the picture, stopping the participants dead in their tracks. This is extremely useful for (ア) the students what they think will happen next or what a character will say next.

Partial viewing　One way of arousing the students' curiosity is

---

to allow them only a partial view of the pictures on the screen. We can use pieces of card to cover most of the screen, leaving only the edges on view. Alternatively, we can put little squares of paper all over the screen and remove them one by one so that what is happening is only gradually revealed. Trying to work out exactly what is going on with such partial viewing encourages the students to (　イ　) the language they are hearing － and this forces them to listen very carefully.

〔省略〕

Pictureless listening(language)　The teacher covers the screen, turns the monitor away from the students or turns the brightness control right down. The students then listen to (　ウ　) and have to guess such things as where it is taking place and who the speakers are. Can they guess their age, for example? What do they think the speakers actually look like?

〔省略〕

Videotelling　We can ask the students to predict what they are going to see, based on clues we give them. We can then use their predictions to build up a story, which we use to introduce language. Next we show them the video clip to see if it (　エ　) their predictions and then have them tell the story of what they saw.

① ア　asking　　イ　summarise　　ウ　a dialogue
　 エ　matches
② ア　proposing　イ　contextualise　ウ　an instruction
　 エ　makes
③ ア　proposing　イ　summarise　　ウ　a dialogue
　 エ　makes
④ ア　asking　　イ　contextualise　ウ　a dialogue
　 エ　matches

⑤　ア　proposing　　イ　summarise　　　ウ　an instruction
　　エ　matches

解答

(1)　⑤　　(2)　④

解説

中程度の長さの英文を読んで，空所に入る表現や語(句)を選択する問題
である。

(1)　CEFR(ヨーロッパ言語共通参照枠)についての英文である。CEFR
の等級はA1，A2，B1，B2，C1，C2の6段階に分かれており，「can-do
descriptors」を用いて，学習者がその言語で「具体的に何ができるか」
を，レベル別に示している。

(2)　ビデオや映画等を視聴するテクニックについての説明文である。
　　ア　ビデオを途中で止めて何をするかという動詞の部分を答える問題
である。　　イ　聞いている言葉を場面や状況に当てはめるよう促す，
という内容である。　　ウ　この空所の同じ文に出てくるitやthe
speakersという表現に注目する。ここでのitがウに入る言葉である。
また，the speakersと複数になっているため，複数での対話であるこ
とがわかる。　　エ　仮にmakesを入れると「生徒に予想をさせる」と
いう意味になるが，このVideotellingの項の1文目でまず予測をさせ，
それからその予測に基づいてストーリーを作るという記述がある。そ
の後に何をするかを述べている部分であるから，さらにここから予測
をさせるのは文脈に合わない。

例題4

次の英文の空所に最も適するものをあとのア〜コから選び，記号で答え
よ。(選択肢の書き出しはすべて小文字にしてある)

　The idea of "law" exists in every culture. All societies have some
kind of law to keep order and to control the interactions of people
with those around them. The laws of any culture tell people three
things : what they can do (their rights), what they must do (their
duties) and what they may not do (illegal actions). In addition, there

are usually specific types of punishment for those who break the law.

Although all societies have laws, the idea of justice —(①) and how "wrong" should be punished—can differ widely. In most Western cultures, it is thought that punishing criminals will prevent them from committing other crimes. Also, it is hoped that the fear of punishment will prevent other people from committing similar crimes ; in other words, (②) because of fear of punishment. In most non-Western cultures, by contrast, punishment is not seen as a deterrent. Instead, great importance is placed on restoring balance in the situation. A thief, for example, may be ordered to return the things he has stolen instead of, as in Western societies, spending time in prison.

Another difference in the concept of justice lies in various societies' ideas of what laws are. In the West people consider "laws" quite different from "customs". In many non-Western cultures, however, (③). Thus, an action may be considered a crime in one country but be socially acceptable in others. For instance, although a thief is viewed as a criminal in much of the world, in a small village where there is considerable communal living and sharing of objects, the word thief may have little meaning. (④).

Most countries have two kinds of law: criminal and civil. People who have been accused of acts such as murder or theft are tried in the criminal justice system, while (⑤). The use of the civil system reflects the values of the society in which it exists. In the United States, (⑥), civil law has become "big business". There are over 700,000 lawyers in the United States, and many of them keep busy with civil lawsuits ; that is, (⑦). If a man falls over a torn rug in a hotel and breaks his arm, for instance, he might decide to take the hotel owners to court so that they will pay his medical costs. In a country like Japan, by contrast, there is very little use of the civil justice system. Lawsuits are not very popular in Japan, (⑧), and where people would rather reach agreements outside court.

In societies where courts and judges simply don't exist, self-help is necessary and socially acceptable in disputes. (⑨), the owner's friends and relatives may get together and help him get the animal back. In small villages, everyone, in a sense, becomes a judge ; in such societies, where people's neighbors are also friends, members of their families, or co-workers, (⑩). Social disapproval of people's activities can serve both as powerful punishment for and as a strong deterrent to crime.

(注) deterrent：抑制力　　criminal law：刑事法　　civil law：民事法

ア．there is little separation of customs and laws

イ．where social harmony (peaceful agreement) is even more important than individual rights

ウ．what is "right" and "wrong"

エ．the opinions of the villagers are very important

オ．someone who has taken something without asking is simply considered an impolite person

カ．people who are considering a life of crime will decide against it

キ．if a cow has been stolen

ク．where personal, individual justice is considered very important

ケ．they work for people who want to bring legal action against others

コ．civil justice deals with people who are believed to have violated others' rights

解答

① ウ　② カ　③ ア　④ オ　⑤ コ
⑥ ク　⑦ ケ　⑧ イ　⑨ キ　⑩ エ

解説

① 直前の the idea of justice の説明にあたる文を選ぶ。

② in other words「言いかえれば，つまり」があるので，その前の文の「処罰が怖いために犯罪を思いとどまる」という内容に近いものを選ぶ。

③ however があるので，前の文の内容と反対のものを選ぶ。

④　「『泥棒』という言葉が意味を持たない」という，直前の内容を補強している文がオ。

⑤　while「ところが一方」があるので，criminal justiceと対立するcivil justiceを説明しているコを選ぶ。

⑥　the United Statesを先行詞にとれる関係副詞節はイとクの2つあるが，内容からクに決まる。

⑦　that is「つまり」があるので，前の文のlawyersの説明にあたるケを選ぶ。

⑧　あとに関係副詞whereの節があるので，ここも文法的に同じ形のイがきて，先行詞Japanを修飾する。

⑨　文末にget the animal backがあるので，動物を話題にしたキが入ると見当をつける。

⑩　セミコロンの前の内容と適合するのがエ。

全訳

「法」の概念はどの文化にも存在する。すべての社会が，秩序を維持し，まわりの人々との相互作用を規制するある種の法を持っている。どの文化の法でも，人々に3つのことを示している。何をしてよいか(権利)，何をしなければならないか(義務)，何をしてはいけないか(違法な行為)ということである。加えて，ふつうは法を破る人に対する特別な処罰規定がある。

すべての社会に法があっても，何が「正しい」か「正しくない」か，そして「間違い」はいかに罰せられるべきかといった，正義の概念にはかなりの違いがある。ほとんどの西洋文化では，犯人を罰すれば，彼らが別の犯罪を犯すことを防止できると考えられている。また，処罰の恐怖は他の人間が同じ罪を犯すことを防止するだろう，言いかえれば，犯罪者になることを考えている人間が，処罰を恐れて犯罪を思いとどまるだろうということが期待されている。対照的に，ほとんどの非西洋文化では，刑罰は抑止力として考えられていない。それよりも，状況の均衡を回復することに重点が置かれている。例えば，泥棒は，西洋社会のように監獄で時間を過ごす代わりに，盗んだ物を返すように命じられるだろう。

正義の概念のもう一つの違いは，各社会での法とは何かという概念の

違いにある。西洋では，人々は「法」は「慣習」とはまったく異なると考えている。しかし多くの非西洋文化では，法と慣習の区別はほとんどない。そこで，ある社会では犯罪と考えられるものが，他の社会では許容されることがある。例えば，泥棒は世界の多くの地域では犯罪者であるが，共同生活と物の共有がかなり存在する小さな村では，泥棒という言葉がほとんど意味を持たないかもしれない。伺いをたてずに物をとった人は単に無作法な人間だと考えられるだけだ。

たいていの国には，刑法と民法という2種類の法律がある。殺人や窃盗のような行為で告訴された人は，刑事法制度で裁かれるが，民事法制度では，他人の権利を侵害したと思われる人を扱う。民事法の適用はその社会の価値観を反映している。合衆国では，各人の個人的な正義が非常に重要であると考えられていて，民事法は「ビッグビジネス（大きな産業）」になっている。合衆国には70万人以上の弁護士がいて，多くが民事訴訟で，つまり他人に対して法的な訴えを起こしたい人たちのために働いていて，常に忙しい。例えば，もし人がホテルの破れた敷物の上でころんで腕の骨を折ったら，医療費の支払いを求めてホテルオーナーを裁判に訴えることを決心するだろう。日本のような国では対照的に，民事法制度を使うことがほとんどない。日本では，社会的な協調精神（平和的な解決）が個人の権利よりもはるかに重要であるため，訴訟はあまり一般的ではなく，裁判以外で合意に達することのほうが多い。

法廷や裁判官がまったく存在しない社会では紛争において自力救済が必要で，社会的に容認されている。もし牛が盗まれたら，所有者の友人や親類が集まって，動物を取り戻すのを手伝うだろう。小さな村では，だれもが裁判官であると言ってもよい。そのような社会では，隣人が友人や家族や同僚でもあり，村人の意見がとても重要である。人々の行動に対する社会的非難は，犯罪に対して効果的な処罰になるし，強力な抑止力にもなる。

例題 5

次の会話文の空所に入る最も適当なものをそれぞれ選べ。

My uncle was just about the worst farmer that ever lived. He wanted to plant something to bring him cash and see it grow. I myself planted more than a hundred *pomegranate trees. I drove a tractor, too, and so did my uncle. My uncle just liked the idea of planting trees and watching them grow. Only they wouldn't grow. It was on account of the soil. The soil was desert soil. (　①　).

One day my uncle and I got out of the Ford roadster and began to walk over the dry earth. We continued to walk over the dry land. When we came to some holes in the earth my uncle stood over them.

"This land is my land," he said. "Who lives down there?"

"Prairie dogs."

"What are they?"

"Well, (　②　). They belong to the same family as squirrels and beavers."

"What are all these things doing on my land?"

"They don't know it's your land. They're living here the same as ever."

"Do you think I scared them or anything?"

"I don't know for sure."

"(　③　). I'm going to build a house here some day."

"I didn't know that."

"I'm going to build a magnificent house."

"It's pretty far away."

"It's only an hour from town."

"If you go fifty miles an hour."

"It's not fifty miles to town. (　④　)."

"Well, you've got to take a little time out for rough roads."

"I'll build me the finest house in the world. What else lives on this land?"

"Well, there are three or four kinds of snakes."

"Poisonous or non-poisonous?"

"(⑤). The rattlesnake is poisonous, though."

"Do you mean to tell me there are rattlesnakes on this land?"

"This is the kind of land rattlesnakes usually live on."

"How many?"

"Per acre? Or on the whole six hundred and forty acres?"

"Per acre."

"Well, (⑥). Maybe only two."

"How many is that to the whole place?"

"Well, let's see. Two per acre. (⑦)."

"What else have we got around here that's poisonous?"

"I don't know of anything else. All the other things are harmless. The rattlesnakes are harmless, too, (⑧)"

"All right, you walk ahead and watch where you're going. If you see a rattlesnake, don't step on it. I don't want you to die at the age of eleven."

"Yes sir. I'll watch carefully."

"I'm going to make a garden in this awful desolation."

"Yes sir."

"I know what my problems are, and I know how to solve them."

"How? Do you mean the prairie dogs or the rattlesnakes?"

"I mean the problems. Well, the first thing I'm going to do is hire some Mexicans and put them to work."

"Doing what?"

"Clearing the land. Then I'm going to have them dig for water. After we get water, I'm going to have them plow the land, and then I'm going to plant."

"Wheat?"

"Wheat?" my uncle shouted "(⑨)? Bread is five cents a loaf. I'm going to plant pomegranate trees. They're practically unknown in this country. Ten, fifteen, maybe twenty cents each. I have in mind planting several other kinds of trees."

"Peach? How about apricots? I hope the Mexicans don't have any trouble finding water. Is there water under this land?"

"Of course. The important thing is to get started. I don't suppose apple trees would grow on this kind of land."

"(⑩)."

He started the car and we drove off the dry land on the dry road. The car bounced about slowly until we reached the road and then we began to travel at a higher rate of speed on the way back home.

(注) pomegranate：ザクロ

① (a) It was very green   (b) It was like mud itself

    (c) It was dry   (d) It seemed fresh and wet

② (a) they're something like rats

    (b) they belong to the family of birds

    (c) they're similar to crocodiles

    (d) they look like snakes

③ (a) Whenever I knew, I scared them

    (b) If I did, I didn't mean to

    (c) Even if I scared them, they were safe

    (d) Tell me what I did

④ (a) It's seventy   (b) It's more than sixty

    (c) It's just sixty   (d) It's thirty-seven

⑤ (a) Mostly non-poisonous   (b) Almost all

    (c) All of them   (d) Nearly poisonous

⑥ (a) I like to say there are about two per acre, progressively

    (b) I think there are about three per acre, originally

    (c) I'd say there are about three per acre, conservatively

    (d) I suppose there are about two per acre, instinctively

⑦ (a) About eleven hundred as a whole

    (b) Nearly thirty thousand at least

    (c) Approximately four hundred at best

(d)　About thirteen hundred of them

⑧　(a)　unless you step on them

　　(b)　if you stand on the wrong place

　　(c)　otherwise you walk on them

　　(d)　in case you put your foot on the tail

⑨　(a)　Shall I deal with rice

　　(b)　What do I want with wheat

　　(c)　How should I plant potatoes

　　(d)　Why do I have to eat bread

⑩　(a)　Yes, and I like fruits exceptionally

　　(b)　I don't know what the important thing is

　　(c)　I understand you're worrying about the Mexicans

　　(d)　No, but I don't like apples anyway

解答

①　(c)　　②　(a)　　③　(b)　　④　(d)　　⑤　(a)

⑥　(c)　　⑦　(d)　　⑧　(a)　　⑨　(b)　　⑩　(d)

解説

①　前で desert soil と言っている。

②　あとに「リスやビーバーと同じ科」とある。

③　(b)が話の流れとして適切。did = scared them

④　次に，「でこぼこ道の分は少し余計に時間がかかる」とあるので，実際の距離は50マイルより少なくて，1時間かかるとわかる。

⑤　あとの言葉で，ガラガラヘビだけが毒ヘビだとある。

⑥　あとで only two と繰り返しているので，「控え目に言って3匹くらい」という(c)が適当。

⑦　少し前のせりふから，土地全体が640エーカーとわかる。2匹×640 ＝ 1280匹。

⑧　unless「～しなければ」 in case「もし～したら」

⑨　直後に，パンを作っても儲からないと言っているので，小麦のことは考えていないとわかる。

⑩　その前の「リンゴの木は育ったんだろう」というおじさんの言葉に対

する相づちなので，(d)が適切。

║全訳║

　私のおじさんはどうやらこの上なく最悪な農夫だった。彼は金儲けのために何かを植えて，それが育つのを見たいと思ったのだ。でも，100本以上のザクロの木を植えたのは私だった。私はトラクターも運転した。これはおじさんもやったが。おじさんは木を植えて，それらが成長するのをながめるという考えが気に入っていただけだった。しかし，結局はそれらはまったく育たなかった。土壌のせいだった。土が砂漠の土で，乾燥していたのだ。

　ある日，おじさんと私はフォードロードスターから降りて，乾いた土の上を歩き始めた。私たちは乾いた土地を歩き続けた。土中にいくつか穴が開いたところに来ると，おじさんはそれらを見下ろすように立った。「この土地は俺の土地だ」と彼は言った。「だれがこの下に住んでいるんだ？」

「プレーリードッグだよ」

「それは何者か」

「えーと，ネズミのようなものだよ。リスやビーバーと同じ科に属しているよ」

「こいつらはみんな俺の土地で何をしているんだ？」

「彼らはここがおじさんの土地だなんて知らないよ。彼らはずっと同じようにここに住んでいるだけさ」

「お前は俺があいつらを怖がらせたとか何とか思っているんじゃないか」

「さあ，どうかな」

「もしそうだったとしても，わざとじゃあない。俺はいつかここに家を建てるつもりなんだ」

「それは知らなかったよ」

「すごい家を建てるんだ」

「かなり遠いよね」

「町からたった1時間さ」

「もし時速50マイルで来ればね」

「町まで50マイルもないぞ。37マイルだ」

「うーん，でこぼこ道の分を少し差し引かなくちゃならないでしょ」

「世界で最高の家を俺のために作るんだ。この土地にはほかに何が住んでいるんだ？」

「えーと，3〜4種類のヘビがいるよ」

「毒のあるやつか，ないやつか」

「たいていは毒を持っていないよ。ガラガラヘビは毒ヘビだけど」

「この土地にガラガラヘビがいるというのか」

「ここはふつうはガラガラヘビがいるような土地だよ」

「何匹いるんだ？」

「1エーカー当たり？　それとも640エーカー全体で？」

「1エーカー当たりで」

「えーと，控え目に言って，1エーカー当たりに3匹くらいかな。たった2匹かも」

「土地全体だとどうなる？」

「えーと，1エーカー当たり2匹だから，約1300匹だね」

「そのほかに毒を持っているようなものが，このあたりにいるかね？」

「ほかのものについては知らないよ。ほかのものはみな，害はないよ。ガラガラヘビだって無害なんだよ，そいつらを踏まなければ」

「よろしい，お前が先に立って歩きなさい。前をよく見てな。もしガラガラヘビを見たら，踏むんじゃないぞ。俺はお前に11歳で死んでほしくないからな」

「はい，注意して見ます」

「俺はこのひどい荒地に菜園(果樹園)を作るつもりだ」

「はい，おじさん」

「俺は何が問題かわかってるし，それらの解決方法も知っているんだ」

「どうするの？　プレーリードッグやガラガラヘビのこと？」

「重要な問題のことだよ。えー，まず最初に俺がすることはメキシコ人を何人か雇って働かせることだ」

「何をするの？」

「土地をきれいにする。それから井戸を掘らせる。水が出たら，彼らに土地を耕させ，それから俺が植える」

「小麦を？」

「小麦だと？」おじさんは叫んだ。「小麦でどうするんだ？　パンは1個5セントだぞ。俺はザクロの木を植えるんだ。この国ではほとんど知られていないから，1個が10セント，15セント，おそらく20セントになる。いくつか他の種類の木を植えることも考えているよ」

「桃？　アプリコットはどう？　メキシコ人たちが苦労しないで水を見つけられるといいね。この土地の下に水はあるの？」

「もちろんさ。重要なのはまず始めることだ。こういう土地ではリンゴの木は育たんだろう」

「そうだね。どっちにしろ，僕はリンゴが好きじゃないから」

　おじさんが車を発進させ，私たちは乾燥した土地を後にして，乾燥した道路に向かった。車は道路に出るまでゆっくりと上下に揺れたが，出るやいなや，私たちは家に向かってずっと速いスピードで走り始めた。

例題6

次の英文の空所に入れるのに最も適当な語を，それぞれの①〜④から1つ選べ。

From a very early age, perhaps the age of five or six, I knew that when I grew up I should be a writer. Between the ages of about seventeen and twenty-four I tried to abandon this idea, but I did so with the consciousness that I was (1) my true nature and that sooner or later I should have to settle down and write books.

I was the middle child of three, but there was a gap of five years on either side, and I barely saw my father before I was eight. For this and other reasons I was somewhat lonely, and I soon developed (2) behavior which made me unpopular throughout my schooldays. I had the lonely child's habit of making up stories and holding conversations with (3) persons, and I think from the very start my literary ambitions were mixed up with the feeling of being isolated and (4). I knew that I had a facility with words and a power of facing unpleasant facts, and I felt that this created a sort of private world in which I could make up for my (5) in everyday life.

Nevertheless, the volume of serious writing which I produced all through my childhood and boyhood would not amount to half a dozen pages.

1　① satisfied　② offending　③ acting　④ pleased
2　① disagreeable　② agreeable　③ attractive
　　④ distinguished
3　① real　② actual　③ unimaginable　④ imaginary
4　① undervalued　② overvalued　③ valued equally
　　④ valued properly
5　① progress　② ability　③ success　④ failure

解答

1 ②　　2 ①　　3 ④　　4 ①　　5 ④

解説

1 「自分の本当の性質に背いているという意識」 offend「～に背く」
2 behaviorのあとの関係代名詞節に「不人気にした」とあるから否定的な形容詞を選ぶ。
3 「作り話をでっち上げたり，架空の人物と会話をしたりという孤独な子供の性癖」 imaginary「架空の，想像上の」
4 「孤立感と軽視されているという感情が混じり合ったもの」 undervalue「～を軽視する，～を過小評価する」
5 空所の前 make up for ～は「～の埋め合わせをする」の意だから，目的語は否定的な語になる。

全訳

　非常に幼い頃から，たぶん5歳か6歳の頃，私は大きくなったら作家になるのだとわかっていた。だいたい17歳から24歳くらいまでの頃，私はこの考えを捨てようとしたが，そうしながらも，自分は自分の本質に背いているし，いずれは落ち着いて本を書かざるを得なくなるだろうという意識は持っていた。

　私は3人きょうだいの真中だったが，どちらにも5歳の開きがあったし，8歳になる前はほとんど父親に会わなかった。このことやほかの理由で，私はいくぶん一人ぼっちだったし，まもなく学校時代を通して私を人気

のない者にした無愛想な行動が身についた。私は作り話をでっち上げたり，架空の人物と会話をするという孤独な子供の性癖を持っていた。そしてそもそも最初から私の文学の野心は孤立感と軽視されているという感情が混じり合っていたと思う。私は言葉の才があり，不愉快な事実に直面する力があるのは知っていたし，このことが毎日の生活での私の失敗の埋め合わせをすることのできる一種の私的な世界を創造したのだと思う。それにもかかわらず，幼少時代と少年時代を通して私が作り出したまじめな文章の量は6ページにもならないものだった。

例題7

次の各問いに答えよ。

問1　次に示されたA〜Cの各文を入れるのに最も適当な箇所を，下の文章中の①〜⑥のうちからそれぞれ1つずつ選べ。

A　Similarly, air does not conduct heat as well as water.

B　They, too, are poor conductors of heat and so a very good protection against cold.

C　This can be easily proved.

Some people wear a fur coat for warmth in winter, but few realize that the fur in itself is not really warm at all. In fact, it has the same temperature as its environment. It does not warm us but keeps us warm. The source of heat is our body, not the fur. Fur is specially suited to preserving body heat by preventing it from flowing off into the cold surroundings. In other words, fur does not let heat pass through it easily: it is a poor conductor of heat.

Different materials conduct heat differently. A frying pan with an iron handle soon gets too hot to be touched. This is because iron allows heat to pass through it very quickly. We prefer our frying pans to have wooden handles since wood is a poor heat conductor. (　①　) We would find a room of 22℃ quite comfortable even if we wore just a swimsuit, while bath water of the same temperature is unpleasantly cool. (　②　) The water takes heat from our warm body much more quickly than the air does.

Different parts of our body conduct heat differently. (③) An object that is too hot to be touched for more than a second with our hands or lips can be in contact with a fingernail for some time. That is because a fingernail is a poor conductor of heat and the heat only reaches the sensitive layer under the nail gradually. (④)

Hair and feathers consist of materials similar to nails. (⑤) In addition to this feature, they keep a layer of air underneath. So geese, hares, and even bears in Siberia do not need special winter coats. They have been given warm coats by Nature. (⑥) Humans, having only a very small amount of natural hair, have hunted birds and animals for their feathers and fur since ancient times, and we still use feather bedcovers and wool blankets.

問2　次に示されたA～Cの各文を入れるのに最も適当な箇所を，下の文章中の①～⑥のうちからそれぞれ1つずつ選べ。ただし，各段落に一文ずつ入れよ。

A　These activities do not teach them how to get along with others.

B　They need space, especially outdoors, so that they can run, jump, and yell.

C　It is very doubtful, however, whether any Japanese children get that much free time.

When we watch kittens and puppies playing, we realize that through play they are learning how to live. They learn various physical skills, such as how to jump over barriers without getting hurt. They also learn social interaction. For example, if a kitten bites his sister too hard, she will get angry and bite him back. These physical and social skills form part of the training that young animals need in order to grow up.

(①) Just as kittens and puppies learn about how to live through play, so do children. But in present-day Japan, especially in cities, there is not much space for children to play in. Children need to release their energy for their mental and physical health. (②)

Another point to consider is how much time children have to play. Some people say that four to five hours a day of playing outdoors with others is necessary, even for twelve-year-olds. (③) Concerned about their future in an increasingly competitive society, parents generally tell their children to study more ; very few would tell them to go out and play. (④)

What do these children do at home when they are not studying? They tend to spend time by themselves. They play video games or watch TV, for instance. (⑤) This can only be learned through playing with other children. They need to play without being told what to do by adults in order to learn about leadership and group harmony on their own. (⑥) Outdoor space is particularly suitable for this purpose. Children need a proper outdoor environment where they can freely spend their time playing with friends.

解 答
問1　A　①　　B　⑤　　C　③
問2　A　⑤　　B　②　　C　③

解 説

問1　まず全体の流れを把握する。第1段落では，毛皮が暖かいのは熱伝導率が低いからだということが述べられる。第2段落では，素材によって熱伝導率も異なることが述べられている。第3段落では，「体の部分によって熱伝導率が異なることが述べられている。最終段落では，毛や羽毛について述べられている。

　　Aの訳は「同様に，空気は水ほど熱を伝えない」である。「同様に」ということから前文に熱伝導率の低いものについて述べられている必要がある。素材によって熱伝導率が異なることが述べられているのは第2段落である。①か②に補う。①の前文には「木の方が熱は伝わりにくいので，木の柄のついたフライパンの方が好まれる」となってい

て，木は熱伝導率が小さいことが述べられているので，①のところに補えると見当がつく。①の後の文は「気温22度の部屋は快適だが，風呂の湯が同じ温度だと冷たくて入っていられない」と述べられ，「空気と水」の話になっているので，①のところに補うのが適切。

Bの訳は「それらもまた，熱を伝えにくいので寒さを防ぐのに非常によい」となる。They「それら」が指す複数名詞が前文にある必要がある。前文に複数名詞があるのは③，⑤，⑥の箇所である。③に入れるとTheyは体の部分を指し「寒さを防ぐのによい」との記述につながらない。⑥に入れるとTheyはガチョウ，ウサギ，シベリアのクマを指すことになり不自然。⑤ならHair and feathersをTheyが指すことになり，「熱を伝えにくい爪と同様の物質からできている」との前文とのつながりも自然だし，後の文の「この特徴に加え」のthis featureが「熱伝導率の低いこと」を指すことになる。⑤に補うのが適切。

Cの訳は「このことは簡単に確かめられる」となる。残る第3段落に入るが，Thisが指すものが前にあるか，「確かめる」方法が後に続いていることが必要。④に入れるとすると，段落末になり「確かめる」方法が述べられていないから不自然。③に入れるとThisが「私たちの体の部分によって熱の伝わり方が異なる」ことを指し，その確かめ方が次の文に「手や唇では1秒と触っていられないが，爪ならしばらくは触っていられる」と記述されている。③に補うのが適切。

問2　まず本文の流れを把握する。第1段落は動物の子どもは遊びを通して成長するための身体的技能や社会的機能を学ぶと話題を提供している。第2段落では人間の子どもも同じだが，そのための場所が日本の社会にはあまりないことが問題としてあげられる。第3段落では遊ぶ時間のことが問題になる。今日の日本の子どもには遊ぶ時間が少ない。最終段落では，家で勉強していない時子どもたちは何をしているかと言うと，ひとりでテレビゲームをしたり，テレビを見たりしていると，「子どもの活動」が述べられている。友だちといっしょに遊ぶ必要があり，そのために場所や時間が子どもたちには必要だと結論づけている。

Aの訳は「このような活動は他の子どもたちと仲良くやっていく方

法を教えてはくれない」となる。「このような活動」が指すものが前に
あることが必要になる。「子どもの活動」については最終段落に述べ
られている。⑤はその前文に「テレビゲームをしたりテレビを見たり
している」とある。それを「このような活動は」と受けて「他の子ども
たちと仲良くする方法を教えない」となり，話がつながる。⑤に補う
のが適切。

　Bの訳は「子どもには走ったり，跳ねたり，叫んだりするために，
とりわけ屋外の空間が必要だ」である。「場所」の問題は第2段落に述
べられているから，①か②のどちらかにこの文を補うのだと見当がつ
く。①は，その直後の文では「子猫子犬が遊びを通して生き方を学ぶ
のとちょうど同じように，人間の子どももそうだ」と述べられている。
この文の前に，人間の子どものことが述べられている文を補うのは適
切ではない。②に補うと，直前の文が「子どもたちは心身の健康のた
めにエネルギーを発散することが必要である」となっていて，その後
にエネルギーを発散する場所が述べられている文がくるのは話の流れ
として自然。②が適切である。

　Cの訳は「しかし，日本の子どもの中に，それだけ自由な時間があ
る子どもがいるのかどうかは非常に疑わしい」となる。「時間」の問題
は第3段落に述べられているので，③か④に入るはずである。「それ
だけの時間」と言っているので「それだけの時間」を表す語句がこの
文の前になくてはならないことになる。③の直前の文を見ると「外で
他の子どもたちと遊ぶ時間は，12歳の子どもでさえ1日4時間から5
時間必要だと言う人もいる」と述べられている。「1日4時間から5時間」
が「それだけの時間」になるので，③に入れるのが適切。

全訳

問1　冬に暖かさを求めて毛皮を着る人もいるが，毛皮そのものは実際に
　　は決して暖かくないことに気づいている人は少ない。実際，毛皮の温
　　度は周囲の温度と同じだ。毛皮は私たちを温めてくれるのでなく，暖
　　かくしてくれるのだ。熱源は私たちの体であって，毛皮ではない。毛
　　皮は体温が周囲の冷たい空気の中に流れ出ていくのを防いで熱を保つ
　　のに特に適している。言い換えれば，毛皮は熱を簡単には通さないの

だ。熱が伝わりにくいのだ。

　素材が異なれば，熱の伝わり方も異なる。柄が鉄のフライパンはすぐに熱くなって触れられなくなる。これは鉄が熱をすぐに伝えるからだ。木は熱を伝えにくいので，フライパンには木製の柄がついたものの方がいい。同様に，空気も水ほどには熱を伝えない。水着しか着ていなくても，気温22度の部屋は快適だが，一方風呂が同じ温度だと冷たくて不快である。水は空気よりもずっとすばやく体から熱を奪ってしまう。

　私たちの体も部分によって，熱の伝わり方が異なる。このことは簡単に確かめられる。手や唇では熱くて1秒も触っていられない物でも，指の爪なら少しの間触ることができる。それは爪が熱を伝えにくく，爪の下にある敏感な層に熱は徐々にしか伝わらないからである。

　髪の毛や羽毛も爪と同様の物質からできている。それらもまた，熱が伝わりにくく，それで寒さを防ぐのにとてもよい。この特徴に加えて，毛や羽毛は空気の層を作ってくれる。それで，ガチョウやウサギ，またシベリアのクマでさえ特別な冬用のコートは必要としない。彼らには自然が暖かいコートを与えている。人間は天然の毛がごく少量しかないので，羽毛や毛皮をとるために古代から鳥や動物を狩猟してきたのであり，今でも羽毛のベッドカバーやウールの毛布を使っているのである。

問2　子猫や子犬が遊んでいるのを見ると，遊びを通して生き方を学んでいるのがわかる。彼らは，けがをせずに障害物を飛び越える仕方といった，いろいろな身体的技能を身につける。また，社会的な相互関係も学ぶ。たとえば，子猫が自分の姉妹をあまりに強く嚙みすぎると，その姉妹は怒って嚙み返す。このような身体的，社会的技能は動物の子どもが成長するために必要な訓練の一部をなしている。

　子猫や子犬が遊びを通して生き方を学ぶのとちょうど同じように，人間の子どももそうしている。しかし，今日の日本には，特に都市部では，子どもが遊べるような場所がそんなにはない。子どもは心身の健康のためにエネルギーを発散する必要がある。子どもには走ったり，跳ねたり，叫んだりできるように，とりわけ屋外の空間が必要だ。

もうひとつ考慮すべき点は，遊びのためにどれだけの時間が子どもたちにはあるかという点だ。外で他の子どもたちと遊ぶ時間は，12歳の子どもでさえ1日4時間から5時間必要だと言う人もいる。しかし，日本の子どもの中に，それだけ自由な時間がある子どもがいるのかどうかは非常に疑わしい。ますます競争が激しくなっていく社会の中で，子どもたちの将来を心配して，一般に親たちは子どもたちにもっと勉強しなさいと言う。子どもに外に出て遊びなさいと言う親は非常に少ないだろう。

このような子どもたちが勉強していないときには家で何をしているのだろうか。子どもたちは一人で時間を過ごしがちだ。たとえば，テレビゲームをしたり，テレビを見たりしている。このような活動は，どのようにすれば他の子どもたちと仲良くやっていけるのかを教えてはくれない。このことは他の子どもたちと遊ぶことによってしか学ぶことができない。子ども自身でリーダーシップやグループの調和を学ぶためには，大人に何々をしなさいと言われずに遊ぶ必要がある。屋外の空間はこの目的のために特に適している。子どもたちには友だちと遊ぶ時間を思う存分に過せる適切な屋外の環境が必要なのだ。

例題8

次の英文は「橋の新材料」について述べたものである。(ア)〜(コ)に入れる最も適当なものを選択肢から選べ。

Every year hundreds of new bridges, large and small, are built around the world. Most of these bridges are made of wood, steel, concrete, or some combination of those three (ア). However, in the last few years bridges are being built using various kinds of plastics.

A new bridge in Klipphausen, Germany, is made entirely of glass-fiber reinforced plastic (GRP). It is just as (イ) as a concrete or steel bridge, but unlike those materials, GRP does not corrode and is not affected by frost or mold. Although it is more expensive than a conventional bridge of steel and concrete, it is expected to last much longer and to need less maintenance, so the town will save (ウ).

A bridge in New Jersey, U.S.A., is made of a new material blended from recycled polyethylene (エ) polystyrene. Polyethylene is a kind of plastic used for many containers, and many coffee cups, plates, bowls, and toys are made of polystyrene. Neither of these materials alone is strong enough to make a bridge, but the new material made from them is (オ) stronger. The new bridge is 14 meters long and can support a heavy fire truck. (カ) bridge will also be cheap and easy to maintain.

Another advantage of plastic bridges is that they can be (キ) and built much more quickly than conventional bridges. Specially-developed computer software can be used to design a plastic bridge that meets the needs of a specific site by modifying a standard basic design, in the way customers buy a new car by (ク) from a range of options and special equipment. Once the bridge's design is completed, the plastic parts can be manufactured in a week. These components are light in weight and easy to handle, so a small bridge can be installed by a two-man crew in a few (ケ).

Most of the plastic bridges built so far are comparatively small, built for pedestrians or light vehicle traffic. As the technology advances and the advantages of plastic bridges are recognized, however, there could be many large-scale highway and railroad bridges made of plastic in the (コ).

ア	1. across	2. bridges	3. construct
	4. drives	5. materials	6. weaker
イ	1. difficulty	2. environment	3. making
	4. river	5. strong	6. those
ウ	1. because	2. dangerous	3. money
	4. natural	5. plastics	6. technological
エ	1. about	2. and	3. develops
	4. expensive	5. trash	6. unused
オ	1. carries	2. completed	3. length

	4. much	5. trial	6. which
カ	1. Company	2. Engineering	3. Instead
	4. This	5. Train	6. Walk
キ	1. comparing	2. designed	3. destruction
	4. inside	5. only	6. tunnel
ク	1. actually	2. choosing	3. programmer
	4. salesman	5. shows	6. then
ケ	1. cooperates	2. efficient	3. hours
	4. machinery	5. skilled	6. travel
コ	1. above	2. apply	3. daily
	4. future	5. global	6. steel

解答

ア 5　イ 5　ウ 3　エ 2　オ 4

カ 4　キ 2　ク 2　ケ 3　コ 4

解説

ア 直前のthose threeが指しているのは木材・鋼鉄・コンクリートのことである。これらを総称する名詞として適切なのは，5のmaterials(物質，材料)。

イ asとasの間にくる語なので，形容詞か副詞を選ぶ。選択肢の中で該当するのは，5のstrongだけである。

ウ 「(GRPの橋は)ずっと長持ちし，保守管理もより少ない費用で済むことが期待されている」という内容を受けて，「それで町は～を節約するだろう」と続く。～には名詞がくると考えられるので，3のmoneyが適切。save moneyで「貯金する，コストを削減する」の意味。

エ 前後にポリエチレン・ポリスチレンという同種類の名詞が並列に置かれていることから判断する。常識的に考えて，2の接続詞andが入る。

オ 前半の文で，「これらの材料のどちらも，単独では橋を造れるだけの強度はない」と述べたあと，「しかしそれらからできた新材料は～」と続く。よって，直後の比較級strongerを強調する副詞，4のmuchが適切。

カ　直後の名詞 bridge は既出の語で，文脈から考えても，プラスチック
の新材料で造られた橋を指している。よって，4の This を入れる。

キ　can be … built から，受動態の文だとわかる。よって，動詞の過去
分詞形が入るので，2の designed を選ぶ。

ク　主文の「標準となる基本設計を一部修正することで，具体的な場所
の要求に見合うプラスチック製の橋を設計する」という部分がヒントに
なる。〈by＋動名詞〉の形になるように，動詞の〜ing 形，2の choosing
を選ぶ。

ケ　前で by a two-man crew「2人組の班によって」と，作業員の人数
に言及していることから考える。in a few 〜という言い回しは時間で
使われることが多いので，時間に関係する名詞の複数形が入ると予想
できる。よって，3の hours を選ぶ。

コ　これまでに建設されたプラスチック製の橋について，現状の説明が
なされたあとなので，今後の展望についてのコメントが続くものと思
われる。in the と結びついて連語を作ることができる，4の future が適
切。

全訳

　毎年，何百もの橋が，大きいものから小さいものまで，世界中で建設
されている。これらの橋の大部分は木材，鋼鉄，コンクリート，あるい
はそれら3種類の材料の組み合わせでできている。しかしながら，ここ
数年，橋は様々な種類のプラスチックを使って建設されている。

　ドイツ，クリップハウゼンの新しい橋は，グラスファイバー強化プラ
スチック (GRP)100％でできている。それはコンクリート製あるいは鋼鉄
製の橋と同じ強度があるが，それらの材料とは違って，GRP は腐食せず，
霜やカビの影響を受けない。それは従来の鋼鉄やコンクリートの橋より
も費用がかさむとはいえ，耐久性のさらなる向上と維持費の節約が期待
されるので，町はコストを削減できるだろう。

　アメリカ合衆国，ニュージャージー州の橋は，再生利用したポリエチ
レンとポリスチレンの新しい合成物質でできている。ポリエチレンは多
くの容器に使われるプラスチックの一種であり，コーヒーカップ，皿，
ボウル，それにおもちゃなどは，多くがポリスチレンで作られる。これ

らの材料のどちらも，単独では橋を造れるだけの強度はないが，それら2つからできた新材料はずっと強度が増している。その新しい橋は長さが14メートルあり，重い消防車を支えることができる。この橋はまた，保守管理するのが安価で容易でもある。

　プラスチック製の橋のもう1つの利点は，従来の橋よりも設計と建設がずっと短期間で可能だということである。特別に開発したコンピュータ・ソフトウェアを使用することで，ちょうど消費者が様々なオプションや特別装備を選択して新車を買うように，標準的基本設計を修正することにより，特定の設置場所の必要性に適合するプラスチック製の橋を設計することができる。ひとたび橋の設計が完了すれば，プラスチック部品は1週間で製造できる。これらの製造部品は重量が軽く，取り扱いが容易なので，小さい橋なら2人の作業員によって数時間で設置が可能である。

　これまでに建設されたプラスチック製の橋の大部分は，比較的小さく，歩行者または軽自動車の通行用に造られたものである。しかしながら，技術が進歩してプラスチック製の橋の利点が認められるようになれば，将来は多くの大規模な高速道路や鉄道の橋がプラスチックで造られるようになるだろう。

例題9

次の英文を読んで，あとの問いに答えよ。

　Learning to spell is part of learning a language. Correct spelling helps writers to be precise so that they are correctly understood. If spelling is poor, readers may misunderstand, or they may decide a writer is not worth(①). Poor spelling (②) to poor pronunciation and to the misuse of language. Since language is one of the forces that hold society together and make civilization possible, its misuse can have serious consequences.

　English spelling is admittedly difficult to learn. There are several reasons for this. English has borrowed words (③) from other languages, and it has borrowed the Roman alphabet, which is not even large enough to accommodate the sounds of the Latin language. This alphabet is much less suited to represent all the sounds of the English language. If the English language had exactly 26 sounds, (④) for each letter of the alphabet, there would be no spelling problems. A speller would merely learn the 26 letters and the sound each letter represents.

In fact, the English language has about 44 major sounds. Letters do not always sound the same, even when they are used in words that appear similar. The verb forms choose and chose differ in two obvious ways : one is present tense and the other is past tense. The o sounds also differ between them. Other words sound the same, though they are spelled differently. Someone (⑤) the words sealing and ceiling cannot know which word is meant except by its context in a sentence or paragraph. Words that sound alike but are spelled differently are called homophones (from the Greek meaning "same sound"). Common examples are to, two, and too; seem and seam; and plane and (A).

Words borrowed from other languages can cause spelling problems. They may also be caused by the way some words were pronounced long ago. Climb and thumb are examples. In past centuries speakers of English sounded the final b in these words. People no longer pronounce climb and thumb (⑥), but the speller still must remember to write the final b. The same is true of the k in knife, the l in half, and the w in (B). Once these letters stood for definite sounds. They no longer (⑦), but they remain part of the spelling.

A chief reason for the inconsistency between sound and appearance of some words is the conservative nature of writing as opposed to speaking. Kite, for example, once had an e sound at the end. In time the sound was dropped, but it persisted in writing − which is much (⑧) to change than the spoken language.

The nonphonetic character (the difference between sounds and spellings) of many words can cause numerous difficulties for people trying to learn English. Different combinations of letters are often used to make the same sound. For example, the sh sound of English, can be made in at least 16 other ways : pronunciation, conscious, extension, pressure and so on. (⑨) these problems, English spelling − especially in the United States − still makes sense most of the time. An f sound is almost always spelled with an f, as in fun or cliff. The major exception occurs with the ph for f in words derived from Greek, such as photograph, phrase, and philosophy. Occasionally the f sound uses a gh, as in tough, rough, or (C). Fewer problems arise with consonants that sound alike under some circumstances. For example, c, k, and qu can all have the same hard k sound, depending on the word. But a c can also have a soft sound like an s, in other words, for example, ceiling, cease, century, and (D).

All the inconsistencies of the English language show that no simple rules can teach a person how to spell. In any event, there seems to be no best way to master English spelling (⑩) to get accustomed to using English mainly by reading and writing as many English passages as you can.

(1) ①〜⑩の空所に最も適する語句を，それぞれ次から選んで記号で答えよ。

① ア．while reading　イ．reading　ウ．to read　エ．read
② ア．comes　イ．goes　ウ．falls　エ．leads
③ ア．perfectly　イ．doubtfully　ウ．extensively
　　エ．exclusively
④ ア．one　イ．that　ウ．ones　エ．those
⑤ ア．hearing　イ．reading　ウ．writing
　　エ．speaking
⑥ ア．such a way　イ．that way　ウ．such way
　　エ．the way
⑦ ア．have done　イ．do　ウ．had done　エ．did
⑧ ア．earlier　イ．later　ウ．faster

エ．slower

⑨　ア．For the sake of　イ．Owing to　ウ．Without
　　エ．With all

⑩　ア．due　　　　　　イ．as　　　　　ウ．but　　　　エ．so

(2)　文脈から判断して，最も適当な英単語を1語ずつ，下線部(　A　)～
(　D 　)に入れよ。

【解答】

(1)　①　イ　　②　エ　　③　ウ　　④　ア　　⑤　ア　　⑥　イ
　　⑦　イ　　⑧　エ　　⑨　エ　　⑩　ウ

(2)　A　plain　　B　(例) write　　C　(例) laugh
　　D　(例) certain

【解説】

(1)　①　S is worth ～ingで「Sは～する価値がある」の意味。アはIt is
　　worth while ～ingの構文でなければ使えない。

　　②　lead to「～を引き起こす」

　　③　extensively「広範囲に」，exclusively「もっぱら，独占的に」

　　④　英語のアルファベットは26文字なので，「1文字に対して一つの
　　音」とする。one = a sound

　　⑤　sealingとceilingは同音なので，文脈がないとsomeone hearing
　　(聞いた人)はどちらかわからない。

　　⑥　that way「そのように」

　　⑦　no longer「もはや～ない」，do = stand for (definite sounds)

　　⑧　slower to change「変化するのがより遅い」

　　⑨　with all ～で「～がありながら」という譲歩の意味。for the
　　sake of「～のために」

　　⑩　but「～以外に」

(2)　A　planeの同音異義語はplain「明白な」

　　B　wを発音しない単語を入れる。

　　C　ghをfと発音する単語を入れる。

　　D　cをsと発音する単語を入れる。

全訳

　つづりを習うことは，言語を学ぶことの一部である。著者が正しく理解してもらうために厳密さを期すなら，正しくつづることが役立つ。つづりが不正確であると，読者は誤解したり，読むに値しない著者であると決めつけるかもしれない。不正確なつづりは，発音の間違いと言語の誤用につながる。言語は社会の結束を強め，文化を発展させる力の一つなので，その誤用は重大な結果をもたらすかもしれない。

　英語のつづりは確かに学ぶのがむずかしい。これにはいくつかの理由がある。英語は他の言語から広範囲に単語を借用した。そして古代ローマのアルファベットを借用したのだが，ラテン語の音すべてに対応させるには数が不十分だった。このアルファベットはまた，英語のすべての音を表すことにもまったく適していなかった。もし英語に26音しかなかったら，アルファベット1文字に1音ということで，つづりの問題は起きなかっただろう。書き手は26文字と，各文字が表す音だけ覚えればよかったからだ。

　実際には，英語には約44個の主要な音がある。文字は，よく似ている単語の中で使われても，必ずしも同じ音を表すわけではない。動詞 choose と chose は，2つの点で明らかに違う。片方は現在形で，他方は過去形である。そして o の発音が違う。つづりが違うが，発音は同じという単語もある。sealing と ceiling という単語を聞いた人は，文や段落の中での文脈がないと，どちらの意味かはっきりとわからない。音が同じでつづりが違う単語は，同音異義語 homophone(ギリシア語の「同音」の意味からくる)と呼ばれる。簡単な例は，to と two と too，seem と seam，plane と plain である。

　他の言語から借りた単語にはつづりの問題が起こりがちだ。また，昔の発音の仕方から問題が起こることもある。climb と thumb がその例だ。数世紀前の英語の話者は，これらの単語の最後の b を発音していた。今の人たちはもう climb と thumb をそのように発音しないが，書くときは最後の b を忘れてはならない。同じことが，knife の k，half の l，write の w にも言える。かつてはこれらの文字が一定の音を表していたのだ。もはやそうではないが，つづりの一部に残ったままである。

　単語に音と形の不整合が起こる主たる原因は，話すことに比して，書くことのほうが保守的であるからだ。例えば，kiteには最後のeの音があった。やがてその音が落ちてしまったが，書き続けられた。書き言葉は，話し言葉よりもはるかに変化が遅い。

　多くの単語の非表音的特徴(音とつづりが違うこと)が，人々が英語を学ぼうとする上でのさまざまな困難をもたらしている。異なる文字の組み合わせが，同じ音に対して用いられていることもある。例えば，shockやEnglishのshの音が，pronunciation, conscious, extension, pressureなどのように，少なくとも16のほかのつづりでも表せる。これらの問題があっても，英語のつづりは，特にアメリカ合衆国では，たいていは規則通りである。funやcliffのように，fの音はたいていfのつづりである。大きな例外は，photograph, phrase, philosophyのような，ギリシア語から由来した単語で，fの音をphで表す場合である。時には，tough, rough, laughのように，ghでfの音を表すこともある。ある条件のもとで同じ音を表す子音については，ほとんど問題がない。例えば，cやkやquは，単語によって同じ硬音のkの音になる。しかしcは他のceiling, cease, century, certainなどの単語では，sのような軟音になる。

　英語の矛盾をすべて考慮すれば，つづりを教えることができる簡単な規則はないということがわかる。とにかく，もっぱら，できるだけたくさんの英語の文章を読んだり書いたりして，英語を使うことに慣れる以外には，英語のつづりを修得するための最上の方法はないようだ。

長文読解 下線部問題型

例題 1

次の英文を読んで，問いに答えよ。

　In Japan, one is expected to be exceedingly modest, to put oneself back and the others forward, to be nothing more than a humble servant of the company or state, a modest member of the community, no matter how important one is. As we shall see, the language makes it almost impossible for a person to speak up and society makes it hard for one to stand out. Yet, even in Japan, no matter how humble, self-effacing or insignificant, the individual human being is always the basic building block for any social unit. (1) This fact may have been ignored in the centuries of relatively stable and fixed social relations, but it can only be neglected with some peril in times of more rapid change.

　During the Tokugawa period which lasted almost three centuries, a very comprehensive system was imposed, based on Confucian concepts mixed with some native traditions, (2) [in / to / place / put / his / individual / each]. There were ranks and classes, starting with the exalted but powerless position of the emperor, the *shogun* as the real power in the land, down to the lords, the *samurai*, peasants, artisans, merchants, and outcastes. Each one of them had definite obligations toward their superiors and expected certain duties from their inferiors. Within each family, the father was the family head, with the oldest son as second-in-command, then the other sons, and the wife, followed by any daughters, under them. The Meiji Restoration was bound to change the ranking somewhat in that the emperor was elevated to a higher position in real terms (although others acted and often decided on his behalf), the *shogun* was removed as such, and all the other classes were lowered ---or raised --- to the same level. The lords and samurai were stripped of their fiefs and authority, although they retained some land or got a stipend, and the merchants were enabled to rise faster than before. Throughout the nation, the family group or ie remained an organized and recognized institution responsible for one another's behavior and welfare. All were, of course, humble servants of the nation and the emperor.

The social structure of the Meiji era, reinforced by many elements of the Tokugawa period which had never been thrown off or quietly returned, placed powerful bonds on all the people. Of course, the rise of new economic functions, relations, and classes jostled about the rules and people a bit. The introduction of foreign philosophies and ideologies made the framework look a bit old-fashioned to some. And (3) urbanization, in which the younger sons often left the family physically, were freed of its constraints, and developed a new life style in the cities bearing little comparison to the rural one, further weakened it. Still, even well into the twentieth century, the system held.

This system consisted very largely of obligations there was little chance of shirking or evading. Rights, if any, were seen in relation to obligations as a lack of obligations to someone or an obligation someone else owed you. Even pleasure, in many ways, was nothing more than satisfaction for having met an obligation although the act of (4) doing so may have been quite painful. (中略) Yet, try as one might, it was impossible to escape the cycle of receiving and returning on (obligation).

With defeat in World War II, there was (5) a revulsion. The system had led the nation into a disaster, many of its elements from the emperor on down to the family system were challenged. Relations between the components, between parents and children, superiors and inferiors, men and women, management and labor, state and citizens, were questioned. More important was that the generation that grew

213

up during the war had only been partly educated in the (A) ways, and the postwar generations knew exceedingly little of them. On the whole, their feelings were negative, rejecting the (A) system as feudalistic, backward or old-fashioned. In particular, the (A) rules were too strict and harsh for a more modern and fast moving society. Thus, referring to the old code, so well described in Ruth Benedict's *The Chrysanthemum and the Sword* and still seen as the key to unlock the mysteries of Japan, was not very helpful and perhaps misleading. The old precepts still applied for some of the older people, especially in (B) areas, but it was useless as a means of understanding the young urbanites even if some remnants and similarities appeared on the surface.

(from "JAPAN The Coming Social Crisis" by Jon Woronoff)

問1　下線部(1)の内容を日本語で説明せよ。

問2　下線部(2)の[　]内の語句を文脈上意味が通じるように並びかえよ。

問3　下線部(3)を，文末のitが指すものを明らかにして，和訳せよ。

問4　下線部(4)の指す内容を10字以内の日本語で答えよ。

問5　下線部(5)の内容を具体的に日本語で説明せよ。

問6　(A), (B)に入る最も適切な英語1語を，それぞれ英文から抜き出して答えよ。

解答

問1　1人ひとりの個人がいつもあらゆる社会の基本的な構成単位であるという事実。　問2　to put each individual in his place　問3　都市化で，長男以外の息子たちは物理的に家を離れ，その束縛から解放され，都市部で田舎とはほとんど似ていない新しい生き方をしたのだが，そのことでその枠組みはさらに弱まった。　問4　義務を果たすこと(8字)

問5　人々は，明治の社会制度のせいで国が災難に陥ったと考え，天皇制から家族制度にいたる要素の多くを疑ったということ。

問6　A old　B rural

解説

問1　比較的安定していて，一定の人間関係を築いていく中で無視されてきたものがthis factであり，直前のthe individual〜social unitが表す内容を指す。

問2　下線部を含む文の主語はa very comprehensive system, 動詞はwas imposedで，文として成立している。よって「個々をその身分の中に置くために」(個々に身分を割り当てるために)と考えて語を並べる。

問3　文全体の主語はurbanization「都市化」, 動詞はwere freedとdeveloped, weakenedである。in whichからphysicallyはurbanizationを先行詞とする関係代名詞節である。oneはa new life styleを指す。be freed fromは「〜から逃れる，〜から解放される」, bear comparisonは「匹敵する，似ている」という意味。文末のitは下線部の直前のthe framework「枠組み」を指し，さらにこれを具体的に言うと，同段落の1文目のthe social structure of the Meiji era「明治時代の社会構造」のことを述べている。

問4　「そうするという行為がかなり苦しいことだったことかもしれないが」。直前のhaving met an obligationを指す。met an obligationで「義務を果たす」という意味。

問5　revulsionは「反感，嫌悪」という意味で，その具体的内容が直後に書かれているので，これをまとめる。disasterの直後のカンマはandの役割を果たしており，文と文をつないでいる。

問6　2つめ目の空所Aを見る。戦後の世代の人達が，封建的，あるいは時代遅れだとして拒絶するものは「古い」規則だと考える。空所Bを含む文のthe old perceptsはthe old rulesの言い換え表現である。それが特にどこの地域にいる年配の人に当てはまるのか考える。空所Bに続く文中にurbanites「都市住民」とあることから，「田舎の，地方の」年配者であるとわかる。

例題2

Read the following passage and answer the questions below.

I fear we've become (1)【 　　 】to bad news about wildlife and we risk sleepwalking into a mass extinction. Wake up, says *Chris

Packham.

(2) To my shame, I've not been minding my language. I just said to someone that "we've lost 97 per cent of our flower-rich meadows since the 1930s". During this year's Springwatch series on BBC television, I heard myself saying "we've lost 86 per cent of the *corn bunting population". On another occasion, I spoke of "a loss of 97 per cent of our hedgehogs".

Loss, lost... as though this habitat and these species have just disappeared into the *ether, been misplaced or accidentally vanished. They haven't — they have been *ploughed up, they are dead or they don't exist. Destroyed is the word I should have been using. (3) So why wasn't I?

My language is symptomatic of a chronic acceptance of appalling catastrophes. (4) Repeated mention has normalised such figures.

We conservationists *bandy the statistics around to the extent that they have lost meaning. We have forgotten that they are a death toll, the dwindling voice of the vanished millions, a tragic echo of (5) a time of plentiful life.

I have now woken from my statistical *stupor and am staring into the face of mass extinction. My plan? To give my colleagues a shake and then, more politely, point out this *predicament to the British public, whose lives are so *denuded of wildlife that they have forgotten it was ever there.

In truth, it doesn't surprise me. Our record on prevention is poor — we respond better to catastrophes, after which we can *instigate cures. But if these figures aren't enough, what will it take before we act? Do we have to wait for the first spring without a cuckoo or the first summer without a swallow?

We could fix this mess. We have the tools in the conservation box, we know why our countryside is going to ruin, but we are shying away from seeing (6) the bigger picture, distracting ourselves with piecemeal projects that work, but are too small to stop the rot. Another successful dormouse reintroduction is great, but it's not going to help redress the wholesale destruction of our landscape by intensive farming.

There, I've said it, I've had the temerity to point out (7) the great big bag of pesticides in the room. I've summoned (8) the nerve to confront the sanctity of farming, to criticise the system that feeds us, a system dependent on poisons and practices that are destroying our wildlife and countryside. And so ultimately could destroy us.

So what do you want to do?　Carry on musing about the stats, mumbling about "loss" or stand up and say enough is enough?　If you would like your kids to ever hear a nightingale I suggest you get your boots on and pack some sarnies. Your wildlife needs you more than ever.

Adapted from [*New Scientist* 2018 July 14]

*Chris Packham ＝英国の環境保護論者，キャスター
*corn bunting ＝ハタホオジロ(鳥)　　*ether ＝天空
*plough ＝ plow　　*bandy around ＝いいかげんに扱う
*stupor ＝トランス状態　　*predicament ＝困難な状況
*denude ＝〜を除去する　　*instigate ＝〜を着手する

1　Choose the most appropriate word for the underlined part (1), according to the context. Answer (A)〜(D).
(A) responsible　(B) frightened　(C) numb
(D) sensitive

2　Put the underlined part(2) into Japanese.

3　Provide the implied phrase which is omitted after "I" in the underlined part(3), not using pronoun.

4　Explain the meaning of the underlined part(4), giving one concrete example of "such figures." Answer in Japanese.

5　Explain what the underlined part(5) refers to. Answer in Japanese.

6　Choose one that the underlined part(6) includes. Answer (A)〜(D).
(A) piecemeal projects　　(B) dormouse reintroduction

(C) wholesale destruction   (D) intensive farming

7 The underlined part(7) is a metaphor of some situation. Choose the most appropriate one as an explanation of the underlined part(7), from the choices below and answer (A)～(D).

(A) We, human beings, have used a lot of chemical used for killing insects in a house.

(B) So much wildlife has been extinct on account of the use of chemical for eliminating wildlife.

(C) We people have used a great big bag to put a lot of chemical for wiping out wildlife.

(D) The use of a lot of chemicals to kill insects represents the mass extinction of wildlife.

8 From the passage, find and write the words that have the same meaning as the underlined part(8).

解答

1 (C)　　2 恥ずかしいことに，私は今までずっと自分の使っていた言葉を気にしてこなかった。　3 using (the word) destroyed　　4 繰り返し述べてきたために，ある種の個体数はその97％が失われたといった数字が正常化されてしまった。　5 これまでに絶滅した生物(動物)たちが豊富に生きていた時代。　　6 (C)　　7 (D)　　8 the temerity

解説

1 第1段落2文目のWake up「目を覚ませ」に注目する。「私たちは悪いニュースに対し(思考回路が)(～した)」と考えられるので, numb「麻痺した」が適切。

2 to one's shameは「～にとって恥ずかしいことに」という意味。have been doingは現在完了進行形で継続の意味を表す。「(過去のある時から今に至るまで)ずっと～している」を表す。

3 下線部(3)の直前に「destroyedは私が使っているべきだった単語だ」とあり，それを受けて「なぜdestroyedという単語を使っていなかったのだろう」と続くと考える。

4 第1段落で自分たちが悪いニュースに麻痺していると述べ，第2段落

で具体的な数字とともに3つの悪いニュースを挙げている。その1つを使って説明するとよい。

5 第1段落の「私たちは野生生物に関する悪いニュースに麻痺して，夢遊病者のように大量絶滅へと歩んでいく危険性がある」という内容を受けて，第5段落で「私たち自然保護活動家たちは，危険な兆候を示す統計データ(の数字)をいい加減に扱い，〜これまでに野生生物たちが豊富に生きていた時代の悲劇的な繰り返し，つまり現存する野生生物も，過去に絶滅してしまった生物たちと同じように絶滅してしまう」と述べている。

6 big pictureは「全体像」という意味。下線を含む文は「より大きな全体像(bigger picture)を見ることを避けて，小さなプロジェクト(piecemeal projects)がうまくいくことで気を紛らわすが，規模が小さすぎて悪化を止めることができない」。続く文では「絶滅危惧種を人工飼育して自然にかえすようなプロジェクトは素晴らしいが，それは小規模すぎて，集約農業による自然環境の大規模な破壊を改善することには役立たないだろう」と述べている。ここから，「より大きな全体像」とは(C)の「大規模な破壊」のことだとわかる。

7 下線部を含む文は「私は向こう見ずにも部屋にある殺虫剤の入った巨大なバッグを指摘してきた」という意味。この暗喩の説明として，直後の文で「私は勇気を奮い起こして，農業という聖域に立ち向かい，私たちに食料を供給するシステム，有毒物質(殺虫剤を含む農薬)や野生生物や田園を破壊する慣行に頼るシステムを批判してきた」と述べている。これと同じ内容は，(D)「昆虫を殺す多くの化学物質を使用することは野生生物の大量絶滅を意味する」となる。

8 nerve to doで「〜する勇気[度胸，ずぶとさ]」なので，第9段落1文目のtemerity「向こう見ず」がほぼ同じ意味。

例題3

次の英文を読んで，問いに答えよ。

Last night was the last game for my eight-year-old son's soccer team. It was almost the end of the game. The score was two to one ;

my son's team was in the lead. Parents sat all around the field, offering encouragement.

With less than ten seconds (ア)remaining, the ball rolled in front of my son's teammate, Mikey O'Donnel. (A)With shouts of "Kick it!" echoing across the field, Mikey kicked it with everything he had. All around me the crowd shouted. O'Donnel had scored!

Then there was silence. Mikey had scored all right, but in the wrong goal, ending the game in a tie. For a moment it was totally quiet. You see, Mikey has Down's syndrome, a disease of the brain. Mikey's brain worked like that of a three-year-old child, not an eight-year-old boy. So, for him there is no such thing as a wrong goal. All goals were celebrated by a joyous hug from Mikey. He had even been known to hug the opposing players when they scored. He did not realize that he had given the other team a point.

The silence was finally broken when Mikey, his face filled with joy, (イ)grabbed my son, hugged him and (ウ)yelled, "I scored! I scored! Everybody won! Everybody won!" (B)For a moment I held my breath; I was not sure how my son would react. I need not have worried. I watched, through tears, as my son (エ)threw up his hand in a friendly wave and started shouting, "Good shot, Mikey! Good shot, Mikey!" Within moments both teams surrounded Mikey, joining in the cheer and congratulating him on his goal.

Later that night, when my daughter asked who had won, I smiled as I replied, "It was a tie. Everybody won."

問1 下線部(ア)～(エ)の意味に最も近いものを(1)～(4)から1つ選べ。

(ア) remaining (1) left (2) keeping (3) reminded
(4) resting

(イ) grabbed (1) found (2) praised (3) held
(4) apologized to

(ウ) yelled (1) applauded (2) shouted
(3) complained (4) whispered

（エ）　threw up　　(1)　displayed　　(2)　lifted　　(3)　struck
　　　　　　　　　　(4)　hit

問2　下線部(A)の意味として最も適当なものを(1)～(4)から1つ選べ。

(1)　「キックするぞ！」と競技場中に響く声で叫びながら

(2)　「キックするぞ！」と叫びながら競技場を横切って

(3)　競技場の向こう側で「キックしろ！」という叫び声があがったので

(4)　「キックしろ！」という叫び声が競技場中に響くなか

問3　次の(ア)～(オ)の質問の答えとして最も適当なものを(1)～(4)から
　　1つ選べ。

（ア）　With which of the following scores did the game end?

　　(1)　2 to 1　　(2)　2 to 2　　(3)　3 to 1　　(4)　3 to 3

（イ）　What was wrong with Mikey's goal?

　　(1)　He accidentally kicked his teammate.

　　(2)　He ran off the field.

　　(3)　He made a shot into the wrong goal.

　　(4)　He used his hand to make a shot.

（ウ）　Why was Mikey excited with joy after the goal?

　　(1)　Because he was embarrassed at his goal.

　　(2)　Because he realized his fault.

　　(3)　Because he thought he scored.

　　(4)　Because the spectators were shouting in excitement.

（エ）　What was the author's son's reaction to Mikey?

　　(1)　He blamed Mikey for his goal.

　　(2)　He forgot himself for a moment.

　　(3)　He guided Mikey across the way from the stadium.

　　(4)　He celebrated Mikey's goal.

（オ）　In response to his daughter's question, the author said,
　　　"Everybody won." What does his statement imply?

　　(1)　Mikey was trying to help, the other team feel better, so he
　　　let them win too.

　　(2)　Everyone gained something in the game and no one lost.

(3)　He was confused trying to remember the score of the game.

(4)　He couldn't tell the truth to his daughter because his son was so disappointed at the game

問4　下線部(B)について，著者がなぜこのような反応をしたのか，その理由として最も適当なものを(1)〜(4)から1つ選べ。

(1)　息子のチームメートが勘違いをしているのを見て，恥ずかしく思ったから。

(2)　息子がチームメートを非難するような態度をとるのではないかと思ったから。

(3)　息子が泣いていることに気がついたから。

(4)　息子が試合を放棄してしまうのではないかと思ったから。

解答

問1　(ア)(1)　　(イ)(3)　　(ウ)(2)　　(エ)(2)　　問2　(4)

問3　(ア)(2)　　(イ)(3)　　(ウ)(3)　　(エ)(4)　　(オ)(2)

問4　(2)

解説

問1　(ア)　〈with＋名詞＋過去分詞〉の形で「…が〜された状態で」の意味。過去分詞left「…が残された状態で」とほぼ同じ意味を表す。

　　　(イ)　grabbedはgrab「〜をつかみとる，ひっつかむ」の過去形。hold「〜を抱きしめる，拘束する」の過去形heldがほぼ同じ意味。

　　　(ウ)　yelledはyell「鋭く叫ぶ，怒鳴る」の過去形。似た意味の動詞はshout(叫ぶ)の過去形shouted。

　　　(エ)　threw upはthrow up「〜を放り上げる，断念する」の過去形。近い意味の動詞はlift(〜を持ち上げる，高める)の過去形lifted。

問2　付帯状況を表すwithの用法。

問3　(ア)　「次のスコアのうち，どれで試合は終わりましたか」
　　　　　「2対2」のタイで終わったのは，第1〜第3段落からわかる。

　　　(イ)　「マイキーのゴールのどこが悪かったのですか」

(3)「彼は自陣のゴールにシュートした」が正解。

（ウ）「マイキーはなぜゴールのあとで喜びのあまり興奮したのですか」

(3)「彼は自分が得点したと思ったから」が正解。

（エ）「著者の息子のマイキーに対する反応はどうでしたか」

(4)「彼はマイキーのゴールを祝福した」が正解。

（オ）「著者は娘の質問に対して、『みんなが勝った』と答えました。彼の発言は何を暗示していますか」

(2)「みんながその試合で何かを得て、だれも負けなかった」が正解。

問4　あとに続く「息子がどんな反応をするか私にはわからなかった」から、オウンゴールを決めたマイキーに対して息子が非難するような態度をとるのではと一瞬心配したことがわかる。

全訳

　昨夜は8歳の息子が所属するサッカーチームの最後の試合だった。試合はもう少しで終わるところだった。スコアは2対1で、息子のチームはリードしていた。親たちは声援を送りながら、競技場の四方八方に座っていた。

　試合終了まで10秒未満のところで、ボールが息子のチームメート、マイキー・オドネルの前に転がった。「キックしろ！」という叫び声が競技場全体に響きわたるなか、マイキーは持てるすべてを使ってボールをキックした。私の周りじゅうで観衆が大声を上げていた。オドネルが得点した！

　それから沈黙があった。マイキーは確かに得点したのだが、間違ったゴールであり、試合を同点に終わらせてしまったのだ。一瞬、全体が静かになった。おわかりだろうか、マイキーは脳疾患であるダウン症候群を患っているのだ。マイキーの脳の働きは3歳児のようであり、8歳の少年のそれとは違った。だから、彼にとっては間違ったゴールなんて存在しないのだ。ゴールはすべて、マイキーから喜びに満ちた抱擁で祝福されるものだった。彼は得点した相手選手でさえ抱擁することが知られていた。彼は相手チームに点を与えたことがわからなかった。

　沈黙がついに破られたのは、満面の笑みを浮かべたマイキーが息子をつかんで抱擁し、「ぼく、得点したよ！　ぼく、ゴールしたよ！　みん

223

な勝った！　みんな勝ったんだよ！」と大声で叫んだときだった。一瞬，私は息を止めた。息子がどんな反応をするか私にはわからなかったからだ。心配する必要はなかった。私は涙ながらに見たのだ。息子は親しげに手を振り，「すごいシュートだよ，マイキー！　すごいシュートだったね，マイキー！」と叫び始めたのだから。あっという間に両チームがマイキーを取り囲み，歓声に加わって彼のゴールを祝福した。

　その夜遅く，娘がどっちが勝ったのかたずねたとき，私は「同点だった。みんなが勝ったんだ」と答えながらほほえんだ。

例題4

次の英文を読んで，あとの問いに答えよ。

　As he was choosing which of these things to make it, still working his fingers in the water, they curled round something hard － a full drop of solid matter － and gradually dislodged a large irregular lump, and brought it to the surface. When the sand coating was wiped off, a green tint appeared. It was a lump of glass, so thick as to be almost opaque; the smoothing of the sea had completely worn off any edge or shape, so that it was impossible to say whether it had been bottle, tumbler or window-pane; it was nothing but glass; it was almost a precious stone. You had only to enclose it in a rim of gold, or pierce it with a wire, and it became a jewel; part of a necklace, or a dull, green light upon a finger. Perhaps after all it was really a gem; something worn by a dark Princess trailing her finger in the water as she sat in the stern of the boat and listened to the slaves singing as they rowed her across the Bay. Or the oak sides of a sunk Elizabethan treasure-chest had split apart, and, rolled over and over, over and over, its emeralds had come at last to shore. John turned it in his hands; he held it to the light; he held it so that its irregular mass blotted out the body and extended right arm of his friend. The green thinned and thickened slightly as it was held against the sky or against the body. It pleased him; it puzzled him; it was so hard, so concentrated, so definite an object compared with the vague sea and the hazy shore.

Now ①a sigh disturbed him — profound, final, making him aware
that his friend Charles had thrown all the flat stones within reach, or
had come to the conclusion that it was not worth while to throw
them. [A] They ate their sandwiches side by side. When they had
done, and were shaking themselves and rising to their feet, John took
the lump of glass and looked at it in silence. Charles looked at it too.
But he saw immediately that it was not flat, and filling his pipe he said
with the energy that dismisses a foolish strain of thought,

"To return to what I was saying — "

He did not see, or if he had seen would hardly have noticed, that
John after looking at the lump for a moment, as if in hesitation, slipped
it inside his pocket. ②That impulse, too, may have been the impulse
which leads a child to pick up one pebble on a path strewn with them,
promising it a life of warmth and security upon the nursery
mantelpiece, delighting in the sense of power and benignity which
such an action confers, and believing that the heart of the stone leaps
with joy when it sees itself chosen from a million like it, to enjoy this
bliss instead of a life of cold and wet upon the high road. 'It might so
easily have been any other of the millions of stones, but it was I, I, I!'.

Whether ③this thought or not was in John's mind: the lump of glass
had its place upon the mantelpiece, where it stood heavy upon a little
pile of bills and letters, and served not only as an excellent paper-
weight, but also as a natural stopping place for the young man's eyes
when they wandered from his book. Looked at again and again half
consciously by a mind thinking of something else, any object mixes
itself so profoundly with the stuff of thought that it loses its actual
form and recomposes itself a little differently in an ideal shape which
haunts the brain when we least expect it. So John found himself
(④) the windows of curiosity shops when he was out walking,
merely because he saw something which reminded him of the lump of

glass. Anything, so long as it was an object of some kind, more or less round, perhaps with a dying flame deep sunk in its mass, anything — china, glass, amber, rock, marble — even the smooth oval egg of a prehistoric bird would do. He took, also, to keeping his eyes upon the ground, especially in the neighbourhood of waste land where the household refuse is thrown away. Such objects often occurred there — thrown away, of no use to anybody, shapeless, discarded. [B] They were useful, too, for a man who is standing for Parliament upon the brink of a brilliant career has any number of papers to keep in order — addresses to constituents, declarations of policy, appeals for subscriptions, invitations to dinner, and so on.

One day, starting from his rooms in the Temple to catch a train in order to address his constituents, his eyes rested upon a remarkable object lying half-hidden in one of those little borders of grass which edge the bases of vast legal buildings. He could only touch it with the point of his stick through the railings; but he could see that it was a piece of china of the most remarkable shape, as nearly resembling a starfish as anything — shaped, or broken accidentally, into five irregular but unmistakable points. The colouring was mainly blue, but green stripes or spots of some kind overlaid the blue, and lines of crimson gave it a richness and lustre of the most attractive kind. [C] John was determined to possess it; but the more he pushed, the further it receded. At length he was forced to go back to his rooms and improvise a wire ring attached to the end of a stick, with which, by dint of great care and skill, he finally drew the piece of china within reach of his hands. As he seized hold of it he exclaimed in triumph. At that moment the clock struck. It was out of the question that he should keep his appointment. The meeting was held without him. But how had the piece of china been broken into this remarkable shape? A careful examination put it beyond doubt that the star shape was accidental, which made it all the more strange, and it seemed unlikely that there should be another such in existence. Set at the opposite end of the mantelpiece from the lump of glass that had been dug from the sand, it looked like a creature from another world – freakish and fantastic as a harlequin. [　D　] It seemed to be pirouetting through space; winking light like a fitful star. The contrast between the china so vivid and alert, and the glass so mute and contemplative, fascinated him, and wondering and amazed he asked himself how the two came to exist in the same world, let alone to stand upon the same narrow strip of marble in the same room. ⑤The question remained unanswered.

(Virginia Woolf, Solid Objects より)

(1) 下線部①によってJohnはどのようなことに気が付いたか，日本語で説明せよ。

(2) 下線部②とは誰が何をしたことを指すか，日本語で説明せよ。

(3) 下線部③の指し示す内容を，日本語で説明せよ。

(4) (　④　)に入る適切な語句を次のア〜エから1つ選び，記号で答えよ。

　　ア　disappointed with　　イ　attracted to　　ウ　relieved at
　　エ　frustrated with

(5) 下線部⑤の内容を表す部分を10語で抜き出し，最初の3語を答えよ。

(6) 以下の英文が入る適切な箇所を[　A　]〜[　D　]から1つ選び，記号で答えよ。

　　In a few months he had collected four or five specimens that took their place upon the mantelpiece.

(7) 次のア〜エの英文について，文章の内容と合っているものを1つ選び，記号で答えよ。

　　ア　The lump of glass which John got was a piece of some bottle.

　　イ　The lump of glass which John got was used as a paper-weight.

　　ウ　John found an unusual object which looked like a starfish at a place where household wastes were thrown away.

　　エ　John's careful examination showed that the star shape of the china was not accidental.

解 答

(1) チャールズが手の届く範囲の全ての平らな石を投げ終えたこと，あるいはそれは何の価値もないことだという結論に至ったこと。

(2) ジョンがためらいながらも，ガラスをポケットに滑り込ませたこと。

(3) ジョンに拾われた石が，他に何百万とある石の中で，他でもない自分が選ばれたと心から喜んでいると信じること。　　(4) イ

(5) how the two　　(6) B　　(7) イ

解 説

(1) 下線部①は「ため息」という意味である。第2段落1文目にmaking him (Johnのこと) aware thatとあるので，that以下の内容をまとめるとよい。

(2) 下線部②は「その衝動的行動」という意味である。thatは前文の内容を指し示しているため，その内容をまとめるとよい。

(3) 下線部③は「この考え」という意味である。これは第3段落2文目のbelieving that以下を指し示しているため，ここを簡潔にまとめるとよいだろう。believeは思考を表す動詞であるため，下線部のthoughtと関連している語である。

(4) 文章全体から，ジョンは丸みを帯びているものを見つけては，収集するようになってしまったことがわかる。よって，イのattracted to「～にひきつけられる」が適切。アのdisappointed withは「～に失望する」，ウのrelieved atは「～に安心する」，エのfrustrated withは「～に不満を感じる」でいずれも文意に合わない。

(5) 下線部⑤は「その質問」という意味である。定冠詞のtheがついているため，前文の内容であり，また質問であるため，疑問詞が使用されている部分を探せばよい。下線部⑤の前文のhow the two came to exist in the same world(10語)が答えに該当する部分。

(6) 挿入する英文は「数か月後には，4つか5つほどの標本が見つかり，マントルピースの上に場所を見つけた(置かれた)」という意味。したがって，丸みを帯びているものを収集している場面が書かれている場面に挿入するとよい。

(7) 第4段落1文目のserved以下より，イの「ジョンが拾ったガラスは

文鎮として使われた」が適切。serve as A で「A として役立つ」という
意味。　ア「ジョンが拾ったガラスはボトルの一部だった」は，第1段
落3文目に何に使われていたか特定できないとあるため，不適。
ウ「ジョンは家庭ゴミが捨てられるような場所でヒトデのような形をし
た珍しい物体を見つけた」は，第5段落1文目より，芝生で見つけたと
あるため，不適。　エ「ジョンがよく見てみると，その磁器の星形は
偶然ではないことがわかった」は，第5段落11文目に星形は偶然だっ
たとあるため，不適。

例題5

次のを読み，あとの各問いに答えよ。

There are no longer a simple right way and a wrong way of doing things in today's world. ①What may be considered polite behavior in one culture may be considered very rude in another. Until recently, most Americans have considered Christian *ethics as the only one key to determine how to live. American culture comes from that background. However, in the past hundred years, American society has expanded to include cultures from Asia, Latin America, and the Middle East, so the old rules no longer are the only ②ones to follow. Basic moral issues and values that Americans have taken for granted as the correct way of behavior are being challenged.

For people who travel to other parts of the world or who live in multi-cultural societies, it is important to understand the social rules of the groups they have contact with. Sometimes you can't do the things that would be considered natural in your own culture. ③A simple misunderstanding could cause a friendship to end and create an enemy, too.

One example of this way of thinking is that many ethnic groups feel ④hugging and kissing are not only an acceptable form of greeting but also a sign of showing respect. On the other hand, hugging and kissing may make someone feel very uncomfortable. And in some societies physical contact, however friendly and casual, with a member of the opposite sex is strictly taboo.

The amount of eye contact people have with each other also reflects one's cultural background. Traditionally, Americans expect a person to (A) when they are having a conversation, so a person who avoids having eye contact may be considered unreliable. However, many people from Asian, Latin American and *Caribbean cultures avoid eye contact as a sign of respect.

It is also wise to choose a gift with care. A person who doesn't know Japanese customs, intending to cheer up a sick friend, might bring along a potted plant when she visits the hospital, but ⑤may only make the sick person feel even worse. A dinner guest might bring a beautiful bouquet of yellow flowers to an Iranian friend, not knowing that in Iran yellow flowers represent the enemy and a gift of yellow flowers announces that you hate that person. I heard a story that an American girl gave white *chrysanthemums to a Chinese family. Her friends accepted the gift, but ⑥she had no idea that the flowers she brought are commonly used for funerals.

By learning the customs and values of (B) cultures, a person will be able to enjoy a rich relationship with a variety of people. Flexibility and understanding are very important if you want to have friends from all over the world.

(注)　ethics：道徳　　Caribbean：カリブ諸島の
　　　chrysanthemum：菊

(1)　下線部①の英文の意味に最も近いものをア〜エから1つ選べ。

　ア．礼儀正しく振る舞うことは文化の一つの現れであり，他人に対する不作法な振る舞いは許されないものだと考えられる。

　イ．ある文化では礼儀正しい振る舞いだと思われていることでも，他の文化ではとても無礼に思われることがある。

　ウ．文化が異なっていても，何が礼儀正しい行動で，何が不作法な行動かは不変であると考えられる。

エ．同じ行動が礼儀正しいものに思えたり，無礼なものに思えたりする原因は，文化の違い以外にもいろいろ考えられる。

(2) 下線部②のonesが指示するものを次のア〜エから1つ選べ。

　ア．years　　イ．cultures　　ウ．rules　　エ．moral issues

(3) 下線部③の英文の意味に最も近いものを次のア〜エから1つ選べ。

　ア．単純な誤解によってでも，友情が失われて敵を作ってしまうこともありうるだろう。

　イ．誤解が単純なものなら，最後には誤解がとけて，敵だと思っていた人が友達になることもありうるだろう。

　ウ．真の友情は，たった一つの誤解によってこわれてしまうようなものではない。

　エ．誤解がとけて友情が結ばれることもあれば，誤解がとけずに敵を作ることもあるだろう。

(4) 下線部④のhugging and kissingについての記述としてあてはまらないものを1つ選べ。

　ア．In many ethnic groups, hugging and kissing are considered a way to show respect.

　イ．In many ethnic groups, hugging and kissing are not accepted as a greeting.

　ウ．Hugging and kissing may be uncomfortable to some people.

　エ．In some societies, hugging and kissing with a person of the opposite sex are taboo.

(5) 空所（　A　）に入る最も適切なものを次のア〜エから1つ選べ。

　ア．avoid having eye contact　　イ．reflect their cultural background

　ウ．listen to them carefully　　エ．look them in the eye

(6) 下線部⑤のような状況を生み出す原因となるものとして，最も適切なものを1つ選べ。

　ア．日本の病院の規則を知らないこと

　イ．病人の前で騒ぐこと

　ウ．お見舞いに鉢植えの植物を持っていくこと

　エ．不意にお見舞いに訪れること

(7) 下線部⑥の she had no idea の意味に最も近いものを次のア〜エから1つ選べ。

　　ア．she did not think 　　　イ．she did not think of a good idea

　　ウ．she did not remember 　　エ．she did not know

(8) 空所(B)に入る最も適切なものを次のア〜エから1つ選べ。

　　ア．American 　　イ．Japanese 　　ウ．one's own 　　エ．other

解 答

(1) イ　　(2) ウ　　(3) ア　　(4) イ　　(5) エ　　(6) ウ

(7) エ　　(8) エ

解 説

(1) What may be considered polite behavior in one culture までが文の主語。

(2) ones は rules を表す不定代名詞。

(3) could は仮定法で，主語 simple misunderstanding の中に条件節が含まれている。「単純な誤解でもあれば」。cause a friend to end「友を失う」

(4) 第3段落1文目に many ethnic groups feel hugging and kissing are not only an acceptable form of greeting but also…「多くの人種グループはハグやキスをするのはたんに挨拶として受け入れられる形であるばかりでなく…でもあると感じている」とある。not only A but also B「AばかりでなくBでもある」

(5) 後の文意には「目をそらす人は信頼できない」とあるから，「アメリカ人は人が目を見て話すことを期待する」となる。look は通常自動詞で look at, look into のように前置詞を伴うが，look someone in the eye/face は「(話をするとき，特に自分の言葉が真実であると示したいとき)相手の目／顔をじっと見る」という意味の慣用的表現で前置詞を伴わない。

(6) 問題箇所は，「日本の習慣を知らない人は，見舞いに行ったとき病気の友達を元気づけようと鉢植えの植物を持参するかもしれないが，病人をいっそう悪い気分にさせる結果になるだけかもしれない」で，ウ。日本では「病院に根が生える」ので入院が長引くとして，鉢植えの持

参を避ける習慣がある。

(7)　have no idea = don't know

(8)　「他の文化の習慣や価値観」

全訳

　今日の世界では物事の単に正しいやり方とか間違ったやり方はもはや
ない。1つの文化で礼儀正しい振る舞いだと思われていることでも，他の
文化ではとても無礼なことと思われていることもある。最近まで，たい
ていのアメリカ人はキリスト教的道徳がどのように生きるかを決める唯
一の鍵と考えてきた。アメリカ文化はそういう背景から出てきている。
しかし，過去百年に，アメリカ社会は拡大して，アジアやラテンアメリ
カや中東からの文化を含むことになった。したがって，古い規則はもは
や従う唯一の規則ではない。アメリカ人が正しい行動の仕方として当然
と思っていた基本的な道徳問題や価値観は異議を唱えられているところ
だ。

　世界のほかの地域に旅行する人々や文化の多様な社会に生きている
人々にとって，接触しているグループの社会的な規則を理解するのは重
要である。自分自身の文化では当然と考えられているようなことができ
ないこともある。単純な誤解によってでも，友情が失われて敵を作って
しまうこともありうるだろう。

　この考え方の具体例の1つとして，多くの人種グループではハグ(抱く
こと)しキスすることは挨拶として受け入れられているばかりか，尊敬を
示すしるしでもあると思っている。しかし他方では，ハグしキスするこ
とが誰かを非常に不愉快な気持ちにさせるかもしれない。そして，異性
との身体の接触は，それがどんなに親しくて何気ないものであっても，
厳しく禁じられている社会もある。

　人がお互いに目を見つめることも文化的背景を反映している。伝統的
にアメリカ人は人と話をしているときは目を見ることを期待するので，
目をそらす人は信頼できないと考えるかもしれない。しかし，アジアや
ラテンアメリカやカリブ諸島文化から来た多くの人々は尊敬のしるしと
して目を合わせるのを避ける。

　注意深く贈り物を選ぶのも賢明だ。日本の習慣を知らない人は，病人

を元気づけるつもりで，見舞いに病院に行くとき鉢植えの植物を持っていくだろうが，病人をいっそう悪い気分にさせる結果になるだけかもしれない。食事に招かれたお客が，イランでは黄色い花は敵を表し，黄色い花の贈り物は相手が嫌いだと知らせていることも知らないで，黄色い花の美しい花束をイラン人の友人に持っていくこともあるだろう。あるアメリカ人の女性が中国人の家族に白い菊の花をあげた話を私は聞いた。彼女の友人はその贈り物を受け取ったが，持っていった花がふつう葬儀に使うものだということを彼女は知らなかったのだ。

　他の文化の習慣や価値観を学ぶことによって，人はいろいろな人々との豊かな関係を楽しめる。世界中の友だちがほしいと思うなら，柔軟性と理解力が非常に重要だ。

例題6

次の英文を読んで，あとの問いに答えよ。

"O brave new world that has such people in't!" they heard Miranda exclaim. The theatergoers were attending the first performance of William Shakespeare's *Tempest*. This play was first presented in London in 1611, a time when the English were encountering what they viewed as strange inhabitants in new lands. ①The circumstances surrounding the play determined the meaning of the utterances they heard. A perspicacious few in the audience could have seen that this play was more than a mere story about how Prospero was sent into exile with his daughter, took possession of an island inhabited by Caliban, and redeemed himself by marrying Miranda to the king's son.

Indeed, *The Tempest* can be approached as a fascinating tale that served as a masquerade for the creation of a new society in America. Seen in this light, the play invites us to view English expansion not only as imperialism, but also as a defining moment in the making of an English-American identity based on race. For the first time in the English theater, an Indian character was being presented. What did Shakespeare and his audience know about the native peoples of

America, and what choices were they making in the ways they characterized Caliban? Although they saw him as "savage," did they racialize savagery? Was the play a prologue for America?

The Tempest, studied in relationship to its historical context, can help us answer these questions. While Othelo also offers us an opportunity to analyze English racial attitudes, as Winthrop Jordan has demonstrated so brilliantly, our play is a more important window for understanding American history, for its story is set in the New World. Moreover, ②the timing of *The Tempest* was crucial: it was first performed after the English invasion of Ireland but before the colonization of New England, after John Smith's arrival in Virginia but before the beginning of the tobacco economy, and after the first contacts with Indians but before full-scale warfare against them. This was an era when the English were encountering "other" peoples and delineating the boundary between "civilization" and "savagery." The social constructions of both these terms were dynamically developing in three sites — Ireland, Virginia, and New England.

③One of the places the English were colonizing at the time was Ireland, and Caliban seemed to resemble as the Irish. Theategoers were familiar with the "wild Irish" onstage, for such images had been presented in plays like *Sir John Oldcastle* (1599) and *Honest Whore* (1605). Seeking to conquer the Irish in 1395, Richard Ⅱ had condemned them as "savage Irish, our enemies." In the mid-sixteenth century, shortly before the beginning of the English migrations to America, the government had decided to bring all of Ireland under its rule and encouraged private colonization projects.

Like Caliban, the Irish were viewed as "savages," a people living outside of "(④)." They had tribal organizations, and their practice of herding seemed nomadic. Even their Christianity was said to be merely the exterior of strongly rooted paganism. "They are all Papists by their profession," claimed Edmund Spenser in 1596, "but in the

235

same so blindly and brutishly informed for the most part as that you would rather think them atheists or infidels." To the colonists, the Irish lacked "knowledge of God or good manners." ⑤They had nosense of private property and did not "plant any Gardens or Orchards. Inclose or improve their lands, live together in setled Villages or Townes." The Irish were described as lazy, "naturally" given to "idleness" and unwilling to work for "their own bread." Having dominated by "innate sloth," "loose, barbarous and most wicked," and living "like beasts," they were also thought to be criminals, an underclass inclined to steal from the English. The colonists complained that the Irish savages were not satisfied with the "fruit of the natural unlaboured earth" and therefore continually "invaded the fertile possessions" of the "English Pale."

The English colonizers established ⑥a two-tiered social structure: "Every Irishman shall be forbidden to wear English apparel or weapon upon pain of death. That no Irishman, born of Irish race and brought up Irish, shall purchase land, bear office, be chosen of any jury or admitted witness in any real or personal action." To reinforce this social separation, British laws prohibited marriages between the Irish and the colonizers. The new world order was to be one of English over Irish.

(Ronald Takaki, *A Different Mirror* より)

(1) 下線部①について，*The Tempest*をアメリカを舞台として見た場合とイギリスを舞台として見た場合において，どのような解釈の違いがあるかを，本文に即して具体的に日本語で説明せよ。

(2) 下線部②の理由を50字以内の日本語で説明せよ。

(3) 下線部③⑤より，文法的・語法的に不要な語を1語ずつ抜き出し，それぞれ答えよ。

(4) （ ④ ）に当てはまる最も適切な語を次のア～エから1つ選び，記号で答えよ。

　　ア　civilization　　イ　control　　ウ　Ireland　　エ　wilderness

(5) 下線部⑥の内容を日本語で説明せよ。

【解答】

(解答例) アメリカを舞台として見ると，新しい社会の創造の仮面劇を提供してくれる魅惑的な話として解釈されるが，イギリスを舞台として見ると，領土拡張を帝国主義としてだけでなく，アングロ・アメリカ人のアイデンティティ形成上の決定的瞬間として見る，人種に基づく見方として解釈される。 (2) (解答例) イギリス人が「他の」人たちと出会い，「文明」と「野蛮」の境界の線引きをしていた時代だから。(45字)

(3) ③ as ⑤ Having (4) ア (5) イギリス人のアイルランド人に対する優越による社会的分断。

【解説】

(1) 下線部①は「演劇を取り巻く環境が彼らの聞いた台詞の意味を決めた」という意味である。第2段落1・2文目をまとめるとよいだろう。

(2) 下線部②は「テンペストの時期はとても重要である」という意味である。下線部以下のコロンから具体的な時期が述べられているが，第3段落3文目に簡潔にまとまっており，ここの情報を書き出せばよい。

(3) ③ 第4段落1文目のresemble「～のようである，～と似ている」は他動詞であるため，前置詞は必要ない。よってasが不要である。

⑤ 本文より，the Irishは支配されていた側である。よって，4文目のHavingが不要である。分詞構文の従属節に主語がない場合，従属節の主語と主節の主語は同じである。したがって，Havingがあると，the Irishが支配する側という解釈 (the Irish had dominated～) になってしまう。

(4) savageは「野蛮人，未開人」という意味である。よって，文明の外側に住んでいる民族であるので，アのcivilization「文明」が適切。

(5) 下線部⑥は「2層の社会構造」という意味である。下線部後ろのコロン以下や文章全体より，この2層はイギリス人がアイルランド人を支配しているという関係であることがわかる。また，第6段落3文目のthis social separationより，この社会構造は社会的分断のことだとわかる。これらの情報をまとめるとよいだろう。

例題 7

次の英文を読んで，あとの問いに答えよ。

This is really my mother's love story. I asked her to tell you, but she's too shy. ①It's too good not to tell. It explains why my brother and I say ②we thank peanuts for our birth.

When she graduated from high school, my mother had everything going on except ③one. She was pretty, smart, and came from a rich family, but she was very shy, especially around men. Boys didn't like to take her out because she was so quiet. She went off to the same college her mother went to, and to please her mother she agreed to attend a party by her mother's *sorority. At the party, she sat out of sight at one end of a room, in a corner by a table that had snacks on it. ④She ate a lot of peanuts.

(A)She began to notice a waiter, who seemed to be as shy as she. He never said anything, but he was taking care of her. He kept her glass filled with *punch and he kept her peanut bowl full. From time to time their eyes met and they smiled at each other.

When the dancing started and the party got noisy, she walked into the kitchen and out the back door to escape. As she was going down the street, she heard someone calling "Wait, wait, please wait." It was the waiter, running down the street after her with a paper bag in his hands. They stood in silence, just smiling. Then he reached into the bag, pulled out a whole can of peanuts and offered them to her and said, "I'm sorry they aren't pearls." He ran back up the street and into the sorority house.

Well, ⑤one thing led to another.

Twenty-five years later, on the silver wedding *anniversary of my mother and the waiter, he gave her a silver can marked "peanuts." She thought that was the gift and was really pleased. But there was more. (B)When she lifted the lid, inside was a string of pearls.

No gift ever pleased her more. She wore those pearls as her only jewel for years. When my father was killed in a traffic accident, she put the silver peanut can in his *coffin with him. I've never seen her wear the pearls since. (C)I think I know where they are, but I'm too shy to ask.

(注)　sorority：大学の女子学生クラブ(学業・諸活動において優秀で活発な人など，クラブの基準に合致した人のみが加入できる)

　　　punch：ポンチ(ぶどう酒などに砂糖・レモン・香料などを混ぜた飲み物)　　anniversary：記念日　　coffin：ひつぎ

(1)　下線部①の表す内容として最適なものを次のア～エから選び，記号で答えよ。

　ア．母のラブストーリーはすばらしいので，みんなに知ってもらいたい。

　イ．母のラブストーリーはすばらしいので，言葉では表現できない。

　ウ．母のラブストーリーは出来過ぎで，信じてもらえない。

　エ．母は内気だから，自分のラブストーリーを秘密にしている。

(2)　下線部②の表す内容として最適なものを次のア～エから選び，記号で答えよ。

　ア．私たちはピーナッツのとりもつ縁で生まれた。

　イ．私たちは誕生日にピーナッツがもらえる。

　ウ．私たちはピーナッツを食べて大きくなったようなものだ。

　エ．私たちの生まれたころは，ピーナッツは高価なものだった。

(3)　下線部③の表す内容として最適なものを次のア～エから選び，記号で答えよ。

　ア．母が無事高校を卒業したこと。

　イ．母が美人で頭も良く，裕福な家庭の出であったこと。

　ウ．母が内気だったこと。

　エ．母が祖母と同じ大学に進学したこと。

(4)　下線部④の理由として最適なものを次のア～エから選び，記号で答えよ。

　ア．ピーナッツが好物だったから。

　イ．何かしていないと不安だったから。

ウ．当時はピーナッツが珍しかったから。

エ．わざと下品にふるまって，男性を遠ざけたかったから。

(5) 下線部⑤の表す内容として最適なものを次のア～エから選び，記号で答えよ。

　ア．以後，そのようなパーティーが次々と開かれた。

　イ．パーティーに戻ると，素敵なことが待っていた。

　ウ．他の男性もプレゼントをくれるようになった。

　エ．とんとん拍子に事は進んだ。

(6) 次の英語の質問に英語で答えよ。

Where does the writer think the pearls are?

(7) 下線部(A)～(C)を日本語に訳せ。

解答

(1) ア　(2) ア　(3) ウ　(4) イ　(5) エ　(6) He〔She〕thinks they are (in the silver peanut can) in his〔her〕father's coffin.

(7) (A) 彼女はひとりのウエイターが気になり始めた。彼は彼女と同じくらい内気そうだった。　(B) ふたをとると，中に一連の真珠が入っていた。　(C) 私はそれがどこにあるのか知っていると思うが，(私も)内気なので，とてもそれを聞くことはできない。

解説

(1) not to tellは不定詞の否定形。too ～ not to …「…しないには～すぎる」

(2) thank ～ for …「…のことで～に感謝する」

(3) except one「1つのことを除いては」

(4) そこまでの文全体の内容から類推する。

(5) lead to ～「～をもたらす」

(6) 最後の段落の内容から類推する。

(7) (A) 関係代名詞whoの非制限用法。who以下の内容がa waiterについての情報を付け加えている。　(B) inside「中に」が強調のために前に出たため，be動詞と主語が倒置されている。　(C) I think I know ～は「～を知っていると思う」という意味で，わざと断定を避けて，余韻を残す効果をねらっている。

全訳

　これは本当に私の母のラブストーリーである。みんなに話してくれるように頼んだが，内気すぎてだめなようだ。でもあまりにもすばらしいので，語らずにはいられない。兄〔弟〕と私がなぜ，自分たちが生まれたのはピーナッツのおかげであると言えるのか，それでわかる。

　母は高校を卒業したとき，たった1つのことを除いて，すべてうまくいっていた。かわいらしくて，頭がよくて，裕福な家の出だったが，非常に内気だった。特に男性のまわりでは。彼女がおとなしすぎたので，男の子たちはデートに誘いたがらなかった。卒業すると，母親の出た同じ大学へ入り，母親を喜ばせるために，大学の女子学生クラブ主催のパーティーに出席することに同意した。パーティーでは，部屋の端の見えないところで，すみのほうの，上に軽食ののったテーブルのそばに座った。彼女はたくさんのピーナッツを食べた。

　彼女はひとりのウエイターが気になり始めた。彼は彼女と同じくらい内気そうだった。彼はけっして何も言わなかったが，彼女の面倒をみていた。ずっと彼女のグラスをポンチで満たし，ピーナッツのボールをいっぱいにしていた。時々目があって，互いに微笑みあった。

　ダンスが始まってパーティーが騒がしくなると，彼女はキッチンに歩いていって，裏口から逃げ出した。通りを歩いていたとき，だれかが呼んでいるのが聞こえた。「待って，待って，待ってください」，それはあのウェイターだった。両手で紙袋をかかえて，彼女を追いかけて通りを走ってきた。彼らはただ微笑んで，黙って立っていた。それから彼は紙袋に手を入れて，ピーナッツの缶をまるごと取り出し，彼女に差し出して言った。「真珠じゃなくてごめんなさい」，彼は通りを女子学生クラブハウスまで駆け戻っていった。

　そして，とんとん拍子に事が運んだ。

　25年後，母とそのウエイターの銀婚式の記念日に，彼は彼女にpeanutsと文字の入った銀製のピーナッツ缶をあげた。彼女はそれが贈り物だと思い，本当に喜んだ。しかしもっとあった。ふたをとると，中に一連の真珠が入っていた。

　それまでにこれ以上彼女を喜ばせた贈り物はなかった。彼女は何年も

の間, たった1つの宝石としてその真珠を身につけた。父が交通事故で亡くなったとき, 彼女はその銀製のピーナッツ缶を彼とともにひつぎに入れた。私はそれ以来, 彼女がその真珠を身につけるのを見たことがない。私はそれがどこにあるのか知っていると思うが, (私も)内気なので, とてもそれを聞くことはできない。

例題 8

次の英文を読んで, 各問いに答えよ。

Examining eye structure and sight is an important tool in classifying the various roots of *mammals. The eyes of early mammals, which originally were active at night, had worsened considerably when compared to the birds.

However, when mammals came to fill the *niche left by the *phorusrhacids ("terror birds"), the structure of their eyes *underwent numerous evolutionary changes.

Not too long ago, some very important *fossils ①discover. These fossils, dating about 55 million years old, once belonged to an animal called *Shoshonius. Fossils show that the eyes of the Shoshonius lined up side by side and faced forward.

Many mammals' eyes are on either side of the head. They cannot see objects in three dimensions. Because of the location of its eyes, the Shoshonius could see in 3D, enabling it to move more surely from tree to tree. ②The Shoshonius is our earliest, direct *primate ancestor.

Other interesting animals developed ③at this time, too, including the animal that would in time become the elephant, and small *Miacis, an ancestor to cats and dogs. And some mammals returned to the sea. It was at about this time that the ancestor to the whales and dolphins, the *amphibious *Pakicetus, appeared.

Later, as the Earth cooled further, the forests narrowed, and the *plains spread, primates' eyes improved. They developed better sight in order to live ④in these changed conditions. The ability to see different colors allowed them to choose the youngest tree leaves to eat. ⑤<u>This</u> brought about a huge improvement in their lives. Another important change was that the evolution of the eyes gave expression to the face, which allowed for better communication.

*mammals　哺乳動物　　niche　生態的地位

　　phorusrhacid　恐鳥類(古代生物)

　　underwent　undergo(経験する)の過去　　fossil　化石

　　Shoshonius　ショショニアス(古代生物)　　primate　霊長類

　　Miacis　ミアキス(古代生物)　　amphibious　水陸両生の

　　Pakicetus　パキケトゥス(古代生物)　　plain　草原

　　　　　　　　西海コエン『The History of the Earth』から

1　下線部①の英語を二語で適切な形に直せ。

2　下線部②の理由として，ショショニアスの目の構造と見え方の特徴についてそれぞれ日本語で答えよ。

3　下線部③が指す時期を日本語で答えよ。

4　下線部④を説明している部分を本文中から11語で抜き出せ。ただし，記号や符号は一語に含めない。

5　下線部⑤が指す内容を日本語で答えよ。

6　次の英文が本文の内容に合うように，英文の(　①　)，(　②　)に当てはまる最も適当な英語一語を書け。

　(1)　When you classify the roots of mammals, it is important to (　①　) eye structure and sight.

　(2)　The evolution of the eyes enabled primates to (　②　) in a better way.

解答

1　were discovered　　2　目の構造…目が並んで(両目とも)前方を向いていること。　見え方の特徴…三次元で(立体的に)ものを見ることができること。　3　約5,500万年前　4　the Earth cooled further, the forests narrowed, and the plains spread　　5　色の違いを見分ける能力により，最も若い木の葉を選んで食べることができるようになったこと。　6　(1)　examine　　(2)　communicate

解 説

1　主語が「いくつかのとても重要な化石が」なので，受動態were discoveredとする。

2　目の構造は第3段落に，lined up side by side and faced forwardとあり，見え方の特徴は第4段落に，could see in 3Dとある。

3　下線部を含む文意は「(ショショニアスだけでなく)他の興味深い動物もこの時期に発達した」。この時期は，ショショニアスの時代と同期を指す。

4　変化した状況を具体的に前文から11語で抜き出す。

5　下線部を含む文意は「このことが彼らの生活を大いに向上させた」。「このこと」は前文に書かれている内容である。allow O to ～「Oに～することを許す」。

6　(1)　第1段落の1文目参照。「哺乳動物のルーツを分類する時，目の構造や見え方を調べることが大切だ」。　(2)　最後の段落の最後の文参照。「目の進化は霊長類がより上手な方法で意思疎通をすることを可能にした」。

例題 9

次の英文を読んで，あとの問いに答えよ。

The Japanese are very fond of dramas and seem to be especially fond of ones about schoolteachers. This doesn't mean, of course, that the Japanese are particularly *obsessed with school. Such stories are popular with children everywhere.

Growing up in Britain, I used to love reading the *boarding-school stories by Enid Blyton ①as did all my friends, and I longed to be sent to a boarding school. (When I got there at last, I discovered the sad truth that ②one must not believe everything one reads but that's another story altogether.) Many popular TV shows and movies are about school days, and the attraction of those international best sellers, the "Harry Potter" books lies largely in the fact that they are basically school stories.

(A)What I find interesting about the Japanese fondness for school stories on television, therefore, is not the popularity of the subject itself, but the fact that in all those TV shows, the teachers — not the students — are the central characters.

These stories follow more or less the following pattern : There's a class full of problem kids and troublemakers that no teacher can handle. A new teacher enters the scene. A bit of a troublemaker himself, ③this new arrival shows no respect for school rules, traditions or senior staff members, and is not even dressed properly. (B)This new teacher is put in charge of the problem class, impresses the students with his *jonetsu* (passion — this is the key word in all these shows) and finally succeeds in winning their love and affection.

I've just used ④the masculine pronoun here on purpose because most of these *nekketsu-kyoshi* (teachers of hot blood), as they are called, are men. The hero's *jonetsu* is mainly expressed in the form of anger. The climax comes when the hero is so angry that he gives the student a slap on the cheek. After a moment of shock, the student falls into the teacher's arms, and they both burst into tears.

⑤The hero's violence is excused on the grounds that it's a sign that he cares. Of course, this is just something on television, and any fool knows that you can't believe everything, or indeed anything, you see there.

At least that was what I thought until a couple of weeks ago, when I was having drinks with my Japanese colleagues. (C)We started talking about our school days, and someone mentioned, quite casually, being slapped on the face by his teacher an average of once a week. "Why, what *on earth had you done?" I exclaimed in horror, but my colleague said that he couldn't remember.

"What's the problem? It happened to all of us. Didn't your teachers in England slap you?" he asked me. "Of course they didn't. And anyway, I'm a girl," I answered expressing surprised anger, at which everyone looked puzzled, and said, "What's that got to do with it?" An excellent example of sexual equality, I thought feeling disappointed.

(注)　be obsessed with 〜：〜にとりつかれている

boarding-school：寄宿学校　　on earth：一体全体(強意)

(1)　下線部①の内容を説明している表現を，次のア〜エから1つ選べ。

ア．in the way that I used to love all my friends,

イ．in the way that I longed to be sent to a boarding school like all my friends,

ウ．in the way that all my friends grew up in Britain,

エ．in the way that all my friends used to love reading the boarding-school stories by Enid Blyton,

(2)　下線部②に最も近い内容をもつ表現を，次のア〜エから1つ選べ。

ア．what I experienced was quite different from what Enid Blyton wrote in her stories

イ．we must not believe anything that Enid Blyton wrote about her boarding-school days

ウ．what is read is never true

エ．I wrote that I wanted to attend a boarding school, but you cannot believe my story

(3)　下線部③が指している内容を本文中の語句で表せ。

(4)　下線部④が指している内容を本文中の一語で表せ。

(5)　下線部⑤に最も近い内容をもつ文を，次のア〜エから1つ選べ。

ア．We can forgive the hero for his violence as far as he does something violent out of concern.

イ．We can forgive the hero for his violence now that he shows that he is worried about himself.

ウ．We can forgive the hero for his violence when he expresses his regret for it.

エ．We can forgive the hero for his violence because he exercises the violence to attract somebody's attention.

(6)　最後の段落("What's the problem?以降)の中で表されていない内容

をもつ文を，次のア〜エから1つ選べ。

ア．The writer was not satisfied with her colleagues' response to her reply.

イ．Her colleagues wanted to say that the fact that the writer had never been slapped by her teachers had nothing to do with her being a girl.

ウ．The writer, seeking sexual equality, is disappointed at her colleagues' reaction.

エ．The writer's colleagues had been slapped on the face by their teachers.

(7)　下線部(A)〜(C)を日本語に直せ。

【解答】

(1)　エ　　(2)　ア　　(3)　A new teacher　　(4)　his　　(5)　ア

(6)　ウ　　(7)　(A)　そこで，日本人がテレビの学園ドラマが好きだということに関して私がおもしろいと思うことは，題材そのものの人気ではない。それらすべてのテレビドラマで，生徒ではなく教師が主役だという事実である。　　(B)　この新任教師が問題クラスの担任になり，彼の「情熱」(これはすべての学園物のキーワードである)で感銘を与え，ついに生徒たちの愛情を勝ち取るのである。　　(C)　私たちは学生時代の話を始めて，誰かがとても気軽に，平均して週に1回は教師に顔をたたかれていたと言った。

【解説】

(1)　強調のために，as の後ろの did と all my friends が倒置されている。did は代動詞で，直前の used to … Blyton の部分を受ける。　　(2)　その文で最初に When I got there at last とあるので，筆者が実際に寄宿学校の生活を経験したことがわかる。その結果，ブライトンの小説とは違っていたということなので，アが適切。　　(3)　この arrival は「新しく来た人」という意味なので，前の文にある A new teacher と同じ。

(4)　masculine は「男性の」という意味。I've just used なので，近くをさがすと前の文に his が見つかる。　　(5)　ほぼ同じ意味を別の英語で言い換えていることに注意する。…is excused → We can forgive, on the

247

grounds that …→as far as …, he cares→out of concern など。

(6) 筆者が男女平等を目指しているとは書かれていないので，ウが該当する。 (7) (A) what は関係代名詞で，television までが主語。
(B) in charge of ～「～の担任」，impress ～ with …「～に…で感銘を与える」 (C) being slapped は受動態の動名詞で「平手でたたかれたこと」という意味。

全訳

日本人はドラマが，特に教師物が好きなようだ。だからといって，日本人が特に学校に執着しているというわけではない。そういう物語はどこでも子どもたちに人気がある。

英国で育った私は，友人たち皆と同様に，かつてはエニッド・ブライトンの寄宿学校の話を読むのが大好きで，寄宿学校に入れてもらうことを心待ちにした(ついにそこに入ったとき，読んだものをすべて信じてしまってはいけない，現実とは全く別なんだという悲しい事実を知った)。人気のあるテレビドラマや映画の多くは学校生活についてで，世界的ベストセラーの「ハリー・ポッター」シリーズ本の魅力も，基本的に学園物であるという事実に負うところが大きい。

そこで，日本人がテレビの学園ドラマが好きだということに関して私がおもしろいと思うことは，題材そのものの人気ではない。それらすべてのテレビドラマで，生徒ではなく教師が主役だという事実である。

これらの話は多かれ少なかれ次のパターンになる。教師の手にあまる問題児や迷惑な生徒でいっぱいのクラスがある。新任教師が登場する。彼自身がいささかの問題教師で，この新任は学校の規則，伝統，先輩教師たちに全く敬意を払わず，服装さえまともではない。この新任教師が問題クラスの担任になり，彼の「情熱」(これはすべての学園物のキーワードである)で感銘を与え，ついに生徒たちの愛情を勝ち取るのである。

私はわざと男性の代名詞を使ったが，これら教師のほとんどは「熱血教師」(情熱のある教師)と呼ばれ，男性なのだ。主人公の情熱は，主に怒りという形で表現される。クライマックスは，主人公が怒りのあまり，生徒の頬をたたくのである。一瞬のショックのあと，生徒は教師の腕に飛び込み，二人ともわっと涙する。

主人公の暴力は彼に愛情がある印だからという理由で許される。もちろん，これはテレビの中でのことであり，そこで見ることすべてをあるいは何事も全く信じることができないのは誰でも知っている。

少なくとも数週間前に日本人の同僚とお酒を飲むまでは，私もそう思っていた。私たちは学生時代の話を始めて，誰かがとても気軽に，平均して週に1回は教師に顔をたたかれていたと言った。「あら，一体何をしたの」と私はぞっとして叫んだが，同僚は思い出せないと言った。

「何が問題なんだ？　ぼくらみんなそうだったよ。イギリスではきみらの教師はたたかなかったのかい」と彼は聞いた。「もちろんよ。それに私は女の子だもの」と憤慨して答えたが，みんなは当惑したようで，「それが何か関係があるの」と言った。男女平等のすばらしい例だと，私はがっかりしながら思った。

例題 10

次の英文を読んで，あとの問いに答えよ。

On an everyday level, sleepy people make mathematics errors, break things and become angry with their families, friends and *colleagues. ①Less commonly, they make mistakes with tragic results. It is hard to prove how many *fatal car accidents are caused by the driver's falling asleep *at the wheel, but my belief is that the number is high. *Laboratory *experiments have shown that in fact the sleep-deprived mind easily falls into "②micro-sleeps"—momentary losses of *consciousness so brief that the *subject may not be aware of them.

In one experiment in our laboratory at Stanford University, (A)a volunteer who had been allowed only four hours' sleep the night before had his eyelids taped open (uncomfortable, but it doesn't hurt). He was asked to press a button every time an irregular light flashed. For a few minutes he tapped the switch after the flash, on average every six seconds. Then a bright flash rushed into his eyes — but he did nothing.

"Why didn't you press the switch?" we asked.

"Because there was no flash," he replied.

Machines monitoring brain activity showed that at the very moment the light had flashed, the man had unknowingly fallen asleep ③<u>eyes wide open</u>, for two seconds. (B)<u>If he had been driving, those two seconds could have meant disaster.</u>

Social pressures to work more and at odd hours have cut our sleep time over the past century by about 20 percent. Add to this our desire to have and do it all —work, family, sport —<u>and</u> there's little time left for rest.

(C)<u>Generally, adults need to sleep one hour for every three hours' awake, which means that most need about eight hours of sleep a night</u>. Of course some people need more and some less. Children and teenagers need an average of about ten hours.

The brain keeps an exact *account of how much sleep we owe to it. My colleagues and I made up the term ④*sleep debt* because *accumulated lost sleep is like a debt of money ; it must be paid back. If you get an hour less than a full night's sleep, you carry an hour of sleep debt into the next day — and your tendency to fall asleep during the day becomes stronger.

During a five-day workweek, if you got six hours of sleep each night instead of the eight hours you needed, you should build up a sleep debt of ten hours (five days times two hours). Because sleep debt accumulates in an *additive way, (D)<u>by day five your brain would tend towards sleep as strongly as if you had stayed up all night</u>. From this viewpoint (E)<u>sleeping until noon on Saturday is not enough to pay back the ten lost hours as well as meet your nightly requirement of eight</u> ; you would have to sleep until about 5 p.m. to balance the sleep account. But for most people it is difficult to sleep that long because of the monitoring mechanism of the biological clock within us that controls sleeping and waking.

(注)　colleague：同僚　　fatal：命にかかわる　　at the wheel：(車

を）運転して　　　Laboratory：研究室　　　experiments：実験
consciousness：意識　　　subject：被験者　　　account：計算
accumulate：蓄積する　　　additive：加法の

(1) "Less commonly" in the underlined part ① means :

　ア．More often　　　イ．Very rarely　　　ウ．Less often
　エ．Very often

(2) In the underlined part ②, "micro-sleeps" means sleep :

　ア．into which you fall for so short a time that you may be unaware
　　 of it.
　イ．into which you fall for some minutes.
　ウ．in which you are half awake.
　エ．in which the microwaves in the brain cause a loss of
　　 consciousness.

(3) In the underlined part ③, the subject's eyes were wide open
because :

　ア．he was actually awake.
　イ．a bright light rushed into his eyes.
　ウ．it was impossible for him to close his eyes.
　エ．he tried very hard not to fall asleep.

(4) The term *sleep debt* in the underlined part ④ is "debt" because :

　ア．it is something you may build up and must pay back.
　イ．it is something you cannot go without.
　ウ．it is something you should never have.
　エ．it is something you may lend to the brain.

(5) ＝＝＝線部の and の用法に最も近いものを次のア〜エの中から選び，
記号で答えよ。

　ア．Come and see me tomorrow.
　イ．She finished it very quickly and there were no mistakes.
　ウ．The car broke down and I had to send it out to be repaired.
　エ．Stand over here and you will be able to see it better.

(6) 下線(A)〜(E)を日本語に訳せ。

解答

(1) ウ　(2) ア　(3) ウ　(4) ア　(5) エ　(6) (A) 前の晩に4時間だけの睡眠を許されたボランティアは，目を開けておくためにまぶたにテープを貼られた。　(B) もし彼が車を運転していたら，その2秒間が惨事をもたらしたかもしれない。　(C) 一般に，大人は目覚めている3時間につき，1時間寝る必要がある。つまりたいていの人は一晩に約8時間の睡眠が必要である。　(D) 5日目までには脳は徹夜していたかのようにとても眠たくなるだろう。　(E) 土曜日に昼まで寝ても，夜に必要な8時間の睡眠に加えて，失われた10時間分を返済するには不十分である。

解説

(1)　commonは「よく起こる」で，文中のcommonlyはその副詞形。副詞oftenとほぼ同義なのでlessはそのままでoftenに置き換えたウが正解。「より頻度は少ないが」の意味。　(2)　micro-sleepの意味を選択する問題。直後の文で「あまりにも短いため本人は気付かないかもしれないような瞬間的な意識の消失」と説明されており，「非常に短い間だけ陥るので眠ったことにも気付かないような眠り」とするアがあてはまる。as, too, soなど意味を強める語で修飾される場合，a short timeの語順が変わり，〈so形容詞a名詞〉となることに注意。　(3)　被験者の眼が大きく開かれていた理由を選択する。第2段落に「(被験者は)まぶたにテープを貼られた」とあり，「彼には眼を閉じることが不可能だった」とするウがあてはまる。
(4)　sleep debtという用語で，"debt(負債)"とする理由を選択する。問題箇所の後に「蓄積された睡眠不足は借金と似ている。返済されなければならないものであるから」と説明されており，「自分が作り，返済しなければならないものであるから」とするアと対応。(5)　Add to this以下は命令文になっており，〈命令文+and〜〉の構文(〜せよ，そうすれば)で，「ここに立ってごらん，もっと良く見えるから」のエがあてはまる。
(6)　(A)　had been allowed は過去完了受動態で「〜が許された」の意。had his eyelids taped openは〈使役動詞have+O+過去分詞〉「Oを〜される」。　(B)　仮定法過去完了の文。「もし(その時)〜だったなら，…だっただろう。」　(C)　whichは非制限用法の関係代名詞で，前文の

内容を受ける。　(D)　〈as if＋仮定法過去完了〉の文。「まるで～であったかのように」。　(E)　as well as ～「～と同様，～に加えて」の意。

|全訳|

　日常生活では，眠い人は計算間違いをしたり，物を壊したり，家族や友人や同僚に腹をたてたりする。まれに，悲劇的な結果をもたらすミスをすることもある。どのくらいの数の命にかかわる自動車事故が運転手の居眠り運転によってひき起こされるかを証明するのは難しいが，その数は多いはずである。研究室での実験によって，睡眠不足の頭は実際，容易にマイクロスリープ(被験者が気がつかないほどに短い瞬間的な意識の喪失)の状態に落ちることがわかっている。

　スタンフォード大学の我々の研究室での実験である。前の晩に4時間だけ睡眠を許されたボランティアは，目を開けておくためにまぶたにテープを貼られた(不快だが害にはならない)。不規則な光が点滅するたびにボタンを押すように言われた。数分間は平均6秒ごとに光が点滅した後，ボタンを押した。そして明るい点滅が彼の目に飛び込んだ。が，彼は何もしなかった。

　「なぜスイッチを押さなかったんですか」と私たちは聞いた。

　「点滅がなかったからです」と彼は答えた。

　脳の活動をモニターしていた機械は，点滅した瞬間に，男性が目を開けたまま2秒間，知らずに眠ってしまったことを示した。もし彼が車を運転していたら，その2秒間が惨事をもたらしたかもしれない。

　より多く，しかも変な時間に働かなければならないという社会的プレッシャーのため，過去1世紀で私たちの睡眠時間は約20％減った。これにさらに，仕事，家族，スポーツなどすべてをやりたいという私たちの欲求を加えれば，休息のために残された時間はほとんどない。

　一般に，大人は目覚めている3時間につき，1時間寝る必要がある。つまりたいていの人は一晩に約8時間の睡眠が必要である。もちろん，もっと必要な人やそれほど必要のない人もいる。子供や10代の人は平均約10時間必要である。

　脳は私たちがどのくらい睡眠を借りているか(不足しているか)を正確に記帳している。私と同僚はスリープデット(睡眠債務)という用語を作っ

た。蓄積された睡眠不足は借金のようなもので，返済されなくてはならない。もし十分な一晩の睡眠より1時間少なければ，1時間の睡眠債務が翌日に持ち越される。そして日中に寝込んでしまう傾向がより強まる。

　週5日労働で，毎晩必要な8時間ではなく6時間の睡眠をとったとすると，10時間(2時間×5日)の睡眠債務ができる。睡眠債務は加算されていくので，5日目には脳は徹夜していたかのようにとても眠たくなるだろう。こう考えると，土曜日に昼まで寝ても，夜に必要な8時間の睡眠に加えて，失われた10時間分を返済するには不十分である。睡眠の貸借勘定を精算するには午後5時くらいまで眠らなくてはならないだろう。しかし，睡眠と目覚めをコントロールする生物学的体内時計が監視しているため，たいていの人にとってそんなに長く眠ることは難しい。

例題 11

次の英文を読んで，あとの各問いに答えよ。

　Sleep is a normal condition of the body which occurs periodically and (1)is associated with a depression of bodily function. Sleep appears to be necessary for the repair of the processes of the living body. There is a depression of all the functions of the body to some degree but the depression of the central nervous system and the brain is especially marked, resulting (　a　) the unconsciousness which is called sleep.

　The amount of sleep required to maintain the body varies with (　b　). The new-born baby requires as (　c　) as 22 hours of sleep per day, the normal adult usually requires seven and one-half to nine hours, and the aged may require as (　d　) as five or six hours per day. (2)On the average males require more sleep than females. There is no evidence that sleep is more beneficial at any particular time of the night although the depth of sleep may vary considerably. (3)There is no doubt that sleep is deeper at night than sleep taken during the normal waking hours.

問1　文中の空所に入る適当な語を選べ。

a　ア. in　　　イ. of　　　ウ. to　　　エ. with
b　ア. age　　　イ. day　　　ウ. night　　　エ. sex
c　ア. little　　イ. less　　ウ. much　　　エ. more
d　ア. little　　イ. less　　ウ. much　　　エ. more

問2　下線部(1), (2)と同じになるように空所に適語を入れよ。

(1)　has something (　　　) (　　　　) with a depression of bodily function

(2)　Females require (　　　) sleep (　　　) males.

問3　下線部(3)を和訳せよ。

解答

問1　a　ア　　b　ア　　c　ウ　　d　ア

問2　(1)　to, do　　(2)　less, than

問3　睡眠は通常起きている時間にとるよりも夜とる方がより深いということは確かだ。

解説

問1　a　result in ～「(結果として)～になる」

　　b　vary with ～「～によって変わる」　後に年齢によって睡眠時間がことなることが述べられているのでageを入れる。

　　c　「22時間もの睡眠」as much as 22 hours of sleep

　　d　「1日につき5, 6時間しか」as little as five or six hours per day

問2　(1)　is associated with ～ = have something to do with ～「～と関係している」

　　(2)　比較の対象が入れ替っていることからmoreの反意語lessを入れればよい。sleepは不可算名詞なのでfewerは不可。

問3　There is no doubt that ～「～であることは確かだ」, sleep is deeper at night「睡眠は夜の方が深い」+ than sleep taken during the normal waking hours「通常起きている時間にとられる睡眠よりも」=「睡眠は通常起きている時間にとるよりも夜とる方がより深い」

全訳

　睡眠は定期的に起こる身体の通常の状態であり，身体機能の低下と関

　係している。睡眠は生体プロセスにおけるを修復のために必要である。身体のすべての機能がある程度低下するが，中枢神経系や脳の機能低下が特に顕著であり，その結果睡眠と呼ばれる無意識状態になる。

　身体を維持するのに必要な睡眠の量は年齢によって変わる。新生児は1日に22時間もの睡眠が必要だし，正常な大人は7時間半から9時間必要だし，老人は1日に5，6時間しか必要としないかもしれない。平均して，男性は女性より多くの睡眠が必要だ。睡眠の深さはかなり変わるかもしれないが，睡眠は夜のある特定の時間にもっと有効だという証拠はない。睡眠は通常起きている時間にとるよりも夜とる方がより深いということは確かだ。

例題 12

次の英文を読んで，(1)～(3)の問いに答えよ。

　①For students of English as a second language, a good English dictionary is essential. It is a source of valuable information and if it is used correctly, the dictionary will serve as a useful tool toward your goal of English fluency.

　There are many types of dictionaries that a student may consider, including collegiate, learner's, unabridged, and bilingual dictionaries.

　For more advanced students, collegiate or college dictionaries are preferred. In addition to the standard word entries, collegiate dictionaries often contain sections with abbreviations, foreign expressions used in English, and biographical listings. Some also contain geographical listings.

　Learner's dictionaries are highly recommended. This type of dictionary is written specifically for students of English as a foreign language. Definitions are written in clear, easy to understand English. These dictionaries often anticipate learners' questions with special explanatory sections. They also use a standard phonetic alphabet to indicate pronunciation of entries.

　Unabridged dictionaries are the most comprehensive, but are not practical for second language learners because of their size and detail. These dictionaries are often found in the reference sections of libraries on special tables to accommodate their size and weight. An unabridged dictionary is an excellent source for determining the historical development of words, examples of sentences that demonstrate proper usage, antonyms, and synonyms.

A bilingual dictionary, which contains words both in your native language and in English, should be avoided. Often these dictionaries are incomplete and give only basic native language equivalent words. These words are frequently out of date or inappropriate for the context of the sentence in which you want to use the unknown words; thus entries in bilingual dictionaries can be misleading and can actually cause you to make mistakes. ②It is worthwhile for English language students to switch to a learner's dictionary as soon as possible, or to use it in conjunction with a bilingual dictionary. You will find that your vocabulary will increase faster by using an English language dictionary.

A dictionary gives you the information required to choose the best word for your needs. ③A typical dictionary entry contains the correct spelling of a word, followed by the word written in a phonetic alphabet, which shows how to pronounce it. The word is separated by syllables. These help you determine where to separate it at the end of a line when writing. Following the phonetic spelling of the word, its part of speech is indicated. The meanings of the word are given in a numerical order, sometimes followed by a sentence that shows the proper use of the word.

(1) 下線部①について，"a good English dictionary" として挙げられているものを全て，本文より探し，英語で記せ。

(2) 下線部②について，筆者が述べている内容を日本語で説明せよ。また，筆者がそのように述べている理由を本文の内容に即して，日本語で説明せよ。

(3) 下線部③の内容を表している最も適当なものを，下のア〜エより1
つ選び，その記号を記せ。

ア

max・i・mum (măk'sə-məm) *n.*
pl. -mums or -ma (-mə). *Abbr.* max.
A.a. The greatest possible quantity or
degree. **b.** The greatest quantity or
degree reached or recorded; the upper
limit of variation. **c.** The time or
period during which the highest point
or degree is attained. **B.** An upper
limit permitted by law or other
authority. **C.** *Astronomy.* **a.** The
moment when a variable star is most
brilliant. **b.** The magnitude of the star
at such a moment.

イ

max・i・mum *n.* (măk'sə-məm)
pl. -mums or -ma (-mə). *Abbr.* max.
1.a. The greatest possible quantity or
degree. **b.** The greatest quantity or
degree reached or recorded; the upper
limit of variation. **c.** The time or
period during which the highest point
or degree is attained. **2.** An upper
limit permitted by law or other
authority. **3.** *Astronomy.* **a.** The
moment when a variable star is most
brilliant. **b.** The magnitude of the star
at such a moment.

ウ

max・i・mum (măk'sə-məm) *n.*
pl. -mums or -ma (-mə). *Abbr.* max.
1.a. The greatest possible quantity or
degree. **b.** The greatest quantity or
degree reached or recorded; the upper
limit of variation. **c.** The time or
period during which the highest point
or degree is attained. **2.** An upper
limit permitted by law or other
authority. **3.** *Astronomy.* **a.** The
moment when a variable star is most
brilliant. **b.** The magnitude of the star
at such a moment.

エ

max・i・mum *n.* (măk'sə-məm)
pl. -mums or -ma (-mə). *Abbr.* max.
A.a. The greatest possible quantity or
degree. **b.** The greatest quantity or
degree reached or recorded; the upper
limit of variation. **c.** The time or
period during which the highest point
or degree is attained. **B.** An upper
limit permitted by law or other
authority. **C.** *Astronomy.* **a.** The
moment when a variable star is most
brilliant. **b.** The magnitude of the star
at such a moment.

解答

(1) ・collegiate or college dictionaries　　・learner's dictionaries

(2) 学習者はできるだけ早く学習者用辞書に変更するか，バイリンガル
辞書と併せて使用する方がよいということである。多くの場合，バイリ
ンガル辞書は不完全で，基本的な母国語の対訳語しか載せていない。こ
れらの対訳語は，文脈に合うよう自分が知らない語を使うには，時代遅
れであったり，不適切であったりすることが頻繁に起こる。そのため，
バイリンガル辞書の見出し語は誤解を招き，実際に間違ってしまうこと
がある。一方，学習者用辞書は，外国語として英語を学ぶ者を念頭に書
かれており，定義が明確でわかりやすい英語で書かれている。この辞書
は特別な解説のセクションを設けており，学習者がもつ疑問に対応して
いる。また，見出し語の発音を示すために標準発音記号を使用している。
英語で書かれた辞書を使うことで，学習者は語彙をより速く増やすこと

ができるからである。　　　(3)　ウ

| 解 説 |

(1)　本文の第2パラグラフにあるように，本文で紹介されている辞書は大学生用辞典，学習者用辞典，(用語や定義を省略しないで掲載している)大辞典，そしてバイリンガル辞典である。大学生用辞典と学習者用辞典は，それぞれ第3パラグラフ1文目と第4パラグラフ1文目で著者が推奨している。それに対し，大辞典とバイリンガル辞典は，それぞれ第5パラグラフ1文目と第6パラグラフ1文目に，著者の批判的な見解が示されている。

(2)　まず，下線が引かれた文を日本語訳すればよい。また，著者がこのように述べる理由としては，著者が学習者用辞典を好ましいと考える理由と，バイリンガル辞典が好ましくないと考える理由を整理して書けばよい。学習者用辞典が好ましい理由は第4パラグラフ2〜5文目と第6パラグラフの5文目に，そしてバイリンガル辞典が好ましくない理由は第6パラグラフの2文目と3文目に述べられている。これらの情報を対比的にまとめればよいだろう。

(3)　下線が引かれた英文は，「典型的な辞書の見出し語は，語の正しい綴りに続いて，その語の発音の仕方を示す発音記号が書かれている。語の表記はシラブルで区切られており，書く時に行末でどのように区切るべきかを決めるのに役立つ。発音記号の後には，その語の品詞が書かれている。語の意味は番号順に並べられており，その語の正しい使用方法を示す文が続くこともある」の意である。アは語の意味がアルファベット順に並べられており，イとエは品詞が発音記号の前にあるので誤りである。

長文読解　総合問題

例題 1

次の文章を読み，あとの問い A・B に答えよ。

During my college days, I spent my summers as an assistant at a camp for junior high school students. It was work I looked forward to every year because it was a pleasure. Of my camp memories, there is one summer that stands out from the rest.

It was the first day of camp. About an hour after everyone had arrived, I noticed a small boy sitting alone under a tree. He was thin, pale and obviously uneasy. Only fifty feet away, all the other campers were playing, joking and enjoying getting to know each other, but he seemed to want to be anywhere other than where he was. He had a lost look, a look of deep loneliness. To be honest, I felt uncomfortable approaching him, but our senior staff members had instructed us to watch for campers who might feel left out, campers just like this boy. I knew it was my responsibility to talk with him even though I felt it would not be easy.

I walked up to him and said, "Hi, my name is Kevin, and I'm one of the assistants." In a small, shaky voice he shyly answered, "Hi, I'm Tommy."

"Welcome to camp, Tommy. How's it going?"

"Okay, I guess," he said quietly, not looking at me.

"Do you want to join the activities and meet some new kids, or do you want to just sit here under this tree?" I asked with a smile. He replied unwillingly, "I'm fine here. This camp is not really my thing." It was clear that camp life was new to him, and I somehow knew it would not be right to push him to join the other campers. Instead, I sat down and talked with him for a while, and then took him to his cabin. I hoped he would make some friends there.

After lunch the next day, I led the two hundred campers in songs. I looked over the enthusiastic crowd and noticed Tommy, sitting alone, staring at the floor. I realized he was going to require some very special care. That night at our staff meeting, I told everyone about him, and asked them to pay attention to him and spend time with him whenever possible. Tommy became our special project. We always helped him participate in the camp activities, and slowly he opened up.

Time passed quickly, and Tommy became more active every day. In no time camp was over. As the campers celebrated at a farewell party, I suddenly saw what would be one of the most vivid memories of my life. The boy who had once sat alone under the tree was now dancing. Towards the end of the party, he was dancing as if he owned the dance floor, and talking with people he had not even been able to look at a few weeks earlier. The changes in Tommy were dramatic. All of the camp staff saw him as the camp's greatest success.

About five years later, I got a letter from Tommy. I had not seen him since the night he was all over the dance floor, so it was a complete surprise to get a letter from him. And what the letter said was even more of a surprise.

In the letter, Tommy said, "I appreciate your help very much. On the first day of camp, you came up to me while I was sitting alone. After that, you always gave me special attention and encouraged me to join activities when I hesitated. As a result, I gradually got to know the other campers, and I even became 'the king of the dance floor' on the last night. Because of your help that summer, my life changed. I gained so much confidence that I went back to school as a new person. My grades improved. I became very active and made new friends. Today, I got a letter that said I have been given a scholarship for college next year. I am proud to have gotten it, but I know that if you had not helped me, I would not have. I just wanted to thank you for helping me become a different person."

I have kept that letter ; it is special to me. I read it sometimes to remind myself that we never know how much our actions may affect someone.

A 次の問1〜5に対する答えとして最も適当なものを，それぞれ下の①〜④のうちから1つずつ選べ。

問1 What happened on the first day of camp?
① Tommy felt a responsibility to talk with the lonely boy.
② Tommy left the camp to return to his house.
③ Tommy tried to get to know other campers.
④ Tommy did not feel at all comfortable.

問2 What did Kevin do to help Tommy?
① He taught him how to become a good dancer.
② He decided to stay with him in the same cabin.
③ He suggested that Tommy stay under the tree.
④ He asked the assistants to take care of him.

問3 What happened on the last night of camp?
① Kevin felt sorry about Tommy's big change.
② Tommy demonstrated his new confidence.
③ Tommy wanted some friends to talk with.
④ Kevin got a letter from Tommy.

問4 How did the camp affect Tommy?
① He changed into a new person.
② He became a little more lonely and shy.
③ He lost the confidence to make friends.
④ He was happy with his high school scholarship.

問5 What did Kevin gain from his experience with Tommy?
① He learned he was able to make a real difference in someone's life.
② He realized that he really enjoyed his work as a camp assistant.

③　He realized he should force campers to participate in activities.

④　He learned that he did not know how to be a helpful camp assistant.

B　本文の内容と合っているものを, 次の①〜⑧のうちから3つ選べ。ただし, 解答の順序は問わない。

①　Kevin did not enjoy his summer job at camp because he did not like uneasy campers.

②　At the beginning of camp life, Tommy looked as if he wished he were somewhere else.

③　Campers who did not join the activities were given special attention by the assistants.

④　Most of the children at the camp enjoyed participating in singing after lunch.

⑤　Kevin asked the other campers to help Tommy because he did not want to.

⑥　The camp staff found that Tommy was a failure on the final day of camp.

⑦　If Kevin had failed to help him, Tommy would not have remained lonely at the camp.

⑧　Tommy learned to make friends with others by hiding his true feelings.

解答

A　問1　④　　問2　④　　問3　②　　問4　①　　問5　①
B　②, ③, ④

解説

A

問1 「キャンプの初日に何があったのか」

　第2段落第2文以降に「ひとりの少年が木の下にひとりぼっちで座っていて, 明らかに不安そうであって, ほかのキャンプ参加者とも交わらず, 途方に暮れた様子で寂しそうだった」と述べられている。その少年とい

263

うのは第3段落以降から「トミー」だとわかる。したがって，④「トミーはまったく居心地よくなかった」が適切。

① 「トミーはひとりぼっちの少年と話をする責任を感じた」 本文にこのような記述はない。第2段落最終文からトミーと話す責任を感じたのはケビン。

② 「トミーは家に帰るためにキャンプを去った」 本文にこのような記述はない。

③ 「トミーは他のキャンプ参加者と知り合いになろうとした」 本文にこのような記述はない。

問2 「ケビンはトミーを助けるために何をしたか」

After lunch 〜で始まる段落の第4文目に「その夜，ケビンはスタッフ会議で彼(トミー)についてみんなに話し，彼に注意を払って，できるときはいつでも彼と時間を過ごすように頼んだ」と述べられていることから，④「彼はアシスタントたちに彼(トミー)の世話をするように頼んだ」が適切。

① 「彼は彼(トミー)に上手なダンサーになるにはどうしたらよいか教えた」 本文にこのような内容の記述はない。

② 「彼は彼(トミー)と同じキャビンにいることにした」 本文にこのような内容の記述はない。「彼をキャビンに連れて行った」だけ。

③ 「彼はトミーが木の下にいるようにすすめた」 本文にこのような記述はない。

問3 「キャンプの最後の日の夜，何が起こったか」

最後から第2段落目にあるトミーの手紙の内容がヒント。第5文以降に「最後の晩にはダンスフロアーの王様にさえなったのです。あの夏のあなたの助けで，私の人生は変わりました。私はたいへん自信がついたので，新しい自分として学校に戻りました」とある。したがって ②「トミーは新たに自信を見せた」が適切。

① 「ケビンはトミーが大きく変わったことについてすまないと思った」本文の内容にこのことの記述はない。

③ 「トミーは話す友だちがほしかった」 第2段落にトミーは寂しく孤独だったという記述はあるが，友だちがほしかったということに関し

ては何も述べられていない。

④ 「ケビンはトミーから手紙を受け取った」 最後から第3段落目にあるように，トミーから手紙を受け取ったのはキャンプの5年後のことで，キャンプの最後の日の夜のことではない。

問4 「キャンプはどのようにトミーに影響したか」

最後から第2段落にあるトミーの手紙に，I gained so much confidence that I went back to school as a new person. 「私はたいへん自信がついて，新しい自分として学校に戻った」とあるので，①「彼は新しい自分に変わった」が適切。

② 「彼はすこし寂しく内気になった」 本文にこのような記述はない。

③ 「彼は友だちを作る自信をなくした」 本文にこのような記述はない。

④ 「彼は高等学校の奨学金がうれしかった」 最後から第2段落の最後の方に「大学の奨学金をもらうことになった」と述べられていることと矛盾する。

問5 「ケビンはトミーとの経験から何を得たか」

本文の最終文 I read it sometimes to remind myself that we never know how much our actions may affect someone. 「私たちの行動がどれほど人に影響するものであるかということはわからないということを自分に思い出させるために時々それを読む」とある。it とはキャンプ体験を書いたトミーの手紙であることが前段落からわかる。したがって，①「彼は現実に人の人生を変えることができるということを学んだ」が適切。

② 「彼はキャンプ・アシスタントとしての仕事を実際に楽しんでいたことがわかった」 第1段落第2文目の内容から，ケビンはトミーに会う前からキャンプ・アシスタントの仕事を楽しんでいたことがわかる。

③ 「彼はキャンプ参加者をいろいろな活動に参加するように強制すべきだということがわかった」 第6段落第5文に and I somehow knew it would not be right to push him to join the other campers. 「私はほかのキャンプ参加者の中に入るように彼を強制するのはよくないと何となくわかった」とある内容と矛盾する。

④ 「彼はどのようにしたらキャンプ・アシスタントとして役に立てるのかわかっていないことがわかった」 本文にこのような記述は見当たらない。内容全体からケビンはトミーとの経験からもキャンプ・アシスタントとして役に立ったことがわかる。

B

① 「ケビンは不安そうなキャンプ参加者が好きでなかったので，キャンプでの仕事が楽しめなかった」 第1段落の第2文目にIt was work I looked forward to every year because it was a pleasure.とある。それに「不安そうなキャンプ参加者が好きでない」という記述は本文にない。

② 「キャンプ生活の初めに，トミーはあたかもどこかほかのところにいたがっているように見えた」 第2段落の第4文目にbut he seemed to want to be anywhere other than where he was.「しかし彼(トミー)は彼のいるところ(キャンプ)とは別のどこかにいたがっているように見えた」の内容と一致する。

③ 「いろいろな活動に参加しないキャンプ参加者はアシスタントに特別に注意を払われた」 第2段落の第6文目にour senior staff members had instructed us to watch for campers who might feel left out「仲間はずれになったかもしれない参加者に注意を向けるようにと先輩のスタッフから私たちは教えられていた」とある内容と一致する。

④ 「キャンプに来た子どもたちの大部分は昼食後の歌に参加することを楽しんだ」 中程のAfter lunch ～で始まる段落の第1文目に「私は歌をリードした」「熱心な(enthusiastic)参加者たちを見渡した」とある内容と一致する。

⑤ 「ケビンは自分がしたくなかったので，ほかのキャンプ参加者にトミーを助けてほしいと頼んだ」 After lunch ～で始まる段落の第4文目に「そしてアシスタントにトミーに注意をはらい，時間をいっしょに過ごすように頼んだ」とあり，最終文に「私たち(すなわちアシスタント)は彼(トミー)をキャンプでの活動に参加するように助けた」とあるのと矛盾する。

⑥ 「キャンプのスタッフは，トミーは失敗だった(成果がなかった)とキャンプ最終日にわかった」 Time passed quickly,で始まる段落の最終

文に「キャンプのスタッフはみんなトミーをキャンプの大成果だとみなした」と述べられていることと矛盾する。

⑦ 「もしケビンがトミーを助けることができなかったならば，トミーはキャンプでひとりぼっちのままではなかっただろう」 ケビンの助けで，トミーが変えられたのが本文の内容である。これと矛盾する。

⑧ 「トミーは本当の気持ちを隠してほかの子どもたちと友だちになることを学んだ」 本文にこのような記述はない。

|全訳|

大学生の頃，中学生のキャンプ・アシスタントとして夏を過ごした。それは楽しかったので毎年期待していた仕事だった。キャンプの思い出の中でも，ほかの夏とは違って際立っているある夏があった。

キャンプの第1日目のことだった。みんなが到着してから約1時間後，私はひとりの少年がひとりぼっちで木の下に座っているのに気がついた。彼は痩せていて，顔色が青白くて，明らかに不安そうだった。ほんの50フィート離れたところでは，ほかのキャンプ参加者みんなが遊んだり冗談を言ったりお互いに知り合いになったりして楽しんでいたが，その少年は今いるところとは別のどこかにいたがっているようだった。落ち着かない顔をして，まったく寂しそうな様子をしていた。正直言って，私は彼に近づくのは面倒だと思った。が，仲間はずれにされているのかもしれないキャンプの参加者，ちょうどその少年のような参加者には気をつけるようにと，先輩のスタッフに私たちは教えられていた。面倒だと思っても彼と話をするのは私の責任だとわかっていた。

私は彼のそばに歩みよって声をかけた。「やあ，僕の名前はケビン，アシスタントのひとりなんだ」。小さな震え声で，恥ずかしそうに彼は答えた。「こんにちは，僕トミーです」

「キャンプにようこそ，トミー。調子はどう？」

「いいと思いますけど」彼は私を見ないで静かに言った。

「いろいろな活動に参加して新しい子どもたちと知り合いになりたい？それともこの木の下にただ座っていたいの？」私は笑顔で尋ねた。彼はしぶしぶ答えた。「ここでいいんです。このキャンプは僕には向いてないんです」。彼にとってキャンプ生活が初めてなのは明らかだったし，彼をほ

かの参加者たちの仲間に入るように強制するのはよくないことだと何となくわかった。かわりに，私は座って彼としばらく話をし，それから彼のキャビンに彼を連れていった。私は彼がそこで友達を作れればと思った。

　翌日の昼食後，私は200名のキャンプ参加者たちの歌を指揮した。私は熱心な参加者たちを見渡して，トミーがひとりぼっちで座ってじっと床を見つめているのに気づいた。彼は特別に世話をする必要があるなと私にはわかった。その夜スタッフ会議で，私は彼についてみんなに話して，彼に注意を払って，できるときにはいつでも彼と時間を過ごすように頼んだ。トミーは私たちの特別な課題となった。私たちはいつでも彼がキャンプのいろいろな活動に参加するように手助けをした。彼はゆっくりと心を開いていった。

　時は瞬く間に過ぎて，日々トミーはより活動的になった。あっという間にキャンプは終わった。キャンプ参加者たちがお別れのパーティーをしていたとき，私は自分の人生でもっとも鮮やかな思い出のひとつになるであろうものを突然目にした。以前は木の下にひとりぼっちで座っていた少年が今踊っているのだ。パーティーも終わりに近づくと，彼はあたかもダンスフロアーを我が物顔で踊っていて，数週間前には目を見ることさえできなかった人たちと話をしていた。トミーの変化は劇的なものだった。キャンプのスタッフはみんな彼をキャンプのもっともすばらしい成果とみなした。

　およそ5年後，私はトミーから手紙をもらった。彼がダンスフロアーの至る所にいたあの夜以来，彼には会っていなかったので，彼から手紙をもらうのはまったくの驚きであった。それに手紙の内容はさらに一層の驚きだった。

　手紙の中で，トミーは「あなたの助けをとても感謝しています。キャンプの最初の日に，私がひとりぼっちで座っているとき，あなたは私のそばに来てくれました。その後，あなたは私に特別な注意をいつも払い，いろいろな活動に参加するようにと私がためらっているとき励ましてくれました。その結果，私はだんだんとほかの参加者たちを知るようになり，最後の晩にはダンスフロアーの王様にさえなったのです。あの夏のあなたの助けで，私の人生は変わりました。私はたいへん自信がついた

ので，新しい自分として学校に戻りました。私の成績は良くなりました。とても活発になって新しい友達もできました。今日，来年の大学奨学金がもらえるという手紙を受け取りました。それを獲得して誇りに思っていますが，あなたが助けてくれなかったら獲得しなかっただろうということもわかっています。私はただ，私が別の自分になるのを助けてくれたことのお礼を，あなたに言いたかったのです」

　私はその手紙を保管している。それは私にとって特別なものだ。私たちの行動がどれだけ人に影響するかはまったくわからないということを自分に思い出させるために，私はその手紙を時々読む。

例題 2

次のを読んで，あとの問いに答えよ。

　Differences in verbal and *nonverbal systems of language play a major role in intercultural communication. Obviously verbal language differences ①constitute a major stumbling block. Vocabulary, syntax, idioms, slang, pronunciation, and dialects are troublemakers ; yet the average person speaking the foreign language usually knows that he does not know the language like a native speaker and ②is alert for trouble. If we pick up a German newspaper, (③) we know the language, we will not ④make sense out of what we see. So we expect language problems when we meet someone who does not speak our language. If mistakes are made, ⑤ordinarily we do not react too negatively to them. Most of us realize that verbal language difficulties can occur in intercultural communication so we adjust accordingly. Occasionally, however, even the best trained foreign language speaker in conversations with a native speaker will need to remind himself that ⑥his command of the language is not that of the native.

　⑦The Japanese language serves as an excellent example of how misunderstandings can occur. The language tends to be ambiguous, and its diversity of expression can present obstacles even in everyday conversations. For instance, in English, the word "no" is a proper response when someone asks someone else to do something that person (⑧). The use of "no" in most cases causes no discomfort, awkwardness or offense to the listener. In Japanese, the word *"iie"* (which means "no") is rarely used to say "no" because it sounds too offensive and too straightforward. Because they try not to offend when refusing, the Japanese avoid (⑨) *"iie"* except in intimate circumstances when the speakers know each other well. In other situations, ⑩they will use several alternate ways of expressing negative intentions, none of which would be considered offensive. The foreigner interacting with a native Japanese would have to know the use of these variations.

In every language, similar situations occur. Certain words or phrases may have numerous interpretations and (⑪) speakers must constantly remind themselves that these variations exist so they do not cling to one meaning regardless of *connotation or context.

Learning the language, which too many foreigners believe to be the only barrier to understanding, is actually only (⑫). To enter into a different culture, we must be able to sense ⑬the special meaning conveyed by space, time, posture, appearance, facial expressions and movements. That is to say, we must be prepared to deal with the nonverbal area of communication. Persons in diverse cultures inhabit different sensory worlds. Each sees, hears, smells, tastes, and feels only ⑭that which has meaning for him. He selects whatever fits into his personal world and interprets ⑮it through the frame of reference of his own culture.

　[注] nonverbal：言葉にあらわれない(たとえば，身振り，視線など)
　　　connotation：言外の意味
問1　下線部①の意味として最も適当なものを1つ選べ。
　①　重大な障害となる　　　②　大きな既成の枠組みを壊す
　③　重要な規則を制定する　④　中心的な役割を担う
問2　下線部②の意味として最も適当なものを1つ選べ。

① is neglectful of   ② is different from   ③ is watchful for

④ is affectionate to

問3　空所③に入れるのに最も適当なものを1つ選べ。

① if   ② as   ③ when   ④ unless

問4　下線部④の内容として最も適当なものを1つ選べ。

① understand the articles and news

② become sensitive to a German newspaper

③ be conscious of the foreign language

④ be sensible to see a German newspaper

問5　下線部⑤の理由として最も適当なものを1つ選べ。

① 一般に，異文化にたいして毅然とした態度をとりたいから。

② 普通は，異文化にたいして否定的な立場にあるから。

③ 言語の異なる文化間の交流には正確さが求められるから。

④ 異文化コミュニケーションでは，言葉の障害があって当然だから。

問6　下線部⑥の意味として最も適当なものを1つ選べ。

① 外国語を駆使する能力では，それを母国語とする人には及ばない。

② 外国語会話と母国語会話の違いは，文化の違いを際立たせる。

③ 外国語と母国語の相違は，その文化が比較される時に際立つ。

④ 外国語に関する横柄な態度は，それを母国語とする人が取る態度
とは違う。

問7　下線部⑦の理由として最も適当なものを選べ。

① 英語に比べれば，日本語の発想は単純になるから。

② 英語に比べれば，日本語には妥協が許されないから。

③ 日本語自体が曖昧で，多様な表現が誤解を引き起こすから。

④ 日本語自体が単純であるために，その内容がうまく伝わらないか
ら。

問8　空所⑧に入れるのに最も適当なものを1つ選べ。

① need to do   ② does not want to do

③ asks to do   ④ expects to do

問9　空所⑨に入れるのに最も適当なものを1つ選べ。

① use   ② to use   ③ uses   ④ using

問10　下線部⑩の内容を表わすものとして最も適当なものを1つ選べ。

① 日本人の拒否の仕方には幾つかの流儀があるようだが，どれも率直に思われない。

② 日本人は拒否の意思を伝える様々な表現を使うが，どれも不快には思われない。

③ 英語を話す日本人は否定表現をよく使用するが，そのどれも無礼に聞こえてならない。

④ 日本語が得意な外国人は否定表現を巧みに選択するが，そのどれもが感心できない。

問11　空所⑪に入れるのに最も適当なものを1つ選べ。

① non-native　　② native　　③ numerous　　④ certain

問12　空所⑫に入れるのに最も適当なものを1つ選べ。

① the English　　② the area　　③ the goal　　④ the start

問13　下線部⑬の内容として最も適当なものを1つ選べ。

① 外国語学習に関する特別な理由

② 外国語学習の特別な目的

③ 言葉だけでは伝えられない部分

④ コミュニケーションに関する特別な意味

問14　下線部⑭の that と同じ用法のものを1つ選べ。

① It isn't that important.

② He has that in him which makes a great baseball player.

③ She brought me the news that our team had won.

④ Where is the cat that was here?

問15　下線部⑮の it は何を指しているか。最も適当なものを1つ選べ。

① the verbal area of communication

② a different sensory world

③ whatever fits into his personal world

④ the frame of reference of his own culture

| 解 答 |

問1　①　　問2　③　　問3　④　　問4　①　　問5　④　　問6　①

問7　③　　問8　②　　問9　④　　問10　②　　問11　①

問12　④　　問13　③　　問14　②　　問15　③

| 解 説 |

問1　stumbling block「障害(物)」

問2　be alert for ～「～に対して油断なく警戒している」

問3　文脈から unless「～しない限り」。

問4　make sense out of ～「～の意味を理解する」

問5　「ふつう私たちはそれらにそれほど否定的な反応をしない」

問6　that は command of the language「外国語を駆使する能力」を指す。

問7　「日本語は，どのように誤解が生じるかの優れた例となる」

問8　something that person does not want to do「その人がしたくない何か」

問9　動詞 avoid は目的語に動名詞をとる。

問10　none of which の which は，文前半の several alternate ways of expressing negative intentions「拒否の意思を伝えるいくつかの代替方法」を指す。

問11　non-native speakers「ネイティブスピーカーでない人」とすると文意が通る。

問12　続く文の内容から，「言語を習うことは…実は始まりに過ぎない」とする。

問13　「空間，時間，姿勢，外観，顔の表情，身体の動きなどによって伝えられる特別な意味」＝「言語だけでは伝えられない部分」

問14　that which は「～するもの」の意で，この that は代名詞。

問15　whatever fits into his personal world「彼の個人的な世界に合うものはなんでも」

| 全訳 |

　言語で表す言語方式および言葉にあらわれない言語方式の違いは，異文化間のコミュニケーションでは大きな役割を演じる。明らかに，言葉による言語の違いは，大きな障害となっている。語彙，構文，慣用表現，俗語，発音，方言は厄介なものだが，外国語を話す平均的な人なら，ふつうは自分がネイティブスピーカーのようにはその言語を知らないことがわかっているので，トラブルに対して油断なく警戒するものだ。

ドイツ語の新聞を手に取ってみても，ドイツ語を知らなければ，見ているものの意味はわからない。だから，誰か自分たちの言葉を話せない人に会うと，言葉の問題があるだろうなと予想する。たとえ間違いがあっても，ふつうそれらにそれほど否定的な反応を示さない。私たちのほとんどは，異文化間のコミュニケーションでは，言葉による言語の問題が生じることがわかっているので，それに順応するようにしている。しかし，ネイティブスピーカーとの会話に最も練達した話し手でも，自分の言語を駆使する能力が，ネイティブと同様ではないことを時折思い出す必要があるだろう。

　日本語は，どのように誤解が生じるかの優れた例となる。日本語は曖昧であることが多く，表現が豊かなので，日常会話においても障害となることがある。例えば，英語のnoという語は，誰かが，誰か他の人に，その人がしたくない何かを頼んだときの適切な返事である。ほとんどの場合，noを使っても，聞いている人を不愉快にさせたり，気まずくさせたり，怒らせたりしない。日本語では，「いいえ」という言葉(noを意味する)は，noと言うのに滅多に用いられない。あまりに人の気分を害し，率直すぎる響きがあるからだ。断る際に人を立腹させないようにするために，日本人はお互いによく知り合っている親密な間柄の場合を除いて，「いいえ」を使うことを避ける。また別の状況では，人の感情を害さないと思われる，いくつかの拒否の意思を表す代替表現を使う。日本語のネイティブスピーカーと交流する外国人は，これらのバリエーションの使い方を知らなければならないだろう。

　どの言語でも同じような状況は生じる。特定の語や語句に数多くの解釈が成り立つことがあり，ネイティブでない話し手は，これらのバリエーションがあるため，言外の意味や文脈を無視して，1つの意味にこだわることのないように，いつも気をつけていなければならない。

　あまりに多くの外国人が相互理解を阻む唯一の障害と思っている言葉の学習だが，それは実は始まりに過ぎない。異文化の中に入って行くために，私たちは，空間，時間，姿勢，外観，顔の表情，身体の動きなどによって伝えられる特別な意味を感じ取ることができなければならない。すなわち，コミュニケーションの言葉にあらわれない領域に対処する用

意がなければならないのだ。様々な文化の人々が，異なる感覚の世界に
住んでいる。彼らのそれぞれが，自分にとって意味のあるものだけを見，
聞き，嗅ぎ，味わい，感じる。彼は自分の個人的な世界に合うものだけ
を選び，それを自分自身の文化に関する評価基準の枠組みを通して解釈
しているのだ。

例題 3

次の英文は *"That Doesn't Mean What You Think It Means"* という本の
Introduction と Contents の一部である。英文を読み，あとの[問1]～[問7]
に答えよ。

This book is about words that aren't doing what they want to do
because we're not letting them. It's really a word liberation book —
letting those words be the words they were meant to be.

It's about how we misuse the English language and use the wrong
words that don't mean what we think they mean. It's not only about
mistakes, but about correcting those mistakes, and discussing if they'
re even mistakes at all. In short, it's about the 150 most commonly
confused, abused, questioned, and misused words and phrases in the
English language, according to surveys, dictionaries like *Merriam-
Webster's*, and top word experts like Steven Pinker and Bryan Garner.

These are the words that educated people most often misuse, are
embarrassed about misusing, and want to use correctly. Some of them
are what are sometimes called ⓐbubble words — words of which you
are sure you know the meaning, but you actually don't.

Before we begin, we want to say emphatically that we're not
absolute, antiquarian-style prescriptivists who speak in funny quasi-
British accents, stare over our glasses, and insist on old definitions of
words and refuse to acknowledge changes in English. ⎡ A ⎤, we've
made mistakes ourselves − and it would be more than hypocritical to
criticize other people for doing what we've done. ⎡ B ⎤, the latest
Oxford English Dictionary lists 171,476 words in current usage. That's a

myriad, plethora, staggering number, enormity, or a real load of words. ⬚ C ⬚, many of them are words most of us don't use, but the point is that it's impossible for anyone to be fully conversant with all the words in English, or even the most common ones, and use each one of them correctly. We found examples of mistaken usage from national newspapers such as *The New York Times* and *Washington Post*, from eminent authors and magazines, as well as from blogs, Wikipedia, newscasts, and popular magazines. ⬚ D ⬚, yeah, we ALL make mistakes.

More to the point, words change, times change, and meanings change, and we're not going to halt the flow of time. We're not going to be struthious (resembling an ostrich) and ⓑstick our heads in the sand. But who gets to decide what's right and wrong? France has a national academy, the Acadéie françise, that rules on what's good French and what's not. English is more [あ]: we all decide. We yell, argue, talk, and write, and eventually some sort of consensus is reached; and then, of course, things change once move. Naturally, in different parts of the English-speaking world, different words are sometimes considered correct. You want to "prepone" a meeting? You don't say that in the United States, but it's considered correct by many in India. This book is about what's generally considered correct right now by educated people in the generally accepted standard dialect of North America called GA (General American). We try to tack our way through the stormy seas of linguistic confusion and arrive at reasonable conclusions of what to say and what not to say

E

Like it or not, words can be dangerous, humiliating, and anger inducing. People can get absolutely infuriated over words. Just recently in an online argument over politics, a writer criticized someone over the "tenants of his beliefs." The guy fired back and ridiculed the writer for choosing the wrong word — it should have been "tenets," and instead of talking about the criticism (in our opinion justified), the internet was buzzing with talk about the "dumb" guy (that's the most polite pejorative, you can imagine the others) who couldn't write English correctly. It was unfair, and detracted from an important debate, but ⓒit happened. And that's also why we wrote this book, so it doesn't happen to you; or in a lesser way, so people don't simply look at you quizzically when you use the wrong word. Who wants to sound like they don't know what they're talking about? (Hint: rhetorical question.)

But most of all, words are fun. It's fascinating to delve into the complicated histories of words and see how they came to mean what they do. As Steve Martin said," Some people have a way with words, and other people ...oh, uh, not have way." This book is for all of us, who at least occasionally, uh, "not have way" with words.

historic / historical

"It was an historical day on Wall Street, the biggest intraday drop ever!"

    — FOX BUSINESS NETWORK ANCHOR

The example above is technically correct, but that's pushing it. *Every* past day is a (①) day. But only a few days are (②). (③) merely means "based in history," so anything that happened in the past is (③) and not necessarily news. Yesterday when I ate a chicken salad sandwich on rye bread — that was (③). (④) means "significant or famous in history," or "having a long history." Yesterday when I ate that chicken salad sandwich — no, that wasn't (④). A huge drop in the stock market, on the other hand, is big news, and that is (⑤). We're sure the Fox anchor wasn't trying to

277

say it was just another day on the Street with the biggest intraday drop ever ― she was talking about a big down day that should go down in history. This distinction between *historic* and *historical* is interesting because it's recent. In Shakespeare's day, you could easily use *historical* to mean *historic* and vice versa without arousing attention.

〔Ross Petras and Kathryn Petras, 2018. *That Doesn't Mean What You Think It Means*, TEN SPEED PRESS. 一部編集等あり〕

[問1] 下線部ⓐはどのようなものか，日本語で説明せよ。

[問2] 本文中の｜ A ｜〜｜ D ｜に入る最も適切な語(句)を，次の(ア)〜(エ)からそれぞれ1つ選び，その記号を書け。ただし，すべての記号を使用すること。

(ア) True 　(イ) For one thing 　(ウ) And after all

(エ) So

[問3] 下線部ⓑの意味を表す最も適切なものを，次の(ア)〜(エ)から1つ選び，その記号を書け。

(ア) argue with other people about it

(イ) take the truth for granted

(ウ) pretend to know the truth

(エ) ignore the things happening around us

[問4] 本文中の[あ]に入る最も適切な語を，次の(ア)〜(エ)から1つ選び，その記号を書け。

(ア) authoritative 　(イ) democratic 　(ウ) decisive

(エ) conclusive

[問5] 本文中の｜ E ｜に，意味の通った文章となるように次の(ア)〜(エ)の文を並べかえて入れると，どのような順番になるか。その記号を書け。

(ア) Most of all, it's designed to give you some "word armor" in speaking and writing.

(イ) It's designed to be fun.

(ウ) We also throw in a little word history and etymology.

(エ) But it's also designed to educate.

[問6] あとの英文は下線部が指している内容である。(a)，(b)に入る適切な一語を，下線部のある段落の中から抜き出してそれぞれ書け。

This "it" refers to the situation where internet commenters criticized a writer's (a) rather than the writer's (b).

[問7] 本文中の(①)〜(⑤)に入る最も適切な語を，次の(ア)，(イ)からそれぞれ1つ選び，その記号を書け。ただし，文頭にくる場合も小文字としている。

(ア) historic (イ) historical

解答

問1 自分では意味がわかっていると確信しているが，実は意味がわかっていない語。

問2 A (イ) B (ウ) C (ア) D (エ)

問3 (エ)

問4 (イ)

問5 (ウ)→(イ)→(エ)→(ア)

問6 a English b argument / opinion

問7 ① (イ) ② (ア) ③ (イ) ④ (ア) ⑤ (ア)

解説

問1 bubble wordsの意味は，下線部後のダッシュ (—) に続く部分を訳出すればよい。ダッシュは前の語句に情報を追加したりするときなどに用いられる。

問2 設問は文と文をつなぐ副詞の意味を問うものである。

A 空欄の前に，私たちは完全でなく，規範主義者でもないなどの内容があり，空欄の後では私たち自身間違いをしてきたとある。この空欄の後の部分はその前の主張をサポートする具体的な根拠であるため，空欄にはFor one thing「その一例として」が入る。

B 空欄の後で，*Oxford English Dictionary*が171,476語という非常に多くの語を収録していることを示しており，すべてを正しく使用することは困難であると続く。そのため，空欄には私たちが誤りをすることが必然であることを強調する And after all「そしてなんといっ

ても，結局のところ」が入る。

　C　空欄の後に「それらの多くは私たちの多くが使用しない単語である」とあるが，これはその前にある非常に多くの英単語が存在するということの True「事実」をさらに説明するためのものである。

　D　空欄の前では，全国紙，著名な作家，雑誌などでも誤用が見られ，その後，私たちはみな誤りを犯すとある。したがって，空欄には2文をつなぐ順接の接続詞である So「そのため」が入る。

問3　第5段落1文目に単語，時代，意味は変わり，時間の流れを止めることはないとある。下線部ⓑの意味する内容は，そのような変わりゆく状況下でしないこと (we are not going to …) であり，(エ) の「私たちの周りで起きていることを無視すること」であると言える。stick one's heads in the sand は直訳すると「頭を砂の中に突き刺す」で，比喩的に「現実や困難を直視しようとしない」という意味がある。

問4　第5段落3文目に「何が正しくて何が誤りであると，だれが決めるのか」との問いかけがある。空欄を含む文以下には，アメリカではみなが議論し，話したりすることで徐々に合意を形成するとある。そのようなプロセスは democratic「民主的な」である。

問5　空欄部 E の前文からこの本の目的を述べており，まず「何と言うべきで，何と言わないべきかに関する合理的な結論に達すること」とある。したがって，次に続くのはもう一つ別の目的でもある「少しの単語の歴史と語源を差しはさむ」とする (ウ) である。残りの3つの選択肢はすべて "its's designed to 〜" を含んでおり，それらの2つの目的を達成するためにどのように本が設計されているかを示すと考えられる。その中で，(ア) には most of all「何よりも」があることから最後に位置し，(エ) には also「また」とあることから，(イ) の後に続くと推測できる。

問6　この段落では，政治に関しての議論で tenets と言うべきところを tenants と言った書き手が中傷された例を取り上げている。ネットはその書き手が英語を正しく書けなかったとして騒然としたが，それは不公平であり，重要な議論から注意をそらしたと書かれている。設問はその結果としてどのようなことが起こったかについてである。設問の

英語の意味は「この『それ』はインターネットのコメンテーターが書き手の (b) というよりは (a) のことで非難した」である。(b) に入るのは政治の議論において本来重要となるものであるため，argument「主張」またはopinion「意見」である。一方，(a) は本来重要ではない書き手が誤用した英語 (English) である。

問7　historic「歴史に残る，歴史上重要な」と historical「歴史(上)の，史実に基づく，過去に使われた」の使い方を問う問題。historical は単に過去に起きた出来事を指すため，過去の日，歴史上のこと，過去に起きた何か，サンドイッチを食べたことなどはすべて historical なものである。一方で，歴史上重要または有名であること，長い歴史を持つことなどに対しては historic を使用する。

例題 4

アメリカのある大学における新入生のための演習科目(コース)の内容が以下に記されている。この講義要項を参考にして，新入生は科目を選択することになっている。次の英文を読み，設問1～4に答えよ。

〈コースA〉

In this course you will explore the forces and effects of globalization in the cultural sector from fine arts to the film industry. Drawing from leading scholarship in political science and cultural policy in a way which will be useful to any area of the arts and humanities, you will learn to analyze critically and apply theories to the cultural sector. You will also explore resources that can bring an international dimension to the way that you learn about the world, from study programs to international online research.

〈コースB〉

What can you learn by looking closely at visual art? In this course you will explore Buddhism, particularly Himalayan Buddhism, by studying and discussing paintings, prints, sculpture, textile arts, temple architecture, and religious objects. You will see how this study allows discussion of important issues in the study of religion, and also learn how to adapt the visual method to analytical writing. Most class sessions will take place in the Jordan Schnitzer Museum of Art on campus.

〈コースC〉

　Science fiction and myth question the nature of reality and what might happen at the end of the world. This course will examine how the wonder of science fiction is increased when a new story is based on an older myth. We will read about the creation of monsters and gods, and human interaction with "otherness" in the classic Greek stories. Following this, we will examine the way later authors have been influenced or inspired by these original fictions.

〈コースD〉

　Through the careful examination of famous public speeches by Martin Luther King Jr., Malcolm X., Jesse Jackson, Barbara Jordan, and others, we will identify the principles of reasoning and effective public speaking. Students will write three-page papers on one famous speech and will take short examinations on the principles of public speaking. Once these principles are identified and understood, students will present three speeches and engage in two debates on race relations in America.

〈コースE〉

　In this course you will become an active participant in the study of a multi-cultural American West that was the crossroads for immigrants from several continents. We will do this by diving into primary sources, such as letters, diaries, photographs, maps, editorial cartoons, and oral interviews. You will learn how California's history affects events taking place today. Guest speakers, field trips, and films will all contribute to the experience.

〈コースF〉

　In this seminar you will have the opportunity to study and visit four prominent nineteenth-century houses in Oregon. By examining the processes, materials, and objects used in their creation, you will learn to read architectural spaces from the Victorian era as symbols of their time and of the people who created and occupied them. You will also learn how design choices can reflect identity. Students in this course will complete readings, engage in group discussions and writing activities, take field trips, and present a research project to the class.

1. 次のイ〜ニの学生が選択するのに最も適したコースをA〜Fからそれぞれ1つ選べ。

イ．歴史の生の姿に触れ，過去と現在の関係を様々な方法で見てみたい。

ロ．話の組み立て方を学び，大学生として人前で説得力のある話し方ができるようになりたい。

ハ．美術と精神性の関係に興味があり，教室で学ぶだけでなく，実際の作品を見ながら学びたい。

ニ．人間と環境の関わりに興味を持っているので，すぐれた建造物を見学し，人の暮らし方の歴史を学びたい。

2. コースA，B，Fの内容に最も合ったコース名をa〜dからそれぞれ1つ選べ。

(1) コースA
   a. International Online Research
   b. Arts and Humanities
   c. Globalization, Culture, and the Arts
   d. Critical Analysis of Cultural Policy

(2) コースB
   a. Analytical Writing   b. Himalayan Art
   c. Religion through Art   d. Temple Architecture

(3) コースF
   a. Oregon Houses   b. The Victorian Era
   c. Design History   d. Spaces as Symbols

3. コースCとEを開講する学科として最も適したところをa〜dからそれぞれ1つ選べ。

  (1)　コースC

    a．Speech Communication　　b．English Literature

    c．Philosophy　　　　　　　　d．Modern Science

  (2)　コースE

    a．Films　　b．History　　c．Arts　　d．Architecture

4．授業の課題(宿題やレポートなど)の有無が明記されているコースを選択する場合，最も適したものをa〜dから1つ選べ。

    a．コースBとE　　b．コースAとC　　c．コースEとF

    d．コースDとF

|解答|

1　イ　E　　　ロ　D　　　ハ　B　　　ニ　F

2　(1)　c　　　(2)　c　　　(3)　d

3　(1)　b　　　(2)　b

4　d

|解説|

1　イ　コースEの第3文参照。　ロ　コースDの第1文参照。　ハ　コースBの第1，4文参照。　ニ　コースFの第1，2文参照。

2　(1)　コースAの第1文に，「芸術から映画産業まで，文化的分野におけるグローバリゼーションの効力を研究する」とある。よって，cの「グローバリゼーション，文化と芸術」が最適。a「国際的なオンライン調査」，b「芸術と人文科学」，d「文化政策の批判的分析」。

(2)　コースBの第2文に，「絵画，版画，彫刻，織物工芸，寺院建築，そして宗教的なオブジェクトを研究し論議することによって，仏教，特にヒマラヤ仏教を研究する」とある。よって，cの「芸術を通して見た宗教」が正解。a「分析的技法」，b「ヒマラヤ美術」，d「寺院建築」。

(3)　コースFの第2文に，「その時代とそれらを建築しそこに居住した人々の象徴として，ヴィクトリア朝の建築空間を読み解く」とある。よって，d「象徴としての空間」が最適。a「オレゴン州の住宅」，b「ヴィクトリア時代」，c「デザインの歴史」。

3　(1)　コースCは，空想科学小説と神話の関係を研究するので，b「英文学」が適切。a「言語コミュニケーション」，c「哲学」，d「現代科学」。

(2)　コースEは，カリフォルニアの歴史と現在起きている出来事との関
　　係を検証するので，b「歴史」が正解。a「映画」，c「芸術」，d「建築」。
4　授業の課題が明記されているコースを選ぶ。コースDの第2文に，
「有名な演説どれか1つに関して3ページの論文を書き，演説の原理に関
する小試験を受ける」とある。コースFの第4文に，「閲読を修了し，
集団討論や執筆活動に従事し，実地見学をして，研究課題をクラスに
発表する」とある。

|全訳|

〈コースA〉

　　本コースでは，芸術から映画産業までの，文化的分野におけるグ
　ローバリゼーションの効力を研究する。芸術や人文科学のいかなる分
　野にも有効な方法で，政治学や文化政策における優れた学識を採り入
　れて，批判的に分析し，文化的分野に対して理論を適用することを学
　ぶ。また，学習プログラムから国際的なオンライン調査まで，世界に
　ついて学ぶ方法に国際的重要性をもたらすリソースを研究する。

〈コースB〉

　　視覚芸術を間近に見ることによって何を学び得るか。本コースでは，
　絵画，版画，彫刻，織物工芸，寺院建築，そして宗教的なオブジェク
　トを研究・論議することによって，仏教，特にヒマラヤ仏教を研究す
　る。この研究によって宗教学における重要な論点をいかに議論してい
　くかを理解し，さらに視覚的手法を分析的スタイルに適合させる方法
　も学ぶ。ほとんどの授業はキャンパス内のジョルダン・シュナイザー
　美術館で行われる。

〈コースC〉

　　空想科学小説と神話は，リアリティーの本質や世界の終末に起こる
　かもしれないことを問題にする。本コースは，新しい物語がより古い
　神話に基づいているとき，空想科学小説はその不可思議さをどのよう
　に増大させるのかを分析する。怪物と神の創造，そして古典ギリシャ
　文学における「異質なもの」との人的交流に関する書籍を読む。それに
　続いて，後世の作家がこれら元の話からいかに影響を受けてきたか，
　または着想を得てきたかを研究する。

〈コースD〉

　マーティン・ルーサー・キング・ジュニア，マルコムⅩ，ジェシー・ジャクソン，バーバラ・ジョーダン，その他の人々による有名な演説を仔細に検討することによって，論法や効果的な話術の原理を確認する。学生たちは有名な演説どれか1つに関して3ページの論文を書いたり，話術の原理に関する小試験を受ける。これらの原理を確認し理解すれば，学生たちは3つの演説を披露し，アメリカの人種関係に関する2つのディベートに携わる。

〈コースE〉

　本コースは，様々な大陸からの移住者にとって多文化の十字路であったアメリカ西部の研究に積極的に関与する。手紙，日記，写真，地図，時事漫画，面接のような一次資料を探ることによって授業は進行する。カリフォルニアの歴史が現在起きている出来事にどのような影響を与えているかを学ぶ。ゲスト講演者，実地見学，そして映画のどれもが知識の一助となる。

〈コースF〉

　本セミナーでは，オレゴンにある4棟の有名な19世紀建築を調査・見学する機会が与えられる。それらの建築で使われた製法，材料，オブジェクトを詳細に観察することによって，その時代とそれらを建築しそこに居住した人々の象徴として，ヴィクトリア朝時代の建築空間を読み解くことを学ぶ。さらに設計上の選択がいかにアイデンティティを反映し得るのかを学ぶ。本コースの学生たちは閲読活動を修了し，グループディスカッションや執筆活動に従事し，実地見学をして，研究プロジェクトをクラスで発表する。

例題5

次の文章を読み，あとの問いA・Bに答えよ。

"When are you going back to Brazil?"

I looked down at the ground, trying to stop the tears. I didn't want to cry in front of those two girls. Why did they have to say things like that?

"If only I could go back to Brazil," I thought. Memories of my early years filled my head. Playing, swimming, dancing, music, laughter….. When my parents decided to move to Japan, though, I had to leave all that behind. I was only seven years old at the time, but I still remember that day.

"Elena, we're going to Japan."

"For a holiday?" I knew I had some distant relatives in Japan, although I'd never met them. It would be fun to fly in an airplane and visit them.

"No, to live. We're going to work there, and you'll be able to go to a new school and learn Japanese. Then you'll be able to go to a university there, and if you can speak two languages fluently when you grow up, you'll be able to get a good job in the future."

"I don't want to go to a new school. I like my school here. And what about my friends?"

"Don't worry, Elena. You'll make new friends."

I didn't want new friends. I wanted my old friends, my grandparents, my aunts and uncles, and cousins in Brazil. But there was no arguing ; it was decided and that was that. Two months later, we arrived in Japan.

The first few months were hard because I didn't speak Japanese. However, my teachers and classmates were kind. I soon picked up the language and made friends and spent five happy years at elementary school.

The problems began when I moved to junior high school. My junior high school accepts students from three different elementary schools, and I found myself in a class with many people I had never met before. Although I spoke Japanese fluently and my behavior was in no way different from anyone else's, two of my new classmates started to tease me after they heard me speaking Portuguese with my parents at the entrance ceremony. What hurt me most deeply was the question of when I was going back to Brazil. If I went back to school in Brazil, it would be so difficult to catch up with my former classmates there. Besides, all my friends were in Japan now. I'd spent half my life in Japan, and Japan was my home.

The two girls started again, "When are you going back to Brazil?"

I wished they would stop. Then suddenly, I heard a voice behind me, "Elena, what's the matter?" Natsumi, Maiko, and Kaori were walking over to me. They had been my friends since my arrival in Japan. At first, we taught each other words in Japanese and Portuguese. After that, we always encouraged and helped each other.

"Oh, nothing. I'm just being asked again when I'm going back to Brazil."

Natsumi turned angrily toward the two girls who were teasing me. "Don't you understand? You have only one culture, but Elena has two. OK, that makes her different, but aren't we all different?"

Maiko joined in, saying to the two girls, "You're both different from me, but that's not a bad thing. I'm certainly not nasty to you because of it."

The two girls looked ashamed. After a few moments of tense silence, they walked off toward the classroom. As I saw them walking away, the anger inside me overflowed, "I hate it! I hate it!"

Natsumi put her hand on my shoulder, as if to calm me.

"Elena, they just don't understand yet. They'll realize eventually."

"Natsumi's right," added Kaori. "I know that sometimes being Brazilian and Japanese makes things difficult for you, but it also makes you special."

"Yes, that's something to be proud of," said Maiko.

My friends were right. Deep inside, I knew that they were right. I looked at them with gratitude and finally let the tears fall.

A 次の問1～5に対する答えとして最も適当なものを，それぞれ下の①～

④のうちから1つずつ選べ。

問1　According to Elena's parents, why would it be good for Elena to move to Japan?

① She could live with her distant relatives.

② She could leave her high school in Brazil.

③ She could have new educational opportunities.

④ She could travel in an airplane.

問2　What problems did Elena have after she entered junior high school?

① She did not have any friends at school.

② She could not speak Japanese very well.

③ Her teachers complained about her behavior.

④ A couple of students said unkind things to her.

問3　Why did Elena feel hurt when she was asked about going back to Brazil?

① She wanted people to realize that Japan was her home.

② She did not want people to know she was Brazilian.

③ Her parents refused to go back to Brazil.

④ She was not allowed to enter school in Brazil.

問4　What did Natsumi mean when she said Elena is "different"?

① She went to three elementary schools.

② She has a rich cultural background.

③ She has had a difficult life.

④ She is proud of her family.

問5　What is the main theme of this story?

① Brazilian lifestyle

② intercultural understanding

③ Japanese education

④ childhood memories

B　本文の内容と合っているものを，次の①〜⑧のうちから3つ選べ。ただし，解答の順序は問わない。

289

① Elena was looking forward to living in Japan with her parents.

② Elena became fluent in Japanese in her elementary school.

③ Natsumi, Maiko, Kaori, and Elena became friends at junior high school.

④ Elena could not go back to Brazil because she could no longer speak Portuguese.

⑤ Elena taught some Portuguese words to her friends.

⑥ Natsumi supported Elena in front of the two girls who were teasing her.

⑦ Maiko felt sorry for Elena because she was Brazilian and Japanese.

⑧ At the end of the story, Elena cried because she was hurt by Kaori's words.

解答

A 問1 ③ 問2 ④ 問3 ① 問4 ② 問5 ②
B ②・⑤・⑥

解説

A

問1 「エレナの両親によると，日本に移住することがなぜエレナにとってよいことだったのですか」

　　前半の会話の，No, to live. で始まるセリフの中で，「エレナが新しい学校に行けるし，日本語が学べるし，日本の大学に行くこともできる」と述べられている。③「彼女は新しい教育の機会を持つことができる」が適切。

問2 「中学校に入学後，エレナはどんな問題にぶつかりましたか」

　　前半の最終段落の第3文後半で，「2人のクラスメートが私をいじめだした。一番傷ついたのはいつブラジルに帰るのかという問いかけだった」とあるので，④「2人の生徒が彼女に不親切なことを言った」が適切。

問3 「なぜエレナはいつブラジルに帰るのかと尋ねられると傷ついたのですか」

前半最終段落の最終文に「…日本が私の母国だった」とあるので，①「彼女は日本が自分の母国だと人に気づいてほしかった」が適切。

問4 「ナツミがエレナは『違っている』と言ったとき，どういうつもりでしたか」

後半のなかばのNatsumi turned angrily〜で始まる段落のOK, that makes her different.「いい，それで彼女は『違っている』のよ」のthatが指しているのはその前文の「エレナは2つの文化を持っている」である。したがって，②「彼女は豊かな文化的背景を持っている」が適切。

問5 「この話の主題は何ですか」

ブラジルから移住してきたエレナが日本で経験したことを扱っている。エレナの友だちが2つの文化を持つエレナをよく理解している。後半のマイコのセリフにある「違いがあるのは悪いことじゃない」ということが，エレナをいじめていた2人の友だちにも「そのうちにわかるわ」とナツミが言っていることから，②「文化間の理解」が適切。

B

① 「エレナは両親と日本で暮らすことを楽しみにしていた」 前半の会話で「いいえ，（日本で）暮らすために行く」と親に言われて，エレナは「新しい学校に行きたくない」とか「新しい友だちなんかほしくなかった」と述べていることから，日本での生活を楽しみにしていたとは言えない。

② 「エレナは小学校で日本語がすらすら話せるようになった」 前半最終段落の第3文目「日本語をすらすら話せたが，…」は，中学に入学したときの記述だから，当然小学校ですらすら話せていたと考えられるので一致する。

③ 「ナツミとマイコとカオリとエレナは中学校で友だちになった」後半第2段落の4文目「彼女たちは私が日本に来てからずっと友だちだった」と一致しない。エレナが日本に来たのは7歳，小学生のときであることは前半で述べられている。

④ 「エレナはもうポルトガル語が話せないのでブラジルに帰ることができなかった」 本文にこのような記述はないし，前半最終段落第3

　　　文の中学校の入学式の時に両親とポルトガル語で話していたとの記
　　　述とも一致しない。
　⑤　「エレナは友だちにポルトガル語の単語をいくらか教えた」　後半
　　　第2段落第5文と一致する。
　⑥　「ナツミはエレナをいじめていた2人の女の子の前でエレナをか
　　　ばった」　後半のNatsumi turned…で始まる文「ナツミは2人の女
　　　の子に怒って向き直って言い返した」に続くセリフと一致する。
　⑦　「マイコはエレナがブラジル人でもあり日本人でもあるので，エレ
　　　ナをかわいそうに思った」　後半のMaiko joined in,から始まる段落
　　　にあるマイコのセリフと一致しない。
　⑧　「話の最後で，エレナはカオリの言葉に傷ついて泣いた」　最終文
　　　の内容と一致しない。泣いたのはうれし泣きである。

┃全訳┃

　「いつブラジルに帰るの？」
　私は涙をこらえようと，うつむいて地面を見つめた。あの2人の少女
の前で泣きたくなかった。なぜそんなことを言わなくちゃいけないの？
　「ブラジルに帰れればなあ」と私は思った。幼かった頃の思い出で頭が
いっぱいになった。遊ぶこと，泳ぐこと，踊ること，音楽，笑い声…
でも，両親が日本に引っ越すことに決めたとき，それらのことをみんな
あとにしなければならなかった。そのとき私はほんの7歳だったが，あの
日のことは今でもよく覚えている。
　「エレナ，日本に行くんだよ」
　「休暇で？」会ったことはなかったけれども，日本に遠い親戚が何人か
いるのは知っていた。飛行機に乗って，その親戚を訪ねるのは楽しいだ
ろうな。
　「そうじゃなくて，暮らすんだよ。お父さんもお母さんもあっちで働く
んだ。お前は新しい学校に行けるし，日本語を覚えられるよ。そうした
ら，日本で大学にも行けるし，大人になったとき2つの言葉がぺらぺら
話せたら，将来はいい仕事につけるよ」
　「新しい学校になんて行きたくないわ。ここの学校が好きなの。それに
友達はどうするの？」

「心配ないよ，エレナ。新しい友達ができるさ」

　新しい友達なんかほしくなかった。ブラジルにいるもともとの友達，おじいさんおばあさん，おばさんおじさん，いとこたちがよかった。でも，議論の余地はなかった。それは決まったこと，そういうことだったのだ。2か月後，私たちは日本に到着した。

　最初の2，3か月は日本語が話せなかったので，つらかった。でも，先生もクラスの友だちも親切にしてくれた。私はすぐに日本語を覚えて，友達を作り，小学校で幸せな5年間を過ごした。

　問題は中学に進んだときに始まった。私の中学は3つの異なる小学校から生徒を受け入れていて，一度も会ったことのない生徒が大半を占めるクラスに私はいた。私は日本語をすらすら話したし，振る舞いも他のだれともまったく違わなかったのに，クラスメートのうちの2人が入学式のときに私が両親とポルトガル語で話しているのを聞いてから，私をいじめ始めた。一番深く傷ついたことは，いつブラジルに帰るのかという問いだった。ブラジルの学校に戻ったら，以前のクラスの友達との溝を埋めるのは難しいだろう。その上，私の友達は今ではみんな日本にいるのだ。私は人生の半分を日本で過ごしていて，日本が私の祖国なのだ。

　例の2人の女の子はまた言い始めた。「いつブラジルへ帰るのよ」

　彼女たちがやめてくれればと思った。すると不意に，後ろから声がした。「エレナ，どうしたの？」ナツミとマイコとカオリが向こうから私の方へ歩いてくるところだった。彼女たちは私が日本に来たときからずっと友人だった。最初，私たちは日本語とポルトガル語でお互いに言葉を教えあった。それから，私たちはお互いに励まし合い助け合ってきたのだ。

　「ああ，何でもないの。またいつブラジルに帰るのか聞かれているだけなの」

　ナツミは怒って私をいじめていた2人の女の子の方に向いた。「わからないの？　あなたたちはひとつの文化しか持っていないけど，エレナには2つもあるのよ。それでエレナは他の人と違うけれども，でも，私たちはみんな違っているんじゃないの？」

　マイコが加勢して2人の女の子に言った。「あんたたちは2人とも私と違うけれど，それは悪いことじゃないでしょ。そんなことで私はぜった

いにあんたたちにいじわるしたりしないわ」

2人の女の子はきまり悪そうな顔をした。緊張した沈黙が少しあってから，彼女たちは教室の方へ歩いていった。彼女たちが歩き去るのを見ているうちに，心の中の怒りが溢れて出た。「こんなのいや！　いや！」

ナツミはなだめるように，私の肩に手をおいた。

「エレナ，あの子たちはまだわかっていないだけなのよ。そのうちにわかるわ。」

「ナツミの言うとおりよ」とカオリがつけ加えて言った。「ブラジル人でもあり日本人でもあるっていうことでいろいろ大変なときもあるのはわかっているけど，そのためにあなたは特別な存在なんだから」

「そうよ，自慢していいことよ」とマイコが言った。

私の友達の言うとおりだった。心の奥底で，彼女たちが正しいとわかっていた。私は感謝の気持ちで彼女たちを見ると，もう涙が落ちるにまかせた。

例題6

Read the following passage and answer the questions an below. Note that the four sentences in the in the passage are randomly arranged for Question 〔1〕.

A. As a result, you now have a lot of older workers retiring, taking skills and institutional knowledge with them.

B. AR (augmented reality) can help address three macroeconomic challenges that we — and our customers — are facing.

C. In the oil and gas industry, for example, there was a massive employment surge in the 1960s and 1970s and then a hiring lull.

D. The first is the aging of the skilled workforce.

A similar dynamic is happening in many other industries. Second, we have a lot more machines in remote locations, and we want to be able to monitor, operate, and fix those machines with fewer people on-site. And the third challenge is the growing complexity of new technologies, which require new technical skills.

In the pulp and paper business, we're working on AR that will allow us to service the equipment of remote customers without sending in technicians. Today a customer needing guidance on repairs gets a binder with documentation. We're developing AR on a software that will let the customer be guided by a remote technician who can see what the customer is looking at and walk them through a repair. We're at the early stage. We've put together some prototypes, and we're sharing those with customers to get their feedback.

In the marine business, we're working with a coalition of companies on pilot projects involving autonomous vessels — like self-driving cars but ships. You can imagine starting with small autonomous ferries on lakes but eventually scaling up to container ships. You wouldn't need large crews on these ships. If somebody on shore needs situational awareness of what's happening on a vessel, they could use AR technology. We think we could bring this capability to market within a few years.

A captain onshore might use AR to see the view from the ship's bridge and contextual information about the ship's speed and course and other telemetry data. This is a case where you'd be integrating VR (virtual reality) and AR (augmented reality). The VR would be the view from the bridge. The AR would be live telemetry overlaid on that view. If sensors showed that something was going on in the engine room, you could teleport there from the bridge and have a look around a virtual engine room that had AR information superimposed on top of it. You can imagine needing only a few people actually on board at any time.

There are three overlapping areas where I see AR taking off. The first is in dangerous jobs. You want to make sure people have the best information possible at exactly the right moment, because the cost of not having that — people getting injured, equipment being destroyed

— is so high.

So I would imagine AR applications in refineries, chemical plants, construction, and mining, for example. The second area is jobs in remote locations, like on an oil rig or an offshore wind farm, where it's really valuable to make sure that the people you do have on-site have the skills they need. Third, AR will be really useful in cases where people are working with products or machines that are extremely complex, so they can't be easily automated. Servicing an industrial 3-D printer would be an example. Or work done in semiconductor labs.

This doesn't sound superexciting, but it could have a big impact: If people use AR simply to adhere to a best-in-class process, it can prevent mistakes and injuries. You can have the best standard operating procedures in the world, but if your workers don't follow them, it doesn't matter. (①) For instance, imagine you're working with an industrial motor and there's a step in the manual that says, "Turn off the power." It would be easy to overlook the step and damage the equipment or get hurt. With AR, the software could say, "Turn off the power and glance at the switch to confirm it's off." When you looked at the switch, the AR could take a picture of the state of the switch, time-stamp it, and record the location of the motor using GPS. So you would now be certain that the switch on a motor was off at a specific location and time during a specific step in a process.

Adapted from Gardiner Morse, *One Company's Experience with AR* (HARVARD BUSINESS REVIEW, November — December, 2017)

〔1〕 There are four sentences in the 　　　 in the passage. Choose the most appropriate sentence order from among 1 to 4.

1　B　→　A　→　D　→　C

2　B　→　D　→　C　→　A

3　C　→　A　→　B　→　D

4　C　→　B　→　A　→　D

〔2〕 Choose the most appropriate sentence from among 1 to 4 in order to fill in the blank (①).

1　AR can ensure compliance with processes.

2　AR can decide what to do and then do it automatically.

3　AR keeps working and all we need to do is just wait until the job is finished.

4　AR and workers have to work together to cooperate in working on a project.

〔3〕 Choose the statement from among 1 to 4 that is the most consistent in meaning with the passage.

1　One of the most difficult things is to use AR in remote locations because communications are extremely difficult.

2　When using AR, it is easy to overlook damage done to the equipment, but we don't need to do anything even when something is wrong with the job.

3　Large crews are necessary when AR is used on huge ships because it is difficult to watch over an entire vessel.

4　AR can be used for dangerous jobs, in remote locations, or in situations that include extremely complex activities in working with products or machines.

解答

〔1〕 2 　〔2〕 1 　〔3〕 4

解説

〔1〕 B「AR(拡張現実)は私たち，そして私たちの顧客が直面しているマクロ経済の3つの課題に対処するのに役立つ」→D「1つ目は熟練した労働力の高齢化である」→C「例えば石油およびガス会社では，1960年代と1970年代に大きな雇用の高まりがあり，それから雇用は一時的に休止状態だった」→A「結果として今では，技術や実務の要領の知識を持ったまま，多くの高齢労働者が退職している」。

〔2〕 空所後，工業用モーターの電源を切るという作業手順を例に，1「ARはプロセス遵守を確実にすることができる」ことを説明している。

〔3〕 最後から3段落目のThe first is〜の箇所と，最後から2段落目の The second area is〜およびThird，〜の箇所で，ARがうまくいって いる3つの仕事分野を挙げている。これらが，4「ARは危険な仕事や， 遠く離れた場所で，または製品や機械を使って仕事をする過度に複雑 な活動を含む状況で使われる」に合致する。

例題7

次の英文を読み，あとの問い①〜⑩に対する答えとして最も適切なもの をそれぞれa〜dの中から1つずつ選べ。

Galileo was born in Pisa, Italy in 1564. He was very talented and curious. As a child, he made some of his own toys, and enjoyed both art and music. He learned to play several instruments, and painted pictures.

He went to a university to study medicine, but in 1585 he had to leave because he didn't have enough money. So he studied mathematics at home, and several years later, he began to teach this subject at the university.

Galileo was interested in many different things. He was curious about everything around him. He noticed a lamp hanging from the ceiling of the church, swinging back and forth. Although the lamp moved various distances, it always took the same amount of time for each swing. He had discovered the law of the pendulum.

He also discovered the law of falling bodies. Aristotle said that heavy things fall quicker than lighter things, and everyone had been thinking this way for a long time. But Galileo thought that heavy and light things both fall to earth at the same speed, because of the law of gravity. He dropped a light ball and a heavy ball from the Leaning Tower of Pisa, and they both hit the ground at the same time.

Although his idea was correct, this caused a great problem. Many people believed that Aristotle was always right, and so they wouldn't believe Galileo. Soon, many people in Pisa became angry, and Galileo had to leave.

He moved to Padua and taught mathematics at the university there for many years. He became interested in astronomy, and began to make telescopes. Using these telescopes, he made a number of important discoveries. As he learned more about astronomy, he began to agree with Copernicus, who said that the earth moved around the sun.

At that time, most people thought the opposite, that the earth was the center, and the sun moved around it. The church leaders in Italy thought that this new idea was in conflict with some of their ideas, so they had attacked Copernicus. Now, they began to attack Galileo. They said he was dangerous, they arranged a trial, and they said he was guilty. As a result, he could not be a teacher any longer. He moved to Florence and stayed at home until he died in 1642.

Galileo was always curious, and never stopped thinking about everything around him. He continued to write about his ideas and observations. Today, hundreds of years later, scientists still agree with most of his ideas.

[①]　Where did Galileo live?

　a. Argentina.　　b. America.　　c. Italy.　　d. Germany.

[②]　What did Galileo study at the university?

　a. Music.　　b. Medicine.　　c. Mathematics.　　d. Painting.

[③]　What did Galileo teach at the university?

　a. Music.　　b. Medicine.　　c. Mathematics.　　d. Painting.

[④]　Why did he stop studying at the university?

　a. Too difficult.　　b. Too dangerous.　　c. Too sick.

　d. Too poor.

[⑤]　Who thought heavy things fall faster than light things?

　a. Galileo.　　b. Aristotle.　　c. Copernicus.　　d. Einstein.

[⑥]　Who thought the sun, not the earth, is the center of our system?

a. Aristotle.　　b. Einstein.　　c. Copernicus

d. Church leaders.

[　⑦　]　Why did Galileo leave Pisa?

a. Galileo's ideas were wrong.　　b. He got a better job.

c. People believed Copernicus.　　d. People believed Aristotle.

[　⑧　]　Why did Galileo leave Padua?

a. Galileo agreed with Copernicus.

b. Galileo agreed with Aristotle.

c. Galileo agreed with the church leaders.

d. Galileo's ideas were wrong.

[　⑨　]　Which is true?

a. Galileo and Aristotle had the same idea.

b. Aristotle and Copernicus had the same idea.

c. Church leaders didn't like Aristotle.

d. Church leaders didn't like Copernicus.

[　⑩　]　During his lifetime, Galileo had much trouble, and had to leave several places. Why?

a. Galileo challenged old ideas.　　b. Galileo liked to fight with others.

c. Galileo had bad friends.　　　　d. Galileo was unlucky.

解答

① c　　② b　　③ c　　④ d　　⑤ b

⑥ c　　⑦ d　　⑧ a　　⑨ d　　⑩ a

解説

① 「ガリレオはどこに住んでいたか」　ガリレオはイタリアのピサに生まれ，その後，パドゥア，フローレンスと移り住んだが，どちらもイタリアの都市である。

② 「ガリレオは大学で何を勉強したか」　第2段落第1文に，「医学を勉強するために大学へ行った」と述べている。

③ 「ガリレオは大学で何を教えたか」　第2段落第2文に，「独学で数学を勉強し，それから数年後，大学でその教科を教え始めた」とある。

④ 「彼はなぜ大学で勉強するのをやめたか」　第2段落第1文に，「十分

なお金がなかったので退学しなければならなかった」と述べている。

⑤ 「重いものは軽いものよりも速く落ちると考えたのはだれか」　第4段落第2文に,「アリストテレスは, 重いものはより軽いものよりも速く落ちると言った」とある。

⑥ 「地球ではなく, 太陽が私たちの体系の中心であると考えたのはだれか」　第6段落第4文に,「地球は太陽の周りを回ると唱えたコペルニクス」と述べている。

⑦ 「ガリレオはなぜピサを離れたか」　第5段落参照。ピサの多くの人々はアリストテレスが正しいと信じていたので, ガリレオの言うことを信じず, 逆に怒り出したからである。よって, dの「人々はアリストテレスを信じていた」が正解。
　　a 「ガリレオの考えは間違っていた」
　　b 「彼はもっとよい仕事を手に入れた」
　　c 「人々はコペルニクスを信じていた」

⑧ 「ガリレオはなぜパドゥアを離れたか」　第7段落第4, 5文参照。ガリレオが有罪になり, 教師の仕事が続けられなくなった理由を考える。よって, aの「ガリレオはコペルニクスの説に賛同した」が正解。
　　b 「ガリレオはアリストテレスの説に賛同した」
　　c 「ガリレオは教会指導者の考えに賛同した」
　　d 「ガリレオの考えは間違っていた」

⑨ 「真実なのはどちらか。」
　　a 「ガリレオとアリストテレスは同じ考えを持っていた」　第4段落第2, 3文より, まったく反対の考えを持っていたことがわかる。
　　b 「アリストテレスとコペルニクスは同じ考えを持っていた」　本文では, アリストテレスは落下速度に関する考え, コペルニクスは地動説にしか言及していない。
　　c 「教会指導者たちはアリストテレスが好きではなかった」　本文では言及されていない。
　　d 「教会指導者たちはコペルニクスが好きではなかった」　第7段落第2文に,「教会指導者たちはコペルニクスを非難していた」とある。

⑩ 「生涯の間に, ガリレオはたくさんの問題に直面し, いくつかの場所

を離れなければならなかった。なぜか」

a 「ガリレオは古い考えに異を唱えた」 第5段落，第7段落の記述に
　一致する。

b 「ガリレオは他人と論争するのが好きだった」 本文では言及されて
　いない。

c 「ガリレオには悪い友達がいた」 本文に記述はない。

d 「ガリレオは不運だった」 必ずしも間違いとは言えないが，ピサ，
　パドゥアを離れざるを得なかった理由としては弱い。

全訳

　ガリレオは1564年，イタリアのピサで生まれた。彼はとても才能があり，好奇心が強かった。子供のころは，おもちゃのいくつかを自分で作り，美術と音楽の両方を楽しんだ。彼はいくつかの楽器の演奏を習得し，絵を描いた。

　彼は医学を勉強するために大学へ行ったが，1585年，お金が足りなくなって退学を余儀なくされた。そこで彼は独学で数学を勉強し，それから数年後，大学でその教科を教え始めた。

　ガリレオは多種多様なことに興味を示した。彼は自分の周りにあるものは何でも知りたがった。教会の天井につるしてあるランプに気づくと，前後に揺り動かした。ランプは様々な距離を動いたが，それぞれの振幅にかかった時間は常に一定だった。彼は振り子の法則を発見したのである。

　彼はまた落下の法則も発見した。アリストテレスは，重いものはより軽いものよりも速く落ちると言って，だれもが長い間このように考えてきた。しかしガリレオは，重力の法則によって，重いものも軽いものも同じ速度で地上に落ちると考えた。彼がピサの斜塔から軽い球と重い球を落とすと，それら2つの球は同時に地面に衝突した。

　彼の考えは正しかったが，このことが大きな問題を引き起こすこととなった。アリストテレスは常に正しいと信じる人々がたくさんいたので，どうしてもガリレオを信じようとはしなかったのである。まもなく，ピサの多くの人々が怒り出して，彼はそこを離れなければならなかった。

　彼はパドゥアに移り，そこの大学で何年にもわたって数学を教えた。

天文学に興味を持つようになり，望遠鏡を作り始めた。これらの望遠鏡
を使って，彼は数多くの重要な発見をしたのである。天文学に関してさ
らに多くのことを学んだので，彼は，地球は太陽の周りを回ると唱えた
コペルニクスの説に賛同し始めた。

　当時は，大部分の人が正反対のことを，つまり地球が中心で，太陽は
地球の周りを回ると思っていた。イタリアの教会指導者たちは，この新
説は彼らの考えといくつかの点で対立すると考えたので，コペルニクス
を非難していた。今や，彼らはガリレオを非難し出したのである。彼ら
はガリレオを危険だと言い，裁判の手はずを整えると，有罪だと断言し
た。その結果，彼はもはや教師ではいられなくなった。彼はフローレン
スに移ると，1642年に亡くなるまで家にこもったのである。

　ガリレオは相変わらず好奇心が旺盛で，身の回りのことは何でも熟考
するのをやめなかった。自分の着想や観察結果を執筆し続けた。今日，
数百年後の今でもまだ，科学者たちは彼の着想のほとんどに同意してい
る。

例題 8

次の英文を読んで，後の問に答えよ。

　Communication exercises and assignments have traditionally put
introverts at a disadvantage by design. The regular contributor to
discussions in history, the first student to explain or write out the
solution in math, and the student who offers to explain their
experiment to the rest of the class in science will always be showered
with positive reinforcement and generally rewarded with high praises.
But what about the students who know the answer but prefer one-on-
one conversations? Or the ones who are comfortable speaking to the
class but prefer time to process their thoughts before answering a
question? Or the ones that do their best critical thinking when it's not
spontaneous? Presentations in geography, class discussions in careers,
and pick-up games in gym are not just the wrong format for
introverts to display their skills, they can be (　A　) to their

education. As curricula move away from an emphasis on content to skills, the time is right to use that move as an opportunity to better serve introverts in school.

Communication tasks and assignments are hardest on introverts. Historically, participation marks hurt introverts, but now, with subjects like English shifting from language into a communication strand, that can make up to one-quarter of a student's in-class mark; [B]. To better serve introverts and provide them with the best opportunities to demonstrate their skills, we need to carefully plan communication tasks so that they don't unintentionally put introverts at a disadvantage. A communication exercise that allows introverts to flourish is ①circle discussion. For example, in an English class, instead of asking a question about a short story and having students raise their hands to respond or calling on them at random, a teacher could organize the class in a circle, propose a question and work around the circle one student at a time. This is a great set-up for introverts because they know exactly when their turn will be, allowing them time to process and consider how they want to respond. Everyone has a voice and everyone makes an equal contribution. Having the teacher sit with students where everyone participates in a predictable order eliminates the feeling of being put on-the-spot that inhibits introverts from demonstrating all their skills.

Another assignment that better serves introverts is a podcast. I've used a podcast as the culminating assignment for my Grade 11 English class recently and found it great as ②a platform for introverted students to excel. While recording one's thoughts may be daunting, the forum of a podcast has many benefits for introverts. First, it allows for a student to work from notes or a script. As an aside, this proved to be an unexpectedly beautiful writing task as many students revised their scripts to perfection and that provided me with a mechanism to suggest that all writing requires such revision. Writing the notes or scripts allows the processing time that introverts prefer. As well, a podcast can be recorded multiple times before the final product is shared. This removes the-on-the-spot feel of traditional presentations that often cloud an introvert's true ability. By encouraging critical thinking and requiring a revision process that benefits all students, podcasts provide the opportunity for introspective thinking that traditional presentations do not.

As a whole, society is doing a better job of recognizing that introverts have been set up for second place by a world that rewards charming, outgoing people. For example, my wife is a lawyer and she recently told me ③how many private sector businesses are changing their interview process in an effort to better reach introverts. Introverts may actually be the best candidates for jobs long-term, but the traditional process unintentionally favours extroverts and allows them to appear to be the beat candidates. To account for this bias, before the interview, many companies now provide their questions in advance allowing time for processing their thoughts to evaluate the candidate's problem-solving ability.

As education strives more than ever to provide opportunities for all students to achieve success, the time is right to reconsider how introverts can best display their communication skills. The use of circle discussion and podcasts are just two examples. Teachers can create platforms for introverts to excel, at communication tasks with some innovative lesson planning.

問1 次の英文はintrovertsの特徴について書かれたものである。本文の内容に合うように(a)～(c)に適切な1語をそれぞれ本文中から抜き出して書け。

　　Introverts prefer one-on-one conversations and are better at (a) thinking. They need time to (b) what they think, and they cannot demonstrate their ability well in a (c) way.

問2 本文中の(A)に入る適切な語を次のア～エの中から1つ選び,

記号で答えよ。

ア　active　　イ　counteractive　　ウ　productive

エ　counterproductive

問3　本文中の　　B　　に入る英語を次のア～エの中から1つ選び，記号で答えよ。

ア　language learning skills are more taken into consideration

イ　communication assignments count more than ever before

ウ　students' communicative competence is not evaluated

エ　English teachers hardly emphasize communication skills

問4　下線部①の活動の利点を65字程度の日本語でまとめよ。

問5　下線部②が本文で意味するものを次のア～エの中から1つ選び，記号で答えよ。

ア　a raised flat area beside the track at a station

イ　a tool for teachers to convey their feelings at classrooms

ウ　a type of computing system or a software

エ　an opportunity for somebody to express their opinions

問6　下線部③の具体例を本文から探し，80字程度の日本語で書け。

問7　本文の内容を踏まえたとき，あなたはどのような英語の授業を心がけるか。60語程度の英語で書け。なお使用した語数を記入すること。

解答

問1　a　critical　　b　process　　c　spontaneous

問2　エ

問3　イ

問4　生徒が自分の発言の順番がわかり，どのように答えるか考えをまとめる時間を持つことができる。また全員が等しく発言できるため公平である。(65字)

問5　エ

問6　内向的な者に不利にならないように，面接の前に，多くの会社が質問を渡し，就職志願者が予め考えをまとめる時間を与えている。それにより志願者の問題解決能力を測っている。(81字)

問7　To encourage introverts in large classes, I organize students into pairs or small groups. I also make time for them to process their ideas before the activities. I would like to have students perform in pairs, then in small groups, and finally perform in front of the whole class. This will help every student have confidence and improve their performances. (60 words)

解説

問1　第1パラグラフでは2文目で外向的な生徒(extroverts)の具体例があげられており，逆接の接続詞butをはさんで3～5文目には内向的な生徒(introverts)の具体例があげられている。その内容からintrovertsは「一対一の会話を好む，解答前に考えをまとめる時間を望む，求められたときに最もよい批判的な思考を行う」などの特徴があることがわかる。したがって空欄aには「批判的な」，空欄bには「過程」，空欄cには「自発的な」を入れるのが適切。

問2　空欄Aを含む文の前半では，いくつかの指導形態を例示し，それらが「内向的な生徒たちが能力を示すには不適切であるだけでなく，（　　）である」と述べている。よって，続く後半ではさらにネガティブな内容が書かれていると考えられる。したがって，空欄Aにはエ counterproductive「逆効果の」が入る。ア active「能動的な」，イ counteractive「反作用の」，ウ productive「生産的な」は文脈に合わず誤り。

問3　第2パラグラフ2文目の空欄B前の部分には，「英語などが言語を教える科目からコミュニケーションを教える科目に変わってきており，それが生徒の授業内評価の1/4を占めるほどになってきた」と述べられている。したがって，その内容に合致するのはイ「コミュニケーションの課題が以前より重要になっている」。他の選択肢は，言語の教育からコミュニケーションの教育に代わってきているという内容に合わないため誤り。

問4　circle discussionの利点は，第2パラグラフ5文目の "This (circle discussion) is a great set-up for introverts because…" に続く部分に記述されている。この内容を65字程度にまとめる。

問5　platformには「意見発表の機会」の意味があるため，エ「誰かが意

見を表現する機会」が適切。第3パラグラフ2文目では，筆者は英語の
課題にポッドキャストを利用しており，内向的な生徒たちがすぐれた
パフォーマンスを示すよい機会と考えている。

問6 下線部③の文意は「いかに多くの民間企業でその就職面接のプロセ
スが変わってきているか」。この具体例が第4パラグラフ4文目に記述
されている。

問7 「本文の内容を踏まえたとき」と指定されていることに注意。本文で
はcircle discussionやポッドキャストの事例があげられているが，内
向的な生徒たちに配慮した英語の授業を考える必要がある。その際，
問1の解説で述べたようなintrovertsの性質を考慮し，字数以内にま
とめる。

第4章

学習指導要領

学習指導要領　中学校
ポイント

●改訂のポイント

　今回の改訂より，小学校第3学年及び第4学年において「外国語活動」を，小学校第5学年及び第6学年において「外国語」を指導し，コミュニケーション能力の基礎となる資質・能力を育成することになった。これを受け，中学校では簡単な情報や考えなどを外国語で理解したり表現したり伝え合ったりすることができる資質・能力を養っていく。

　語彙については改訂前では1200語程度指導することとしていたが，小学校で学習した語に1600～1800語程度の新語を加えて増加となった。なお小学校で学習する語は，中学年で外国語活動を履修する際に取り扱った語を含む600～700語程度とされている。

　また内容については，〔知識及び技能〕，〔思考力，判断力，表現力等〕に大別され，前者には音声や単語など，英語の特徴やきまりに関する事項が示されている。後者には情報や考えなどを表現し伝え合うことに関する事項や，「聞くこと」，「読むこと」，「話すこと［やり取り］」，「話すこと［発表］」，「書くこと」の5つの領域についての指導事項が示されている。今回の改訂より，「話すこと」については［やり取り］と［発表］の2領域に分けて示されることになった。これは，欧州協議会が2001年に発表した，外国語の熟練度についての国際的な基準であるCEFR (Common European Framework of Reference for Languages: Learning, teaching, assessment　外国語の学習・教授・評価のためのヨーロッパ共通参照枠)において，5つの領域に分けて言語能力が示されていることを踏まえた改訂である。

●指導上の留意点

　英語科において最も配慮すべき事項は，異校種との接続を念頭に置かなくてはならない点である。小学校における外国語との接続のみならず，高等学校との接続にも留意する必要が，今回の改訂に伴い「指導計画の

作成と内容の取扱い」に明記された。

　また，今回の改訂では，目標に示される資質・能力の育成に向けて，主体的・対話的で深い学びの実現を図ることに重点をおいている。中央教育審議会答申(平成28年12月21日)にて示されたそれぞれの学びの視点は，次の通りである。

「主体的な学び」の視点
・外国語を学ぶことに興味や関心を持ち，どのように社会や世界と関わり，学んだことを生涯にわたって生かそうとするかについて，見通しを持って粘り強く取り組むとともに，自分の意見や考えを発信したり評価したりするために，自らの学習のまとめを振り返り，次の学習につなげること
・コミュニケーションを行う目的・場面・状況等を明確に設定し，学習の見通しを立てたり振り返ったりする場面を設けるとともに，発達の段階に応じて，身の回りのことから社会や世界との関わりを重視した題材を設定すること

「対話的な学び」の視点
・他者を尊重した対話的な学びの中で，社会や世界との関わりを通じて情報や考えなどを伝え合う言語活動の改善・充実を図ること
・言語の果たす役割として他者とのコミュニケーション(対話や議論等)の基盤を形成する観点を資質・能力全体を貫く軸として重視しつつ，コミュニケーションを行う目的・場面・状況に応じて，他者を尊重しながら対話が図られるような言語活動を行う学習場面を計画的に設けること

「深い学び」の視点
・言語の働きや役割に関する理解，外国語の音声，語彙・表現，文法の知識や，それらの知識を五つの領域において実際のコミュニケーションで運用する力を習得し，実際に活用して，情報や自分の考えなどを話したり書いたりする中で，外国語教育における「見方・考え方」を働かせて思考・判断・表現し，学習内容を深く理解し，学習への動機付け等がされる「深い学び」につながり，資質・能力の3つの柱に示す力が総合的に活用・発揮されるようにすること

・授業において，コミュニケーションを行う目的・場面・状況等に応じた言語活動を効果的に設計すること

　これらの視点を意識し，ただ機械的な反復学習ではない，コミュニケーションを行う目的・場面・状況等に応じた言語活動を設定し指導していくことが求められる。

●外国語科の目標

　外国語科では，次のように目標を設定した。

▼外国語科の目標

1　目標

　外国語科では，次のように目標を設定した。

> 　外国語によるコミュニケーションにおける見方・考え方を働かせ，外国語による聞くこと，読むこと，話すこと，書くことの言語活動を通して，簡単な情報や考えなどを理解したり表現したり伝え合ったりするコミュニケーションを図る資質・能力を次のとおり育成することを目指す。
>
> (1)　外国語の音声や語彙，表現，文法，言語の働きなどを理解するとともに，これらの知識を，聞くこと，読むこと，話すこと，書くことによる実際のコミュニケーションにおいて活用できる技能を身に付けるようにする。
>
> (2)　コミュニケーションを行う目的や場面，状況などに応じて，日常的な話題や社会的な話題について，外国語で簡単な情報や考えなどを理解したり，これらを活用して表現したり伝え合ったりすることができる力を養う。
>
> (3)　外国語の背景にある文化に対する理解を深め，聞き手，読み手，話し手，書き手に配慮しながら，主体的に外国語を用いてコミュニケーションを図ろうとする態度を養う。

　今回の改訂で目標の示し方が変更され，(1)～(3)の項目に分けて示された。これは中学校学習指導要領第1章総則第1の3(1)～(3)に示された，指導を通じて育成したい資質・能力に関する3つの事項と対応している。

すなわち(1)が〔知識及び技能〕，(2)が〔思考力，判断力，表現力等〕，(3)が〔学びに向かう力，人間性等〕の内容をそれぞれ反映している。

また，「外国語によるコミュニケーションにおける見方・考え方」については，中央教育審議会答申(平成28年12月21日)には，「外国語で表現し伝え合うため，外国語やその背景にある文化を，社会や世界，他者との関わりに着目して捉え，コミュニケーションを行う目的・場面・状況等に応じて，情報や自分の考えなどを形成，整理，再構築すること」と整理されている。

▼英語の目標

1 目標

英語では，前述の外国語科の目標を踏まえ，次のように具体的な目標を設定している。

> 英語学習の特質を踏まえ，以下に示す，聞くこと，読むこと，話すこと［やり取り］，話すこと［発表］，書くことの五つの領域別に設定する目標の実現を目指した指導を通して，第1の(1)及び(2)に示す資質・能力を一体的に育成するとともに，その過程を通して，第1の(3)に示す資質・能力を育成する。
>
> (1) 聞くこと
>
> ア はっきりと話されれば，日常的な話題について，必要な情報を聞き取ることができるようにする。
>
> イ はっきりと話されれば，日常的な話題について，話の概要を捉えることができるようにする。
>
> ウ はっきりと話されれば，社会的な話題について，短い説明の要点を捉えることができるようにする。
>
> (2) 読むこと
>
> ア 日常的な話題について，簡単な語句や文で書かれたものから必要な情報を読み取ることができるようにする。
>
> イ 日常的な話題について，簡単な語句や文で書かれた短い文章の概要を捉えることができるようにする。

　　ウ　社会的な話題について，簡単な語句や文で書かれた短い
　　　文章の要点を捉えることができるようにする。

(3)　話すこと［やり取り］

　　ア　関心のある事柄について，簡単な語句や文を用いて即興
　　　で伝え合うことができるようにする。

　　イ　日常的な話題について，事実や自分の考え，気持ちなど
　　　を整理し，簡単な語句や文を用いて伝えたり，相手からの
　　　質問に答えたりすることができるようにする。

　　ウ　社会的な話題に関して聞いたり読んだりしたことについ
　　　て，考えたことや感じたこと，その理由などを，簡単な語
　　　句や文を用いて述べ合うことができるようにする。

(4)　話すこと［発表］

　　ア　関心のある事柄について，簡単な語句や文を用いて即興
　　　で話すことができるようにする。

　　イ　日常的な話題について，事実や自分の考え，気持ちなど
　　　を整理し，簡単な語句や文を用いてまとまりのある内容を
　　　話すことができるようにする。

　　ウ　社会的な話題に関して聞いたり読んだりしたことについ
　　　て，考えたことや感じたこと，その理由などを，簡単な語
　　　句や文を用いて話すことができるようにする。

(5)　書くこと

　　ア　関心のある事柄について，簡単な語句や文を用いて正確
　　　に書くことができるようにする。

　　イ　日常的な話題について，事実や自分の考え，気持ちなど
　　　を整理し，簡単な語句や文を用いてまとまりのある文章を
　　　書くことができるようにする。

　　ウ　社会的な話題に関して聞いたり読んだりしたことについ
　　　て，考えたことや感じたこと，その理由などを，簡単な語
　　　句や文を用いて書くことができるようにする。

2 目標の解説

上記のように，英語では4技能について5つの領域に分け，それぞれ3つずつ目標を示している。ただしこれらは個別に育成するのではなく，これらの複数を組み合わせて効果的に活用する統合的な言語活動を通して育まれることを重視すべきであることに留意する。また，改訂前と同様に学年ごとの目標は立てず，3学年間を通じて目指すべき目標を示している。ただし，「指導計画の作成と内容の取扱い」(1)イに「学年ごとの目標を適切に定め，3学年間を通じて外国語科の目標の実現を図るようにすること。」とあるのに留意する必要がある。

●外国語の内容

改訂前の学習指導要領では，言語活動と言語材料に大別していた。今回の改訂では〔知識及び技能〕(1)英語の特徴やきまりに関する事項，〔思考力，判断力，表現力等〕(2)情報を整理しながら考えなどを形成し，英語で表現したり，伝え合ったりすることに関する事項，(3)言語活動及び言語の働きに関する事項，の2領域3事項に分類して示されている。(1)は従前の言語材料を，(3)は言語活動を踏襲する内容で，(2)は新設の内容となる。

(1) 英語の特徴やきまり

主な改訂点としては，以下の点が挙げられる。

- アルファベットや終止符などの基本的な符号を小学校に移動
- 語彙数が1200語から1600〜1800語(＋小学校で学習した語)に増加
- 文について感嘆文の指導を新たに明記
- 文構造について[主語＋be動詞＋補語]を小学校に移動
- 時制について現在完了進行形の指導を新たに明記
- 仮定法のうち基本的なものについての指導を新たに明記など

基本的な内容についてのいくつかの項目が小学校に移動になり，現在完了進行形や仮定法など一部の内容について新設した形である。特に中学校第1学年の指導に当たっては小学校との接続が重要視されるので，小学校学習指導要領，中学校学習指導要領の両者を熟読することが求められる。

(2) 情報や考えなどを表現し伝え合うこと

　中央教育審議会答申(平成28年12月21日)では，学習過程について，「設定されたコミュニケーションの目的・場面・状況等を理解する」「目的に応じて情報や意見などを発信するまでの方向性を決定し，コミュニケーションの見通しを立てる」「対話的な学びとなる目的達成のため，具体的なコミュニケーションを行う」「言語面・内容面で自ら学習のまとめと振り返りを行う」というプロセスを経ることで，学んだことの意味付けを行ったり，既得の知識や経験と，新たに得られた知識を言語活動へつなげることの重要性を指摘している。このプロセスをまとめる形で新設された指導事項と考えられる。

(3) 言語活動及び言語の働き

①言語活動

　改訂前の学習指導要領では各学年ごとの言語活動について配慮すべき事項を示していたが，これは削除された。5つの領域それぞれに3～4個の指導事項が設定されており，その内容は言語の使用場面や話題の内容などについて，かなり具体的に示している。例えば「読むこと」の(イ)では「日常的な話題について，簡単な表現が用いられている広告やパンフレット，予定表，手紙，電子メール，短い文章などから，自分が必要とする情報を読み取る活動。」などというように，文章の掲載されている媒体にいたるまで細かく例示されている。これによって，従来の学習指導要領より「外国語を使って何ができるようになるか」が明確化されていると言える。

②言語の働き

　改訂前の学習指導要領における〔言語の使用場面の例〕〔言語の働きの例〕を踏襲しつつ，「手紙や電子メールのやりとり」など，一部例が追加されている。なお，言語の使用場面の例として示されていた「あいさつ」は小学校に移動した。

例題 1

次の文は，中学校学習指導要領解説　外国語編(平成29年7月　文部科学省)「第1章　総説　2　外国語科改訂の趣旨と要点　(2)　改訂の要点」の一部である。文中の各空欄に適する語句を答えよ。

学習指導の改善・充実

　外国語科の英語における指導計画の作成と内容の取扱いについては，次のような改善を図った。

○小・中学校の接続を重視するとともに，学びの(　①　)を意識した指導をするために，指導計画の作成に当たっては，語彙，表現などを異なる場面の中で(　②　)活用することによって，生徒が自分の考えなどを(　③　)する力を高めることなどを明記した。

○言語材料については，発達の段階に応じて，生徒が受容するものと(　④　)するものとがあることに留意して指導することを明記した。

○授業は(　⑤　)で行うことを基本とすることを新たに規定した。

○教科書の改善に向けて，教材の中で五つの領域別の目標と言語材料や言語活動との関係を(　⑥　)ごとに示すよう明記した。

解 答

①　連続性　　②　繰り返し　　③　表現　　④　発信　　⑤　英語
⑥　単元

解 説

　平成20年改訂の学習指導要領は，小・中・高等学校で一貫した外国語教育を実施することにより，外国語を通じて，言語や文化に対する理解を深め，積極的に外国語を用いてコミュニケーションを図ろうとする態度や，情報や考えなどを的確に理解したり適切に伝えたりする力を身に付けさせることを目標として掲げ，「聞くこと」，「話すこと」，「読むこと」，「書くこと」などを総合的に育成することをねらいとして改訂され，様々な取組を通じて指導の充実が図られてきたが，今回の改訂において，小学校における外国語活動の成果として，英語で積極的にコミュニケーションを図ろうとする態度が育成され，「聞くこと」及び「話すこと」の活動を行うことに慣れているといった変容が生徒に見られること等も踏まえ，授業における教師の英語使用や生徒の英語による言語活動の

割合などが改善されてきている。

例題2

次の文は，平成29年3月に告示された中学校学習指導要領「外国語」の教科目標である。文中の各空欄に適する語句を答えよ。

　外国語によるコミュニケーションにおける見方・考え方を働かせ，外国語による聞くこと，読むこと，話すこと，書くことの（　①　）を通して，簡単な情報や考えなどを理解したり表現したり伝え合ったりするコミュニケーションを図る資質・能力を次のとおり育成することを目指す。

(1)　外国語の音声や語彙，表現，文法，言語の（　②　）などを理解するとともに，これらの知識を，聞くこと，読むこと，話すこと，書くことによる実際のコミュニケーションにおいて（　③　）できる技能を身に付けるようにする。

(2)　コミュニケーションを行う目的や場面，状況などに応じて，日常的な話題や社会的な話題について，外国語で簡単な（　④　）や考えなどを理解したり，これらを活用して表現したり伝え合ったりすることができる力を養う。

(3)　外国語の背景にある文化に対する理解を深め，聞き手，読み手，話し手，書き手に配慮しながら，（　⑤　）に外国語を用いてコミュニケーションを図ろうとする態度を養う。

解答

①　言語活動　　②　働き　　③　活用　　④　情報　　⑤　主体的

解説

　「知識及び技能」，「思考力，判断力，表現力等」，「学びに向かう力，人間性等」の3つの資質・能力を明確にした上で，①各学校段階の学びを接続させるとともに，②「外国語を使って何ができるようになるか」を明確にするという観点から改善・充実を図っている。今回の改訂では，小学校中学年に新たに外国語活動を導入し，3つの資質・能力の下で，英語の目標として「聞くこと」，「話すこと[やり取り]」，「話すこと[発表]」の3つの領域を設定し，音声面を中心とした外国語を用いたコミュニケーションを図る素地を育成した上で，高学年において「読むこと」，

「書くこと」を加えた教科として外国語を導入し，5つの領域の言語活動を通して，コミュニケーションを図る基礎となる資質・能力を育成することとしている。中学校段階では，こうした小学校での学びを踏まえ，5つの領域の言語活動を通してコミュニケーションを図る資質・能力を育成することとしている。

※学習指導要領及び学習指導要領解説は，文部科学省のHPから閲覧できます。

学習指導要領
（平成29年告示）

学習指導要領解説
（平成29年7月）

学習指導要領 高等学校
ポイント

● 改訂のポイント

▼「主体的・対話的で深い学び」及び「見方・考え方」について

　今回の学習指導要領改訂は，中央教育審議会答申(平成28年12月21日)の内容を受けて行われている。答申で示された「外国語科における主体的・対話的で深い学びの視点」及び「外国語によるコミュニケーションにおける見方・考え方」については，本章の「中学校」の節で述べている。中学校との接続を重視する方針で改訂されているので，そちらを参照されたい。

▼科目構成の見直しについて

　中教審答申を受けて外国語科の科目構成を見直し，外国語科に属する英語に関する科目及びその標準単位数は下表の通りになった。

科目	標準単位数
英語コミュニケーションⅠ(☆)	3(2単位まで削減可)
英語コミュニケーションⅡ	4
英語コミュニケーションⅢ	4
論理・表現Ⅰ	2
論理・表現Ⅱ	2
論理・表現Ⅲ	2

※(☆)…共通必履修科目

〈英語コミュニケーション〉

・「英語コミュニケーションⅠ・Ⅱ・Ⅲ」は「聞くこと」「読むこと」「話すこと[やり取り]」・「話すこと[発表]」・「書くこと」の5領域を総合的に扱う科目である。「外国語を通じて，情報や考えなどを的確に理解したり適切に伝えたりすることができる力」(必履修科目でCEFR(Common European Framework of Reference for Languages: Learning, teaching, assessment　外国語の学習・教授・評価のためのヨーロッ

パ共通参照枠)のA2レベル相当, 選択科目で同B1レベル相当を想定)
を育成することを目標とする。
・「英語コミュニケーションⅠ」の内容には中学校段階での学習の確実な
　定着が含まれる。これは中学校で学んだことを実際のコミュニケーショ
　ンにおいて運用する力を十分に身に付けていないといった課題のある
　生徒も含めた高校生の多様性を踏まえて設置するものであり, 小学校
　及び中学校で学習した事項の定着について明示されている。

〈論理・表現〉

・「論理・表現Ⅰ・Ⅱ・Ⅲ」は「話すこと[やり取り]」・「話すこと[発表]」・
　「書くこと」の3領域を学習する科目である。外国語科の授業において
　言語活動の比重が低い現状を踏まえ, 発信能力の育成を更に強化する
　ことを目標とし新設された。

▼**語彙数について**

・中学校卒業段階での累計語数は2200～2500語で, これは現行の1200
　語より大幅に増加している。
・高等学校段階での累計語数は1800～2500語で, これは現行の1800語
　より大幅に増加している。各科目ごとに扱う新語数の内訳は下記の通
　りである。

> ・英語コミュニケーションⅠ…400～600語程度
> ・英語コミュニケーションⅡ…700～950語程度
> ・英語コミュニケーションⅢ…700～950語程度

・小学校・中学校・高等学校の累計語数は4000～5000語で, 現行の
　3000語より1000～2000語多くなった。

▼**言語の働きに関する事項**

　従前「第3款　英語に関する各科目に共通する内容等」でまとめられて
いた内容は, 「英語コミュニケーションⅠ　2内容　(3)言語活動及び言語
の働きに関する事項　②言語の働きに関する事項」に移動した。各科目
は「「英語コミュニケーションⅠ」の2の(3)の②と同様に取り扱うもの」
として参照する形でまとめられた。

▼英語に関する各科目にわたる指導計画の作成と内容の取扱い

主に下記の事項などを新設した。

〈各教科共通〉

・1(1)　主体的・対話的で深い学びの実現について

・1(9)　障害のある生徒への配慮について

〈英語科のみ〉

・1　　小学校・中学校における指導との接続について

・1(4)　多様な生徒の実態に応じて目標の実現を図ることについて

・1(7)　国語科との連携について

・1(8)　言語活動で扱う題材について

・2(1)　意味のある文脈でのコミュニケーションについての留意事項

・2(5)　話すこと・書くことの指導について

・2(8)　英語による情報発信と情報機器等について

・2(9)　生徒の学習の見通しについて

・3(1)　目標と内容の関係をまとまりごとに示すことについて

・3(2)(エ)　教材の選択基準(人間，社会，自然などについての考え方を深めるのに役立つこと。)

●教科の目標

▼教科の目標

教科の目標は，小学校・中学校と同様に，「知識及び技能」「思考力，判断力，表現力等」「学びに向かう力，人間性等」の3つの柱を反映させた3項目から成り立つ構成に改められた。

外国語によるコミュニケーションにおける見方・考え方を働かせ，外国語による聞くこと，読むこと，話すこと，書くことの言語活動及びこれらを結び付けた統合的な言語活動を通して，情報や考えなどを的確に理解したり適切に表現したり伝え合ったりするコミュニケーションを図る資質・能力を次のとおり育成することを目指す。

(1)　外国語の音声や語彙，表現，文法，言語の働きなどの理解を深めるとともに，これらの知識を，聞くこと，読むこと，話すこと，

書くことによる実際のコミュニケーションにおいて，目的や場面，状況などに応じて適切に活用できる技能を身に付けるようにする。
(2) コミュニケーションを行う目的や場面，状況などに応じて，日常的な話題や社会的な話題について，外国語で情報や考えなどの概要や要点，詳細，話し手や書き手の意図などを的確に理解したり，これらを活用して適切に表現したり伝え合ったりすることができる力を養う。
(3) 外国語の背景にある文化に対する理解を深め，聞き手，読み手，話し手，書き手に配慮しながら，主体的，自律的に外国語を用いてコミュニケーションを図ろうとする態度を養う。

▼各科目の目標

各科目の目標は，それぞれ5つ(3つ)の領域ごとに，「日常的な話題に関すること」と「社会的な話題に関すること」の2つずつ目標を設定している。

〈英語コミュニケーションⅠの目標〉

英語学習の特質を踏まえ，以下に示す，聞くこと，読むこと，話すこと［やり取り］，話すこと［発表］，書くことの五つの領域（以下この節において「五つの領域」という。）別に設定する目標の実現を目指した指導を通して，第1款の(1)及び(2)に示す資質・能力を一体的に育成するとともに，その過程を通して，第1款の(3)に示す資質・能力を育成する。
(1) 聞くこと
　ア 日常的な話題について，話される速さや，使用される語句や文，情報量などにおいて，多くの支援を活用すれば，必要な情報を聞き取り，話し手の意図を把握することができるようにする。
　イ 社会的な話題について，話される速さや，使用される語句や文，情報量などにおいて，多くの支援を活用すれば，必要な情報を聞き取り，概要や要点を目的に応じて捉えることができるようにする。

(2) 読むこと

ア　日常的な話題について，使用される語句や文，情報量などに
おいて，多くの支援を活用すれば，必要な情報を読み取り，書
き手の意図を把握することができるようにする。

イ　社会的な話題について，使用される語句や文，情報量などに
おいて，多くの支援を活用すれば，必要な情報を読み取り，概
要や要点を目的に応じて捉えることができるようにする。

(3) 話すこと［やり取り］

ア　日常的な話題について，使用する語句や文，対話の展開など
において，多くの支援を活用すれば，基本的な語句や文を用い
て，情報や考え，気持ちなどを話して伝え合うやり取りを続け
ることができるようにする。

イ　社会的な話題について，使用する語句や文，対話の展開など
において，多くの支援を活用すれば，聞いたり読んだりしたこ
とを基に，基本的な語句や文を用いて，情報や考え，気持ちな
どを論理性に注意して話して伝え合うことができるようにする。

(4) 話すこと［発表］

ア　日常的な話題について，使用する語句や文，事前の準備など
において，多くの支援を活用すれば，基本的な語句や文を用い
て，情報や考え，気持ちなどを論理性に注意して話して伝える
ことができるようにする。

イ　社会的な話題について，使用する語句や文，事前の準備など
において，多くの支援を活用すれば，聞いたり読んだりしたこ
とを基に，基本的な語句や文を用いて，情報や考え，気持ちな
どを論理性に注意して話して伝えることができるようにする。

(5) 書くこと

ア　日常的な話題について，使用する語句や文，事前の準備など
において，多くの支援を活用すれば，基本的な語句や文を用い
て，情報や考え，気持ちなどを論理性に注意して文章を書いて
伝えることができるようにする。

イ 社会的な話題について，使用する語句や文，事前の準備など
において，多くの支援を活用すれば，聞いたり読んだりしたこ
とを基に，基本的な語句や文を用いて，情報や考え，気持ちな
どを論理性に注意して文章を書いて伝えることができるように
する。

▼論理・表現Ⅰの目標

(1) 話すこと［やり取り］

ア 日常的な話題について，使用する語句や文，対話の展開など
において，多くの支援を活用すれば，基本的な語句や文を用い
て，情報や考え，気持ちなどを話して伝え合ったり，やり取り
を通して必要な情報を得たりすることができるようにする。

イ 日常的な話題や社会的な話題について，使用する語句や文，
対話の展開などにおいて，多くの支援を活用すれば，ディベー
トやディスカッションなどの活動を通して，聞いたり読んだり
したことを活用しながら，基本的な語句や文を用いて，意見や
主張などを論理の構成や展開を工夫して話して伝え合うことが
できるようにする。

(2) 話すこと［発表］

ア 日常的な話題について，使用する語句や文，事前の準備など
において，多くの支援を活用すれば，基本的な語句や文を用い
て，情報や考え，気持ちなどを論理の構成や展開を工夫して話
して伝えることができるようにする。

イ 日常的な話題や社会的な話題について，使用する語句や文，
事前の準備などにおいて，多くの支援を活用すれば，スピーチ
やプレゼンテーションなどの活動を通して，聞いたり読んだり
したことを活用しながら，基本的な語句や文を用いて，意見や
主張などを論理の構成や展開を工夫して話して伝えることがで
きるようにする。

(3) 書くこと

> ア　日常的な話題について，使用する語句や文，事前の準備などにおいて，多くの支援を活用すれば，基本的な語句や文を用いて，情報や考え，気持ちなどを論理の構成や展開を工夫して文章を書いて伝えることができるようにする。
>
> イ　日常的な話題や社会的な話題について，使用する語句や文，事前の準備などにおいて，多くの支援を活用すれば，聞いたり読んだりしたことを活用しながら，基本的な語句や文を用いて，意見や主張などを論理の構成や展開を工夫して文章を書いて伝えることができるようにする。

例題 1

次の文は，高等学校学習指導要領（平成30年3月告示）で示された外国語科の目標である。文中の（　ア　）〜（　オ　）に当てはまる語句を答えよ。ただし同じ記号には同じ語句が入るものとする。

　外国語による（　ア　）における見方・考え方を働かせ，外国語による聞くこと，読むこと，話すこと，書くことの言語活動及びこれらを結び付けた（　イ　）な言語活動を通して，情報や考えなどを的確に理解したり適切に表現したり伝え合ったりする（　ア　）を図る資質・能力を次のとおり育成することを目指す。

(1)　外国語の音声や語彙，表現，文法，言語の働きなどの理解を深めるとともに，これらの知識を，聞くこと，読むこと，話すこと，書くことによる実際の（　ア　）において，目的や（　ウ　），状況などに応じて適切に活用できる技能を身に付けるようにする。

(2)　（　ア　）を行う目的や（　ウ　），状況などに応じて，日常的な話題や（　エ　）な話題について，外国語で情報や考えなどの概要や要点，詳細，話し手や書き手の意図などを的確に理解したり，これらを活用して適切に表現したり伝え合ったりすることができる力を養う。

(3)　外国語の背景にある（　オ　）に対する理解を深め，聞き手，読み手，話し手，書き手に配慮しながら，主体的，自律的に外国語を用いて（　ア　）を図ろうとする態度を養う。

解答

ア　コミュニケーション　　イ　統合的　　ウ　場面　　エ　社会的
オ　文化

解説

　　平成30年度の改訂より，(1)が「知識及び技能」，(2)が「思考力，判断
力，表現力等」，(3)が「学びに向かう力，人間性等」を反映した内容とな
るよう整理された。外国語科全体の目標は頻出事項なので正確に暗記し
ておきたい。また誤字に気をつけなければならない問題でもある。

例題2

高等学校学習指導要領(平成30年3月告示)外国語科の「第3款　英語
に関する各科目にわたる指導計画の作成と内容の取扱い」の記述として
ふさわしいものを，次のア～オから1つ選べ。

ア　年次ごと及び科目ごとの目標を適切に定め，年次ごとの指導計画を
　　通して十分に段階を踏みながら，外国語科の目標の実現を図るように
　　すること。
イ　実際に英語を使用して自分自身の考えを伝え合うなどの言語活動を
　　行う際は，先だって日本語で語彙や表現，論理の展開などの違いや共
　　通点を整理させる。
ウ　話すことや書くことの指導に当たっては，目的や場面，状況などに
　　応じたやり取りや発表，文章などの具体例を示した上で，生徒がそれ
　　らを参考にしながら自分で表現できるよう留意する。
エ　音声指導に当たっては，発音表記を用いて指導することを中心とする。
オ　文法事項の指導に当たっては，文法はコミュニケーションを支える
　　ものであることを踏まえ，文法的な正しさや用語や用法の区別などの
　　指導が中心となるよう配慮する。

解答

ウ

解説

　　ア　1の(4)より，「年次ごとの指導計画」ではなく「学校が定める卒業
までの指導計画」が正しい。　イ　1の(5)では，実際に英語を使用して

考えを伝える等の言語活動を行う際は，既習の文法事項や語句を繰り返し指導することについて述べている。先だって日本語で指導をすることなどは記述されていない。　エ　2の(2)より，音声指導においては発音表記は補助的に用いるため誤り。　オ　2の(3)より，文法的な正しさのみを強調したり，用語や用法の区別などの指導が中心とならないように配慮すべきだから誤り。

例題3

次の文は，高等学校学習指導要領(平成30年3月告示)の外国語科の各科目の目標である。文中の(　ア　)～(　コ　)に当てはまる語句を答えよ。ただし同じ記号には同じ語句が入るものとする。

〔英語コミュニケーションⅠ〕

(1)　聞くこと

・日常的な話題について，話される速さや，使用される語句や文，(　ア　)などにおいて，多くの(　イ　)を活用すれば，必要な情報を聞き取り，(　ウ　)の意図を把握することができるようにする。

・社会的な話題について，話される速さや，使用される語句や文，(　ア　)などにおいて，多くの(　イ　)を活用すれば，必要な情報を聞き取り，(　エ　)や要点を目的に応じて捉えることができるようにする。

〔論理・表現Ⅱ〕

(1)　話すこと〔やり取り〕

・日常的な話題について，使用する語句や文，対話の(　オ　)などにおいて，一定の(　イ　)を活用すれば，多様な語句や文を用いて，情報や考え，気持ちなどを詳しく話して伝え合ったり，(　カ　)や状況が異なる相手と交渉したりすることができるようにする。

・日常的な話題や社会的な話題について，使用する語句や文，対話の(　オ　)などにおいて，一定の(　イ　)を活用すれば，(　キ　)やディスカッションなどの活動を通して，聞いたり読んだりしたことを活用しながら，多様な語句や文を用いて，意見や主張，課題の(　ク　)などを論理の構成や(　オ　)を工夫して詳しく話して伝え合うことができるようにする。

(2) 話すこと［発表］

・日常的な話題について，使用する語句や文，事前の（　ケ　）などにおいて，一定の（　イ　）を活用すれば，多様な語句や文を用いて，情報や考え，気持ちなどを論理の構成や（　オ　）を工夫して詳しく話して伝えることができるようにする。

・日常的な話題や社会的な話題について，使用する語句や文，事前の（　ケ　）などにおいて，一定の支援を活用すれば，スピーチや（　コ　）などの活動を通して，聞いたり読んだりしたことを活用しながら，多様な語句や文を用いて，意見や主張などを論理の構成や（　オ　）を工夫して詳しく話して伝えることができるようにする。

【解答】

ア　情報量　　イ　支援　　ウ　話し手　　エ　概要　　オ　展開
カ　立場　　キ　ディベート　　ク　解決策　　ケ　準備
コ　プレゼンテーション

【解説】

　「英語コミュニケーションⅠ・Ⅱ・Ⅲ」は「聞くこと」「読むこと」「話すこと［やりとり］」「話すこと［発表］」「書くこと」の5領域，「論理・表現Ⅰ・Ⅱ・Ⅲ」は「話すこと［やりとり］」「話すこと［発表］」「書くこと」の3領域で構成され，領域別に内容が示されている。特に注目したいのがイ「支援」である。それぞれ英語コミュニケーション，論理・表現のⅠでは「多くの支援を活用すれば」，Ⅱでは「一定の支援を活用すれば」，Ⅲでは「支援をほとんど活用しなくても」という文言がそれぞれ用いられている。こういった科目ごとの文言の違いに着目して学習したい。

【例題4】

　次の文は，高等学校学習指導要領(平成30年3月告示)の英語コミュニケーションⅠの内容より，言語の働きに関する事項を抜粋したものである。文中の（　①　）〜（　⑤　）に当てはまる語句を答えよ。

ア　言語の使用場面の例
　(ア)　生徒の暮らしに関わる場面
　　・家庭での生活・学校での学習や活動

・[　①　]など

(イ)　多様な手段を通して情報などを得る場面

　・本，新聞，雑誌などを読むこと

　・テレビや映画，動画，ラジオなどを観たり，聞いたりすること

　・[　②　]など

(ウ)　特有の表現がよく使われる場面

　・買物・食事

　・[　③　]

　・手紙や電子メールのやり取りなど

イ　言語の働きの例

(ア)　コミュニケーションを円滑にする

(イ)　[　④　]を伝える

(ウ)　事実・情報を伝える

(エ)　考えや意図を伝える

(オ)　[　⑤　]を促す

解答

①　地域での活動・職場での活動　　②　情報通信ネットワークを活用すること　　③　旅行・電話での対応　　④　気持ち　　⑤　相手の行動

解説

　言語の働きに関する事項については，「英語コミュニケーションⅠ・Ⅱ・Ⅲ」及び「論理・表現Ⅰ・Ⅱ・Ⅲの各科目で共通である。言語活動を行うに当たり，出題で例示されたような言語の使用場面や言語の働きの中から，5つの領域別の目標を達成するためにふさわしいものを取り上げ，有機的に組み合わせて活用するようにする。なおこの内容は，平成21年3月告示の学習指導要領「第3款　英語に関する各科目に共通する内容等」を引き継いでいる。「イ言語の働きの例」で例示されている言葉など一部改善が見られるので，よく確認しておこう。

※学習指導要領及び学習指導要領解説は，文部科学省のHPから閲覧できます。

学習指導要領
(平成30年告示)

学習指導要領解説
(平成30年7月)

●書籍内容の訂正等について

弊社では教員採用試験対策シリーズ（参考書，過去問，全国まるごと過去問題集），公務員試験対策シリーズ，公立幼稚園・保育士試験対策シリーズ，会社別就職試験対策シリーズについて，正誤表をホームページ（https://www.kyodo-s.jp）に掲載いたします。<u>内容に訂正等，疑問点がございましたら，まずホームページをご確認く</u><u>ださい。</u>もし，正誤表に掲載されていない訂正等，疑問点がございましたら，下記項目をご記入の上，以下の送付先までお送りいただくようお願いいたします。

---

① **書籍名，都道府県（学校）名，年度**
（例：教員採用試験過去問シリーズ　小学校教諭 過去問　2026 年度版）
② **ページ数**（書籍に記載されているページ数をご記入ください。）
③ **訂正等，疑問点**（内容は具体的にご記入ください。）
（例：問題文では"ア〜オの中から選べ"とあるが，選択肢はエまでしかない）

〔ご注意〕

○ 電話での質問や相談等につきましては，受付けておりません。ご注意ください。

○ 正誤表の更新は適宜行います。

○ いただいた疑問点につきましては，当社編集制作部で検討の上，正誤表への反映を決定させていただきます（個別回答は，原則行いませんのであしからずご了承ください）。

●情報提供のお願い

協同教育研究会では，これから教員採用試験を受験される方々に，より正確な問題を，より多くご提供できるよう情報の収集を行っております。つきましては，教員採用試験に関する次の項目の情報を，以下の送付先までお送りいただけますと幸いでございます。お送りいただきました方には謝礼を差し上げます。

（情報量があまりに少ない場合は，謝礼をご用意できかねる場合があります）。

◆あなたの受験された面接試験，論作文試験の実施方法や質問内容

◆教員採用試験の受験体験記

送付先	○電子メール：edit@kyodo-s.jp
	○FAX：03-3233-1233（協同出版株式会社　編集制作部 行）
	○郵送：〒101-0054　東京都千代田区神田錦町2-5
	協同出版株式会社　編集制作部 行
	○HP：https://kyodo-s.jp/provision（右記のQRコードからもアクセスできます）

※謝礼をお送りする関係から，いずれの方法でお送りいただく際にも，「お名前」「ご住所」は，必ず明記いただきますよう，よろしくお願い申し上げます。

教員採用試験「参考書」シリーズ

埼玉県・さいたま市の
英語科 参考書

編　集	ⓒ 協同教育研究会
発　行	令和6年7月25日
発行者	小貫　輝雄
発行所	協同出版株式会社

　　　　　〒101－0054
　　　　　東京都千代田区神田錦町2－5
　　　　　　電話　03－3295－1341
　　　　　　振替　東京00190－4－94061

印刷所	協同出版・POD工場

落丁・乱丁はお取り替えいたします